O Gamddwr i Gairo

O Gamddwr i Gairo

Siân Wyn Jones

Llyfrau'r Bont, Wrecsam

Argraffiad cyntaf gan
LLYFRAU'R BONT
61 Rhodfa'r Parc
Wrecsam
LL12 7AW

Cyhoeddir y gyfrol hon gyda cymorth Cyngor Llyfrau Cymru
a Chronfa'r Degwm, Sir Ddinbych

ISBN 1-84494-015-2

Cyhoeddwyd gan
LLYFRAU'R BONT
Wrecsam

Er cof am yr Athro Bedwyr Lewis Jones

Cynnwys

Rhestr o ddarluniau

Y brodyr Davies Bryan: Edward, John, Robert ac Joseph.

Rhagair

Pwrpas y gyfrol hon yw cyflwyno'n llawn hanes y brodyr Davies Bryan, John Davies, Robert, Edward a Joseph, o'r crud i'r bedd. At hynny ceir peth o'u hanes teuluol gan gynnwys rhan o hanes eu cefnder, Samuel Evans, sy'n haeddu cyfrol iddo'i hun mewn gwirionedd, gan mor ddiddorol yw ei daith yntau trwy'r byd.

Bydd rhannau o'r hanes hwn yn gyfarwydd i'r rhai sydd eisoes wedi ymddiddori ynddo, yn enwedig y ffaith bod yr hanes yn cychwyn yn Nyffryn Iâl, Sir Ddinbych, a'i fod yn diweddu yn yr Aifft, ond mae'n debyg na fydd yn hysbys mai oherwydd i minnau fynd i weithio yn yr Aifft rhwng 1990 a 1991 y deuthum ar draws yr hanes o gwbl.

Fel Samuel Evans gynt, ar ddamwain y deuthum ar draws swydd yn Alexandria mewn papur newydd, a phenderfynu mynd amdani. Wrth ffarwelio â'm cyn-diwtor, y diweddar Athro Bedwyr Lewis Jones, ym Mhrifysgol Bangor, lle yr astudiais y Gymraeg (1986–9), digwyddodd o grybwyll y ffaith bod T. Gwynn Jones wedi treulio cyfnod yn yr Aifft yn 1905-6, ac awgrymu efallai yr hoffwn ysgrifennu erthygl i gymharu fy mhrofiadau i â'i rai o. Cyhoeddwyd yr erthygl yn *Taliesin* yn haf 1991 ar fy nychweliad o'r Aifft.

At hyn, ym mis Mawrth 1991, cefais lythyr gan ffrind teuluol, Edgar Humphreys, yn sôn am y bardd Robert Bryan a hanes ei dri brawd a sefydlodd eu busnes yn yr Aifft yn y bedwaredd ganrif ar bymtheg. Ac o gofio, roeddwn hefyd wedi cael benthyg copi Bedwyr o gyfrol J. D. Bryan, *O'r Aifft*, sef hanes ei anturiaethau cynnar yn y wlad. Wrth gwrs, ar yr adeg honno, doedd gen i ddim syniad ynghylch manylion llawn y stori.

Agorwyd drws arall yn yr hanes pan gyfarfûm i â Wil a Mair Elidan James yn 1992, wedi imi ennill coron Eisteddfod yr Urdd yn Rhuthun. Mae Mair yn ddisgynydd i ewythr J. D. Bryan, a chanddi nifer o gysylltiadau â Llanarmon. Hi a'i gŵr a'm harweiniodd at y casgliad swmpus o lythyrau teuluol Davies

Bryan yng Nghaernarfon, a hynny a arweiniodd at daith arbennig i'r Aifft i gwblhau ymchwil ar y teulu.

Cyfarfûm â llawer o bobl ddiddorol ar y daith honno, ac yn eu plith oedd yr 'Invisible Mender' a'i weithwyr. Agorwyd drws bach arall yma oherwydd arferai hwnnw weithio i Fred Purslow, a brynodd ran o Davies Bryan a'i Gwmni, a'i redeg nes i Nasser ei yrru allan o'i siop yn 1956. Roedd yr 'Invisible Mender' yn ddihareb o amynedd am ei fod wedi treulio dros drigain mlynedd yn trwsio dillad. Chredwn i ddim y gallai dyn wneud yr un gorchwyl am gymaint o amser, yn enwedig gan iddo gyffesu nad oedd yn hoff o'r gwaith. Angen materol oedd yn ei yrru i'w wneud, ond eto doedd dim chwerwedd ynddo oherwydd y sefyllfa; dal wrthi wnaeth o, nes gwneud i'r tyllau ddiflannu'n gyfan gwbl.

Mae hi bellach yn bedair blynedd ar ddeg ers imi glywed am John Davies Bryan a'i frodyr mentrus am y tro cyntaf, ac am nifer o resymau personol a materol, dyma fi'n dal wrthi'n ceisio cwblhau fersiwn terfynol y stori. A llawer tro pan welaf fod yr amser i lusgo'r maen i'r wal yn mynd yn faith, a'r ffordd yn droellog a phantiog, byddaf yn meddwl am yr 'Invisible Mender' yn eistedd yn goesgroes yn ei focs bach yn un o strydoedd cefn Cairo – ac anadlu'n ddwfn gan obeithio y medraf innau beri i'r tyllau, a greodd amser yn yr hanes, ddiflannu trwy atgyfodi'r cymeriadau oes y dilynir eu hanes rhwng cloriau'r llyfr hwn.

SWJ
2004

Cydnabyddiaethau

Dymuna'r awdur gydnabod y canlynol:

Derbyn ysgoloriaeth i awdur newydd yn 1997 gan Gyngor Celfyddydau Cymru i gwblhau'r llyfr hwn.

Derbyn grant yn 2004 gan Gronfa'r Degwm, Sir Ddinbych.

Caniatâd Gwasanaeth Archifau ac Amgueddfeydd Gwynedd, Caernarfon ac Archifdy Sir Ddinbych, Rhuthun, i ddefnyddio lluniau o'u casgliadau.

Caniatâd y diweddar Bryan Pugh, ar ran teulu Davies Bryan, i ddyfynnu o'r llythyrau yn y catalog CDB:XM/8322 yn Archfidy Gwynedd, a hefyd o'r casgliadau perthnasol yn y Llyfrgell Genedlaethol, Aberystwyth, a chaniatâd y Llyfrgellydd i ddyfynnu o'r deunydd at hynny.

Caniatâd Nonn Davies, un o ddisgynyddion T. Gwynn Jones, i ddyfynnu sonedau o bapurau T. Gwynn Jones yn y Llyfrgell Genedlaethol. Hefyd cydnabyddaf ganiatâd i ddyfynnu o lythyrau yn ei bapurau yn yr un man. "© Ystâd ac Etifeddion T. Gwynn Jones. Cedwir pob hawl."

Caniatâd Ivor Wynne Jones i ddefnyddio lluniau ganddo; Charles Hogg i ddefnyddio gwybodaeth deuluol ganddo; Lt. Cdr. John W. Beck i ddyfynnu o'i lyfr.

Caniatâd Mrs Nest Price i ddyfynnu o lyfr ei mam, Mrs Kitty Idwal Jones.

Diolchiadau

YM MHRYDAIN:

Aelodau o deulu Davies Bryan:

Wil a Mair Elidan James; Gaynor Bryan Jones, Llanarmon yn Iâl; Rachel Bryan Davies; Dafydd Bryan Edwards; y diweddar Bryan Pugh; Trevor Bryan Owen; T. Elwyn Griffiths; P. S. Roberts; Glenys Roberts; Edwina Hilton Jones; Charles Hogg.

Pobl eraill a fu o gymorth:

Llywelyn a Mai Williams; Edgar Humphreys; y diweddar Athro Bedwyr Lewis Jones; yr Athro Gwyn Thomas a Gwyneth Williams; Ivor Wynne Jones; Sidi Roberts a'i chwaer, y ddiweddar Bessie Roberts; y ddiweddar Mrs H. E. Rowlands; Mrs Bate; Charlie Harvey, British Legion, Fflint; Glyn Williams, Bethesda; Gwyn Llywelyn; Mrs Blower, y Mwynglawdd; Roy Noble, BBC; perchnogion presennol Crug Farm, Griffiths Crossing, ger Caernarfon; Dr Meredydd Evans; Emrys Wynn Jones; Nonn Davies; Hafina Clwyd; Pamela Gough Roberts; Mrs Nest Price; Alister Williams, Llyfrau'r Bont; Dewi Morris Jones, Cyngor Llyfrau Cymru.

Staff archifdai, llyfrgelloedd a'r sefydliadau canlynol:

Archifdy Sir Ddinbych, Rhuthun; Archifdy Gwynedd, Caernarfon; Archifdy Sir y Fflint, Penarlâg; Probate Sub Registry, Efrog; Bill Slater, Archaeolegydd Diwydiannol a staff Amgueddfa y Mwynglawdd; Archifdy Dolgellau; Llyfrgell Genedlaethol Cymru, Aberystwyth; J. M. Kaye, Coleg y Frenhines, Rhydychen; Archifdy Coleg y Frenhines; Claire Brown, Coleg Sant Anthony, Rhydychen; Glenys McBurnie, Archifdy Ceredigion, Aberystwyth; Adran Llawysgrifau, Adran Llyfrau, Adran Microffilm, Adran Mapiau a

Darluniau Llyfrgell Genedlaethol Cymru; Ystafell Ddarllen Gyffredinol ac Adran Mapiau a Phrintiau Llyfrgell y Guidhall, Llundain; Archifdy Lerpwl; Nikki Bosworth, Archifdy Sir Benfro; y *Daily Post*; Les Rawlinson o Lyfrgell y *Daily Post*; Dr. Ian Salmon, Cofrestrydd Coleg Prifysgol Aberystwyth.

YN YR AIFFT

Alexandria:

Y pensaer Mohamed Awad a'i dad, am wybodaeth am siop Davies Bryan yn Alexandria; Dr Mohamed Abdel Aziz, a fu'n gymorth i gael hyd i feddau teulu'r Bryan yn y fynwent Brydeinig yn Chatby; Messiha Tewfik, Eglwys Sant Marc, Mansheya, Alexandria; gofalwyr y Fynwent Brydeinig; merch Edward Athanassian, un o reolwyr siopau Davies Bryan; Naomi Athanassian a'i ffrind; brodorion y ddinas a roddodd imi hanes bywyd yno yn y 1930au: Magda, Radamès Lackany, Josephine Wissa, Madame Titi Sid Ahmed a Hassan Mohamed, y peiriannydd yn gweithio yn El Hamaan; Bob Clarke; M. G. M. Weightman, Commonwealth War Graves Commission; Colin Clement, *Cairo Today*, Alexandria.

Cairo:

Moufied Antoun, Eglwys Sant Andrew; Tewfik Megally o'r *Egyptian Gazette*; staff Conswliaeth Eifftaidd Alexandria; staff *El Gomereia, Invisible Menders*, a fu'n gweithio i Fred Purslow (mawr gywilydd imi collais y llyfr lle y nodais enw'r gŵr hwn a'u gydweithwyr; afraid dweud, heb gymorth y bobl hyn, fyddwn i byth wedi lleoli safle siop Davies Bryan); Mr Halawa a'i fab, perchnogion presennol siop Davies Bryan (siop ddillad yw hi o hyd); rheolwr Stephenson's Pharmacy (y siop drws nesaf i Davies Bryan sydd wedi cadw'r ffitiadau mewnol gwreiddiol); staff Llyfrgell y Brifysgol Americanaidd; Gerard Viand, *Le Progrès Egyptien*; Mrs Tunrbull o Abu Qir.

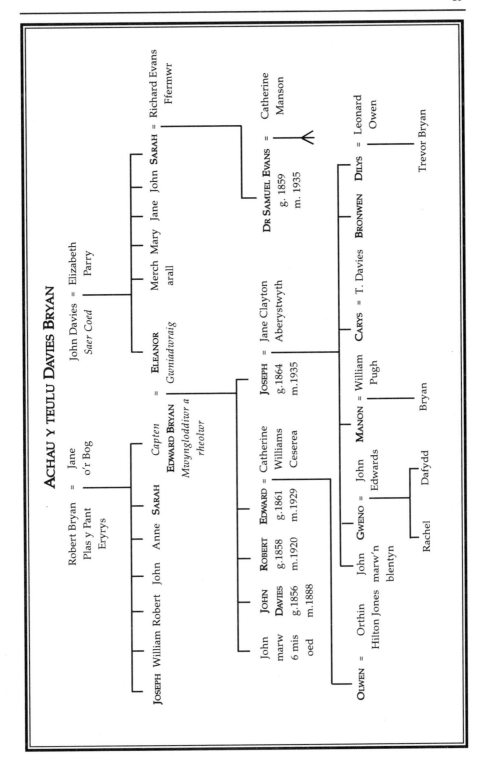

ACHAU Y TEULU DAVIES BRYAN

"The past is not dead. It never dies."
Joseph Davies Bryan, *Odds & Ends*

1. O Gamddwr ac Eryrys

GWESTY'R ROYAL, Cairo, yr Aifft, 2 Tachwedd 1886.

Eisteddai John Davies Bryan wrth fwrdd yn ei ystafell gyfforddus yn ysgrifennu llythyr at ei Fodryb Jane yng Nghamddwr, Llanarmon-yn-Iâl, Sir Ddinbych:

> Prin yr wyf yn gallu sylweddoli y ffaith fod y llythyr hwn yn cael ei ysgrifennu yn yr Aipht … gwlad y Pharohiaid a'r Pyramidiau … Er pan gychwynais o Gaernarfon yr wyf wedi gweled cannoedd o bethau rhyfedd ac anghyffredin, ond y rhyfeddaf o'r cwbl ydyw cael fy hunan yma. Bychan y meddyliwn, pan yr eisteddwn ar y stôl wrth ochr fy mam, i wrando arni yn adrodd hanes y Caethiwed yr Aipht … neu pan yn ymdrafferthu i ateb cwestiynnau ar hanes Joseph, bychan y meddyliwn y cawswn byth edrych ar y mannau grybwyllid â fy llygaid fy hunan … Mae'r cyfan fel breuddwyd…[1]

O fynydd Cyrn y Brain ger Wrecsam daw afon Alun i lawr i Ddyffryn Iâl,[2] ardal wledig deg, gymharol dawel yr olwg,[3] ac yn ei thro trwy ganol pentref Llanarmon-yn-Iâl. Heddiw petaech yn teithio o Ruthun i gyfeiriad Moel Famau, Moel y Gaer a'r Fenlli, gan ddringo o hyd trwy dir gwyrdd a thonnog o gaeau, cloddiau a choed brodorol, byddech yn dod at arwydd Llanarmon-yn-Iâl ar y dde. Lôn goediog a chysgodol sy'n eich arwain at Bont-y-Felin. Crisialwyd naws y lle ym marddoniaeth Robert Bryan, un o frodyr iau John Davies Bryan, fel a ganlyn:

> Mwyn yw rhodio min yr Alyn
> Yn y gwanwyn dan y gwŷdd,
> Gwrando cân y tonnau arian
> Ar y marian drwy y dydd; …
> Dacw'r felin dan ganghenni

Deri hen a masarn clyd;

Gwrando dwrw'r dŵr yn dwndwr

Mawr yw miri malu'r yd; ...[4]

Creodd ddarlun rhamantus o'r ardal yn y 1850au yn ei gerddi. Wrth ymweld â'r ardal heddiw rhaid i ninnau ddychmygu clywed sŵn dŵr yn troi olwyn Melin Garmon a chlinc haearn ar haearn wrth i'r gof weithio. Byddai adar mân y coed yn canu, a bref hir ambell ddafad yn codi o'r caeau gerllaw, a'r Alun yn byrlymu o dan y bont. Erys Tomen y Faerdref ag olion hen gaer arni ac ogof fawr gerllaw. Dilynwch ffordd ddi-dar dros y bont heibio'r felin a'r gof gan ymwthio trwy'r coed at fryncyn ac fe welwch bentref Llanarmon-yn-Iâl o'ch blaen.

Bu pentref ar y safle ers canrifoedd ac erys olion hen bobloedd fel y Brythoniaid, Rhufeiniaid, Sacsoniaid, a brodorion Denmarc yn y tir. Enwyd y lle ar ôl Sant Garmon, a fu'n gyfrifol, ynghyd â Sant Lupus a thwr o filwyr Brythonig, am yrru'r Pictiaid a'r Sacsoniaid mewn ofn, heb arfau na dillad, yn ôl at eu llongau ar Ddydd Sul y Pasg, 430 AD. Ymgynullodd y Brythoniaid ar Faes Garmon a gweiddi "Aleliwia!" drosodd a throsodd fel y dynesai'r gelyn. Chwyddwyd maint eu byddin ym meddyliau'r gelyn nes i'r rheing

Llanarmon-yn-Iâl.

gael eu trechu'n llwyr. Anfarwolodd Robert Bryan y frwydr yn ei gerdd 'Maes Garmon' (*Cymru* X, 1896).

Erbyn 1851 roedd y pentref yn hunangynhaliol ac yn ferw o brysurdeb beunyddiol. Roedd holl elfennau'r gymdeithas o fewn tafliad carreg. Gof, cigydd, crydd, groser, melinydd, saer troliau, dilledydd, siop pob peth a'r dafarn yn ogystal â saer coed a gwneuthurwyr hetiau a dillad merched.

Roedd pedwar deg un ffarm yn Llanarmon a deuddeg yn Eryrys gerllaw. Dôi llysiau a thatws o'r caeau a'r gerddi, eid â'r gwenith i Felin Garmon a Chreigiog a'i droi'n flawd, ac o'r ceirch gwneid gwahanol gacennau. O'r ieir a'r buchod a'r defaid dôi gweddill y cynnyrch. Gwerthid anifeiliaid yn y ffeiriau yn yr Wyddgrug a Rhuthun, a chyrchid y gwlân i ffatrïoedd yn Nhreffynnon a Llangollen. Ac i dorri ar y gwaith llafurus cynhelid pedair ffair y flwyddyn.[5]

Wrth gwrs roedd Eglwys y Plwyf yn rhan annatod o fywyd y gymuned hefyd ac yno, ar 2 Medi 1851, y priodwyd rhieni'r brodyr Davies Bryan, y mwyngloddiwr plwm Edward Bryan, mab y mwyngloddiwr Robert Bryan, ag Elinor Davies, merch John Davies y saer, ym mhresenoldeb Edward Price o Faes Bach y Llan a Mary Davies, chwaer Elinor.[6]

Nid oes cofnod ar glawr o sut ddaru Edward ac Elinor gyfarfod ond efallai y gwnaethon nhw weld ei gilydd mewn cyfarfod crefyddol neu ar ddiwrnod ffair efallai. Am y pedair blynedd cyntaf o'u bywyd priodasol rhaid cymryd eu bod nhw wedi byw yn eithaf bodlon eu byd yng Nghamddwr, cartref teulu Elinor. Yno y trigai tad Elinor, y saer John Davies, ynghyd â'i wraig Elisabeth a'u plant, chwe merch ac un mab. Yn y 1850au rhes o fythynnod isel gwyngalchog, gweithdy saer a thŷ mawr gydag ychydig o adeiladau eraill o'i gwmpas oedd Camddwr; tai bychain plaen di-ramant yn gartrefi i deuluoedd gweddol fawr. Tu hwnt iddynt mae Moel y Plas.[7]

Hanai Elisabeth, mam Elinor, o deulu Parry. Roedd hi'n chwaer i Hugh Parry'r Plas. Roedd yntau'n dad i John Parry a enwogodd ei hun fel un o arweinwyr Rhyfel y Degwm, a gychwynnodd yn 1886. Gelwid ef yn John Parry'r Plas yn lleol. Camddwr oedd un o'r tai agosaf at y plas ac mae'n debyg y byddai teulu Davies a Parry'n mynd a dod rhwng y ddau le. Dadorchuddiwyd cofgolofn i ymdrechion John Parry yn Rhyfel y Degwm yn 1890 o flaen capel Rhiw Iâl. Hen nain a thaid John Parry oedd Peter ac Elisabeth Parry o Lanerch, Eryrys; Eleanor (neu Neli) oedd eu merch. Er nad oes ganddi ond rhan fechan iawn i'w chwarae yn y stori haedda ei chymeriad diddorol baragraff byr.

Camddwr, Llanarmon-yn-Iâl. Nodiadau gan Edward Davies Bryan.

Dylanwadwyd yn fawr arni hi, fel eraill, gan Fethodistiaeth yr ardal, ac roedd hi'n ddarllenwr brwd o'r *Beibl*, *Y Drysorfa* a'r *Faner*. Gweithiodd yn Iwerddon fel morwyn ynghanol terfysgoedd 1798. Maes o law daeth i weithio fel morwyn yn llaethdy Plas Nercwys, lle y priododd Joseph Davies o Lyn y Pandy ger yr Wyddgrug. Ar 26 Mai 1799 ganwyd iddynt fab yn Llanerch, ac fe'i bedyddiwyd ar 31 Mai 1799 yn John Davies, a enwogodd ei hun fel y Parchedig John Davies Nercwys.[8]

Er bod Elinor yn un o saith o blant, erys gwybodaeth am bump ohonynt yn unig. Y mab oedd John, gof a aeth i America, yn ôl yr hanesion amdano. Am y merched, clywsom eisoes am Mary Davies, a fu'n dyst ym mhriodas Elinor ac Edward. Yn 1851 roedd hi'n un ar hugain oed ac yn gwneud hetiau. Fe'i hanfarwolwyd am ei chrefyddolder mewn cofiant iddi gan y Parch. John Davies Nercwys. Roedd hi wedi dysgu darllen y Beibl yn yr ysgol Sabothol ac erbyn ei harddegau rhyfeddai cenhadon dieithr ati fel yr adroddai'n "synhwyrol ac eglur" o'r ysgrythurau. Adlewyrchai ei gwisg ei chymeriad diymhongar. Roedd ei duwioldeb a'i selogrwydd yn y capel yn ddiarhebol trwy gydol ei hoes frau, fer. Bu farw'n saith ar hugain oed ar 20 Chwefror 1857.

Roedd hanes ei chwaer Jane dipyn yn fwy lliwgar, o ran ei pherthynas â'i gŵr o leiaf. Erbyn 1871 Jane a ofalai am Gamddwr gyda'i gŵr John Jones, saer troliau. Roedd y ddau yn eu deugeiniau a chanddynt ferch o'r enw Maria. Roedd Elisabeth Davies o dan y gro erbyn hyn, ond daliai'r penteulu, John Davies, ati yn bedwar ugain ac un oed. Doedd priodas John a Jane ddim yn un hapus. Ar 13 Chwefror 1866 gwnaethpwyd cytundeb bod Jane i gadw'i chelfi, gwerth £112, am weddill ei hoes, ac y gallai eu dosbarthu fel y mynnai yn ei hewyllys. Gwnaed y cytundeb oherwydd bod John yn ei cham-drin a dymunai hi gael rhywbeth wrth gefn os penderfynai ei adael o'r diwedd. Talai ddeg swllt iddo bob wythnos tuag at ei gynhaliaeth, fel yr oedd hi. Ar sawl achlysur tyngai y byddai'n ei adael heb ddimai goch ar ei marwolaeth. Yn ffodus trosglwyddwyd llawer o eiddo Camddwr i Jane gan ei thad cyn iddo farw ym Mawrth 1872. Oherwydd natur dymhestlog Jane a John, gwnaeth Jane sawl ewyllys cyn ei marwolaeth a cheir cofnod yn un ohonynt at chwaer arall – Elisabeth.

Dymunai Jane adael rhai phethau iddi ar ei marwolaeth. Mae'n bosib mai Elisabeth yw'r Modryb Betsy y sonnir amdani mewn rhai mannau, a bod ganddi dair merch: Mary Ellen Roberts, Lizzie a Pollie, ond nid oes sicrwydd am hyn.

Yr olaf o'r chwiorydd y gwyddom amdani yw Sarah. Aeth hi i fyw ar fynydd Cyrn y Brain a phriodi'r ffarmwr Richard Evans, Pant y Garn. Dywedwyd ei bod yn graff a bod ganddi "ddull tawel, penderfynol" a barn sicr.

Roedd yr arfer o gael portread o aelodau'r teulu'n boblogaidd yn nyddiau cynnar y camera, ac er nad oes lluniau o'r rhelyw o deulu Elinor erys dau lun ohoni hi. Ar ei phriodas ag Edward Bryan roedd hi'n dair ar hugain oed ac yn gwneud dillad merched. Mae'n debyg ei bod yn gweithio ochr yn ochr â Mary, wrth iddi hi greu ei hetiau.

Roedd Elinor yn ferch ddeniadol iawn. Eisteddodd yn stiwdio J. Thomas, yn Llangollen, i gael tynnu ei llun mewn gwisg laes syml ddu â'i llaw fawr, esgyrnog yr olwg, wedi'i gosod yn erbyn ochr ei hwyneb. Roedd ganddi wallt tywyll wedi ei gribo'n llyfn a'u wahanu yn y canol, yn dynn yn ôl o'r wyneb; wyneb cymesur tlws gyda thalcen llydan, aeliau ysgafn, llygaid tywyll heb fod yn rhy agos i'w gilydd; trwyn hir yn rhannu deurudd llawn fel afalau cochion, ac ar ei gwefusau chwaraeai rhyw fymryn o wên yn awgrym o'i charedigrwydd. Ac fel Mary roedd hi'n hynod grefyddol. Disgrifiwyd hi yn *Y Goleuad* fel chwaer oedd yn wasanaethgar i grefydd ac a fu'n gymorth mawr i'w phriod.[9]

Elinor Bryan.

Edward Bryan.

Fel yn achos ei wraig a'i theulu hithau, llywiwyd bywyd Edward Bryan gan Fethodistiaeth Galfinaidd a dorrodd gŵys ddofn yn ardal Llanarmon. Adwy'r Clawdd, tua milltir o Wrecsam, oedd un o brif gadarnleoedd Methodistiaeth ym Mhrydain. Cyn cychwyn Ysgol Sabothol yn yr ardal yn 1804, doedd yna fawr o ddiddordeb mewn pregethu ymhlith y gweithwyr – dawnsfeydd y twmpath yn mynd â'u bryd. Ond erbyn 1815 roedd y diddordeb yn y bywyd ysbrydol wedi cynyddu, y gynulleidfa wedi chwyddo i gant a'r canu wedi gwella'n arw!

Yn Llanarmon dechreuodd Methodistiaeth gydio tua 1760. Ffurfiwyd Cymdeithas Eglwysig yn 1770 ac erbyn 1786 roedd dyn o'r enw Samuel Davies, oedd yn frwd dros yr achos, wedi prynu tir yn Rhiw Iâl a'i gyflwyno i'r Cyfundeb i godi capel. Adeiladwyd tŷ drws nesaf ato, a bu Samuel Davies a'i wraig yn gefn mawr i'r achos Methodistaidd byth wedyn. Maes o law, aeth morwyn Samuel Davies i weithio i Faes y Droell a chychwynnodd hithau Ysgol Sabothol yno. Dyma un o'r llefydd a fynychai Edward Bryan, mae'n debyg, yn ei dro.[10]

Dylid nodi bod sawl teulu Bryan yn yr ardal a bod hyn wedi cymhlethu'r ymchwil i deulu Edward Bryan. Serch hynny, mae'n weddol sicr bod modd olrhain achau Bryans yr hanes hwn yn ôl mor bell â'r ail ganrif ar bymtheg o leiaf. Ond nid oes fawr o sicrwydd o ble y daethant yn wreiddiol. Awgrymwyd sawl ffynhonnell gan wahanol aelodau o'r teulu, gan gynnwys Swydd Derby, Cernyw a chysylltiad â theulu Brân! Digon yw dweud yma bod Edward Bryan yn fachgen lleol o'r Bog, ger Eryrys.

Erbyn 1851 roedd o'n byw yn y Bog efo'i rieni Robert a Jane. Yn wyth ar hugain oed gweithiai fel mwyngloddiwr yn y Westminster. Roedd ei frawd Joseph, oedd yn ugain oed ac yn olchwr plwm, yn byw efo nhw. Fel yn nheulu Elinor roedd pump o blant eraill, sef John, Anne, Sarah, Robert, a William. Llond dwrn o fanylion sydd ar gof a chadw amdanynt. Priododd Joseph ferch o'r enw Jane, a gâi ei hadnabod fel Jane Ty'n Twll. Erbyn 1871 roedd o'n fwyngloddiwr ac yn ffarmwr efo un ar ddeg ar hugain acer, digon i gynnal teulu pan oedd pethau'n arafu yn y gwaith. Cawsant bedwar o blant – Mary, Robert, Joseph a Peter.

Roedd Peter yn byw yn Ty'n y Groesffordd ac yn cadw siop pob peth yn Llanarmon. Cadwai geffylau a thrap â'r geiriau 'PETER BRYAN, LLANARMON, MOLD' ar ei ochr, i fynd â phobl ar deithiau. Erys llun gyda llond trap o bobl ar gychwyn i rywle yn eu hetiau crand a'u dillad gorau. Eisteddai Peter Bryan ei hun yn falch efo'r awenau a chwip yn ei law yn barod i'w chracio, i yrru'r ceffylau allan o Lanarmon. Roedd Peter hefyd yn hoff o ganu a mynychai gyngherddau lleol fel ei berthynas, Simon Bryan o Eryrys.

Am y gweddill o'r teulu gwyddom fod John wedi priodi merch o'r enw Mary. Roedd deng mlynedd rhwng Anne a Sarah, ac yn ôl llythyrau Edward Bryan, mae'n glir bod Sarah wedi symud i Gaer, a bod Edward yn ymweld â hi'n awr ac yn y man a bod y ddau wedi gohebu hefyd.[11]

Yn ŵr priod ifanc, gweithiai Edward Bryan fel mwyngloddiwr yn y Westminster neu'r Bog; gwaith di-dor gydol yr wythnos, o ddringo i fyny ac i lawr ysgolion mewn tyllau cul a dwfn ar ucheldir moel ac anghysbell. Byddai rhai o'i gyd-weithwyr yn byw mewn baracs, fel y byddai chwarelwyr, tra bod eraill yn lletya gyda theuluoedd. Ond ymlwybrai Edward yn ôl i Gamddwr at ei wraig fwyn Elinor bob nos Sadwrn o'r Mynydd Du, fel y gelwid Eryrys. Rhoddai gymorth i arwain y mulod efo'u llwyth o rug i'w werthu yng Nghaer.[12]

Ond ar y Sul cyfeiriai ei lygaid at ei feibl a'i draed at ei gapel yn Adwy'r

Peter Bryan a'i wraig a rhai o blant a chymdogion Llanarmon-yn-Iâl
yn mynd am drip.

Clawdd a chysegrai'r diwrnod cyfan i weddi a myfyrdod. Erys hanesion amdano'n llanc yn cerdded o Lanarmon i Ruthun i gyfarfod pregethu ac yn dychwelyd i adrodd cynnwys y bregeth i'w gyd-weithwyr. Parhaodd yr arfer hwn ar ôl 1878, wedi iddo ail-leoli ei deulu ym Mwynglawdd a chael ei wneud yn flaenor yng Nghapel Bethel, Coedpoeth.

Roedd Edward hefyd yn berson yr eid ato am gyngor glofaol am iddo gael ei benodi'n Gapten (neu reolwr) yn Park Mine yn y 1860au. Bob Sul byddai'n cerdded y tair milltir o'i gartref ar Gyrn y Brain i'r capel, a byddai'n mynd â'i fwyd gydag ef, rhag iddo golli'r moddion gan y byddai hynny'n groes i'w natur. Roedd yn wrandawr arbennig o dda, yn llawn dwyster crefyddol, gweithgarwch ac egni ysbrydol. Credaf y gellir gweld rhai o'r rhinweddau hyn mewn llun ohono. Mae'i lygaid tywyll, nodedig yn groyw-grwn ac yn eich hoelio yn eich lle. Mae ganddo wyneb difrifol di-wên ond mae peth cynhesrwydd yn ei lygaid. Mae locsyn gweiriog yn fframio ei wyneb di-fwstás. Yn sicr dyma ddyn o arddeliad tawel, di-sigl.[13]

Gyda'u bywyd newydd o'u blaenau, to sefydlog uwch eu pennau a gwaith i'w cynnal, tra bo gwaith ar gael, cychwynnodd Elinor ac Edward deulu. Ganwyd eu cyntafanedig, John, yn 1855, ond bu farw cyn diwedd ei haf cyntaf. Ar 1 Gorffennaf nadreddodd tyrfa fechan i'r angladd ym mynwent

Rhiw Iâl. Roedd dillad du, trwm y galarwyr yn olygfa drist yn erbyn caeau aur ag irwyrdd yr ardal o gwmpas Rhiw Iâl.

Fodd bynnag, beichiogodd Elinor eto y flwyddyn ganlynol a rhoddodd enedigaeth i'w hail fab ar 13 Mehefin 1856. Galwyd ef yn John, ac mae hanes ei fedyddio ar 29 Mehefin yn un o hanesion bach ysgafn y stori hon. Bedyddiwyd y baban gan ei berthynas teuluol John Davies Nercwys, a gan ei fod yn ŵr ffraeth dywedodd ar y diwrnod: "O gadewch imi ei fedyddio yn John Davies er fy mwyn i". A chyda chwerthin braf cytunodd pawb, ac felly y daeth y 'Davies' i enw John Davies Bryan.[14]

Ychydig dros ddwy flynedd yn ddiweddarach, ganwyd trydydd mab Elinor ac Edward, Robert, ar 6 Medi 1858 ac fe'i bedyddiwyd ar 18 Hydref yn Eglwys Llanarmon.[15]

Y flwyddyn ganlynol rhoddodd Sarah Evans, chwaer Elinor, enedigaeth i fab o'r enw Samuel ar ffarm Pant y Garn yn Rhosllannerchrugog ar 10 Chwefror.[16]

Gwelodd 1859 gryn newid yn hanes teulu Edward Bryan oblegid penderfynodd Edward adael y gwaith plwm ar y Mynydd Du. Roedd gweithiau plwm y Mwynglawdd yn mynd trwy gyfnod llewyrchus iawn a thybiai y byddai gwell byd ar gael yno. Ac felly y bu i'r teulu ddilyn afon Alun yn ôl at ei tharddiad ym Mynydd Cyrn y Brain.

Bu'n rhaid i Elinor Bryan wneud y daith at gopa Cyrn y Brain ar gefn mul gan fod yr allt mor serth a hir. Doedd y rheilffyrdd ddim eto wedi cyrraedd yr ucheldiroedd, er bod Mwynglawdd yn byrlymu o ddiwydiant a channoedd o ddynion yn llafurio i dynnu plwm o'r ddaear. Mae'n anodd heddiw ddychmygu'r bwrlwm hwnnw wrth geisio olrhain hanes y Bryans. Lôn dar gul yw'r ffordd rŵan a honno'n glynu wrth ochr y mynydd, gyda rhedyn a brwyn o boptu iddi. Ar y dde wrth ddringo mae Gwynfryn, Bwlchgwyn ar y bryniau a Choedpoeth draw yn y pellter – lle erys capel Bethel y dechreuodd y teulu ei fynychu yn 1859 hefyd – ac, yn y pant mae Mwynglawdd. Ar y chwith, ymhell i fyny heibio ffarm Bryn Heulog, y coed ysgawen a chlychau'r eos, cwyd carped o lus. Wrth ddilyn y traciau troliau sy'n prysur ddiflannu dan y gwair, gwelir olion hen waith plwm a chaead concrid dros y siafft a thomenni graean gerllaw.

Ar ddiwrnod clir gellwch weld yr holl ardal o'r Wern i Goedpoeth. Trigfan moel y gwynt sy'n cydio fel crafanc ynoch a'ch codi gerfydd godre'ch côt. Dim ond yr awel a sŵn ambell gi sydd yma a'r grug i gosi'ch fferau, lle nad yw'r traciau moel wedi ei rwystro rhag tyfu. Yn y gwaelod mae arwydd yn dangos y cyfeiriad i 'World's End'. Does ryfedd i Gillian Smith, a wnaeth astudiaeth ar yr ardal, gyfeirio at y cymunedau mwyngloddio fel diweddebau ynddynt eu hunain, yma i wasanaethu'r gweithfeydd, ac ar y ffordd i nunlle.[17]

Mae hen hanes i weithfeydd mwyn Mwynglawdd. Mae'r safle'n dyddio'n ôl i amser y Rhufeiniaid ac yn y canrifoedd dilynol, yn enwedig y 1850au a 60au, roedd gweithfeydd Minera ymysg y prysuraf ym Mhrydain. Ond roedd ffyniant y gweithfeydd yn ysbeidiol ac yn dibynnu ar y swm o fwyn y gellid ei gael o'r ddaear. Agorid pyllau cyn gyflymed ag y byddent yn cael eu cau a'r unig olion ohonynt bellach yw eu henwau: Maes Mallor, Twelve Apostles, Cae Pant, Ragman, Rock, Minera Union, Cefn y Gist ... ac yn y blaen.

Roedd bywyd Capten Edward Bryan a'i deulu ynghlwm wrth rai o'r gweithfeydd mwyaf anghysbell oll, sef: Lower Park neu Lower Sychnant, Pool Park neu Upper Sychnant, ac yn bwysicaf oll, Park Mine. Roedd y cwmnïau, fel y gweithlu, mewn trai a llanw parhaus er mwyn cynnal y diwydiant. Er enghraifft: cydweithiai South Minera Mining Company a Park Lead Mining Company. Arferai'r cyfranddalwyr, fel Edward Bryan ei hun, ymgynnull yng Ngwesty'r Queen's yng Nghaer i drafod datblygiadau'r diwydiant. Yn 1864 unodd y ddau gwmni i ffurfio Minera Mountain Lead Company a Park Lead Mountain Company. Darfu'r cwmni hwn yn 1884. Caewyd pen y mwdwl yn y Park tua 1885, ei hailagor yn 1896, a'i chau'n derfynol yn 1903.[18]

Gweithlu bach oedd yn y Park a hynny'n cynnwys merched a phlant. Byddent yn cynorthwyo i wahanu'r sinc ac arian a godid o'r ddaear efo'r plwm. Fel arfer dim ond darnau bychain o blwm oedd i'w gael mewn llond côl o'r mwynau eraill, ac felly roedd y broses o wahanu pob dim yn llafurus o hir, yn enwedig cyn dyddiau mecaneiddio'r broses yn y 1870au.

Er i beiriannau fel y malwr hwyluso'r broses roeddynt yn fwy peryglus nag y buasai'r gweithlu wedi dymuno. Roedd damweiniau'n rhan o fywyd y mwyngloddiwr, yn enwedig felly ym Mwynglawdd. O'r 69 o ddynion a laddwyd yn Sir y Fflint a Dinbych yn y cyfnod rhwng 1873 a 1914 lladdwyd 27 yno. Yn ôl adroddiadau arolygwr ei mawrhydi, T. Fanning Evans, yn 1873, digwyddai llawer o ddamweiniau wrth i bobl ddisgyn i lawr siafftiau cuddiedig nad oeddent wedi eu llenwi. Digwyddodd un o'r damweiniau

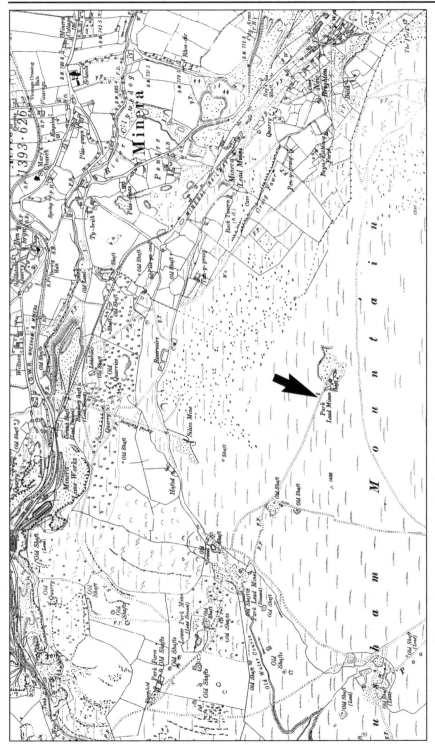

Map o ardal y Mwynglawdd a Chyrn y Brain yn dangos safle Park Lead Mine.

gwaethaf ym Minera pan dorrodd y cysylltiad â chaets mewn siafft gan ollwng pedwar dyn i'w marwolaeth. Ni chofnodid pob damwain. Gwyddom o'i lythyrau at ei feibion, i Gapten Bryan ei hun gael ei ddal mewn sawl codwm a allai fod wedi ei ladd.

Wynebai'r mwyngloddwyr beryglon y byd plwm – fel diffyg aer yn y siafftiau ac effaith llwch y plwm – yn wrol wrth iddynt dyrchu am y trysor prin. Wrth archwilio iechyd mwyngloddwyr yn 1863 soniodd doctoriaid am amgylchiadau afiach eu bywydau, ac ar gyfartaledd ni ellid disgwyl iddynt fyw tu hwnt i'w pumdegau.[19]

Roedd angen byddin o weithwyr yn y busnes llewyrchus hwn, gan gynnwys prif asiantwyr, is-asiantwyr, rheolwyr, golchwyr, peirianwyr a labrwyr, heblaw'r mwyngloddwyr eu hunain. Erys llun o'r bedwaredd ganrif ar bymtheg o bedwar ohonynt yn sefyll mewn caets wrth Siafft Lloyd ym Minera. Crogai canhwyllau o fotymau eu gwasgodau ac o'u hetiau, oedd yn drwch o blwm a phowdwr gwn. Wynebau gwelw â golwg henaidd arnynt oedd yr argraff a geid, a golwg digon bregus oedd ar y caets hefyd. Nid oedd yn ddim mwy na ffrâm agored efo barrau'n dal y to wrth y gwaelod, heb gatiau i'w gau nac amddiffynfa o unrhyw fath rhyngddynt a wyneb y graig.[20]

Gweithiodd Edward Bryan i ddau brif asiant yn ystod ei gyfnod yn y gwaith: Edward Williams rhwng 1859 a 1865 a Sampson Mitchell rhwng 1866 a 1875 ac eto rhwng 1882 a 1885. Rhwng 1872 a 1881 Mitchell oedd y rheolwr hefyd. Cafodd Bryan sawl swydd cyn iddo gael ei benodi'n Gapten. Term Cernyweg yw Capten am reolwr, a gweithiai rhai ohonynt o dan y ddaear ysgwydd yn ysgwydd efo'r mwyngloddwyr. Gwyddom fod hynny'n rhan o waith Edward Bryan oherwydd ei anafiadau niferus. Sonnir hefyd mewn llythyr (18 Mawrth 1873 – EdB @JDB: CDB/XM8322/1) am wneud tasgau fel gorfod gwneud gwell lle i fynd i fyny ac i lawr y siafft, a gorfod gwneud hynny yng nghanol y gaeaf pan oedd yn amhosibl sefyll allan yn yr oerfel. Erbyn canol y 1860au cyfeirir ato mewn erthygl fel "manijar y pwll plwm ar y mynydd gerllaw tŷ'r Cipar cyn iddo fynd allan o gynnyrch".

Amrywiai'r oriau gwaith a chyflog yn ôl maint y llwyth a godid. Gweithid sifftiau o wyth awr a fesurid gan ganhwyllau. '*Ye Candle Watch*' y gelwid nhw. Enilliai gweithwyr Sir y Fflint rhwng 10s a £1 mewn wythnos ond doedd y tâl ddim yn rheolaidd. Pan oedd pethau'n llac yn y gweithfeydd dibynnai'r mwyngloddwyr ar ffarmio i gael y ddeupen ynghyd, a rhoddai hynny'r esgus i berchnogion y gweithfeydd i gadw'r cyflogau'n isel. Ond yn raddol llifodd cyfoeth bydol i bocedi'r mwyngloddwyr a gallent brynu clociau, setiau o gytleri, tseina ac *objet d'art*, dodrefn a charped neu ddau.[21]

Ar ôl mudo i foelydd Cyrn y Brain bu sefyllfa teulu Capten Bryan yn gyfnewidiol am tua deng mlynedd. Eu tŷ cyntaf oedd Nant y Ffridd, ac yma y ganwyd eu pedwerydd mab, Edward, ar 29 Chwefror 1861. (O hyn ymlaen cyfeiriaf at Edward Bryan y tad fel Capten Bryan, rhag cymysgu rhyngddo a'i fab.) Bedyddiwyd ef gan y Parch. John Davies Nercwys ym Mwlchgwyn ar 10 Mawrth, rhif 849 yn ei lyfr cofnodion. Gadawsant Nant y Ffridd tua dechrau 1864, ond doedd eu tŷ newydd ddim yn barod. Felly bu'n rhaid i Elinor Bryan roi genedigaeth i'w phlentyn olaf, Joseph, mewn swyddfa ger yr adeiladau diwydiannol ar 23 Chwefror. Nid oes cofnod o'i fedydd ar gael.

Symudodd y teulu i dŷ'r Capten yn rhan ddeheuol y Mwynglawdd, "1600 troedfedd uwchben y môr mewn unigrwydd a thawelwch" tan oedd Joseph bron yn bump oed. Roedd gofyn gwydnwch arbennig i fyw mewn lle mor anghysbell, yn enwedig yn ystod gaeafau gerwin Cyrn y Brain. O'r diwedd, yn 1869, aethant i fyw i Park Mine a buont yno hyd 1884. O'r tŷ hwn y daw'r rhan fwyaf o'r lythyrau sy'n stôr mor werthfawr i gyfleu amrywiaeth eu bywyd teuluol a phrifiant y bechgyn.

Roedd Park Mine yn gonglfaen yn eu bywydau. Tŷ gwyngalchog

Rhai o weithfeydd Mwynglawdd.

diaddurn yr olwg ydoedd, ac iddo chwe ffenestr a dau ddrws. Mewn un llun mae trap o flaen y tŷ, a gerllaw ceir Robert Bryan yn fachgen â llond pen o wallt du cyrliog, yn hel llus mewn siwt frethyn.[22]

NODIADAU

1. John Davies Bryan (JDB) @ Jane Jones, Camddwr, 2 Tachwedd 1886, CDB/8322/25.

2. Knowles/Parkin, *Just One Parish – The History of Llanarmon-yn-Iâl*, Gwasg y Berllan, Sychdyn, t. 6.

3. Lluniau o bentref Llanarmon 43/19, 43/6, Archifdy Sir Ddinbych, Rhuthun.

4. Robert Bryan (RB), *Odlau Cân*, (OC) W. A. Lewis, 87, Sheil Road, Lerpwl, 1901, 'Min yr Alyn', t. 57.

5. Wm. Davies, *The Handbook for the Vale of Clwyd*, C. Chivers Ltd. 1988, ar ran gwasanaeth Llyfrgell/Amgueddfa Cyngor Sir Clwyd, tt. 160–1; Knowles /Parkin, t. 48; tt. 38–9; cyfeiriad at fynd â gwlan i Langollen yn llythyr JosDB@JDB, 16 Gorffennaf 1877.

6. Tystysgrif briodas Capten Edward Bryan (EdB)/Elinor Bryan (ElB).

7. Llun o Gamddwr a Moel y Plas: CDB Archifdy Gwynedd, Caernarfon, XS/3534/43; cyfrifiad 1851.

8. Sgwrs â Gaynor Bryan Jones (GBJ), disgynnydd o deulu'r Bryan o Lanarmon. Am fywyd John Parry'r Degwm gweler ei farwnad yn *Y Cymro*, 10 Mehefin 1897, casgliad Syr J. Herbert Lewis o farwnadau pobl Sir y Fflint (D/L/951, Archifdy Sir y Fflint, Penarlâg). Am John Davies, Sychdyn, gweler *Cofiant y Parch. John Davies, Nercwys*, Hughes a'i Fab, Wrecsam, 1907, tt. 7–15. Yn *Y Bywgraffiadur Cymreig hyd 1940* (Anrhydeddus Gymdeithas y Cymmrodorion, Llundain, 1953) nodir bod llawer o ffeithiau yn llyfr Jones yn ddiffygiol, felly diolchaf i Charles Hogg (CH), disgynnydd i deulu Parry, am fanylion cywirach yn sgil ei ymchwil yn Archifdy Sir Ddinbych, Rhuthun.

9. Daw'r wybodaeth yn y bennod yma am y tri theulu – Davies, Parry a Bryan – o achau'r teulu a gasglwyd o'r ffynonellau canlynol: Catalog Davies Bryan (CDB) sy'n cynnwys llythyrau teuluol; mynwent Capel Rhiw Iâl; perthnasau'r teulu: Wil a Mair James, Gwyneth Lewis@CH 1978, CH, GBJ, Rachel Davies Bryan (RDB), Trevor Bryan Owen (TBO). Am Mary Davies gweler cofiant *Miss Mary Davies, Camddwr, Llanarmon-yn-Iâl, Sir Ddinbych*, gan y Parch. John Davies, Nercwys (Hugh Jones, Yr Wyddgrug, 1858). Am Jane Jones ac Elisabeth (Modryb Betsy?) gweler papurau Jane Jones, CDB:XM/8322/50. Am Sarah Evans: Dr Samuel Evans (SE), Pant y Garn, Rhos, *Nene* (papur bro y Rhos), Chwefror 1995; *Cymru* 42, 1912, t. 133. Am Elinor Bryan: CDB:XS/3534/37; *Y Goleuad*, 17 Awst 1878.

10. Y Parch. T. Hughes, Lerpwl, *Hanes Methodistiaeth Cymru*, Hughes a'i Fab, Wrecsam, 1856, Cyfrol I, t. 147, Cyfrol III, t. 100, tt. 201–3.

11. Gweler 9 am y syniad bod teulu Bryan yn hanu o Gernyw/Dyfnaint; Knowles/Parkin, op. cit., t. 48.

12. W. J. Lewis, *Lead Mining in Wales*, Gwasg Prifysgol Cymru, Caerdydd, 1967, t. 284; Knowles/Parkin, op. cit., t. 42.

13. Am fywyd EdB gweler y Parch. Griffith Owen, Rhos-ddu, Wrecsam, *Hanes Methodistiaeth Sir y Fflint*, Cyfarfod Misol Dwyrain Dinbych a Fflint, 1914, t. 121; Ernest E. Wynne, Eglwys M.C. *Bethel Coed-poeth, Canmlwyddiant yr Achos, 1859–1959, Hyd. 19–20 1959*; *Ynghyd â Braslun o'i hanes*, 31 Gorffennaf 1959; *Nene* op. cit; ffotograff o EdB, CDB:XS3534/84.

14. Manylion am gyntafanedig ElB/EdB o'r bedd teuluol ym mynwent Rhiw Iâl; bedydd JDB – llyfr cofnod Bedyddiadau'r Brodyr Davies Bryan, y Parch. John Davies, Nercwys, rhif 669; hanes ei fedyddio: 'Anrhydedd y Brodyr Bryan', *Y Ford Gron*, W. A. Lewis, Cyfrol V, Rhif 8, Mehefin 1935, tt. 176–7.

15. Llyfr Cofnod Bedyddiadau y Parch. John Davies, Nercwys, Rhif 751.

16. *Nene*, op. cit.; Marwnad SE, *Liverpool Daily Post*, 12 Hydref 1935, am farwolaeth Richard Evans.

17. Am hanes ElB yn mynd i'r Mynydd: sgwrs gyda RBD. Am y rheilffordd: Glyn Davies, *Minera*, Bridge Books, Wrecsam cyhoeddwyd yn wreiddiol yn y 1960au, t. 17; Gillian Smith, *The Mines of Minera – a study of a lead mining community, c. 1845–1914*, M.Phil., Prifysgol Manceinion, 1990, t. 144.

18. Am hanes y mwynfeydd plwm: C. J. Williams, *Metal Mines of North Wales*, Charter Publications, Rhuddlan, Clwyd, 1980, t. 1; John Bennett (gol.) *Minera Lead Mines & Quarries*, pennod 'The Minera Mines from 1849', Cyngor Bwrdeistref Wrecsam, Wrecsam, 1995, tt. 60–1; hanes y cwmnïau: Glyn Davies, op. cit. tt. 17–8; am Park Mine yn cau: Bennett, op. cit., t. 64.

19. Am y broses o hel plwm a'i drin: Bennett, op. cit. t. 67; Glyn Davies, op. cit., tt. 18–9; am y niferoedd a laddwyd a'r damweiniau: Bennett, op.cit. t. 77; Adroddiadau T. Fanning Evans, Archifdy Gwynedd; Williams, op. cit. tt. heb rif; sgwrs gyda Bill Slater, Archaeolegydd Diwydiannol yn Amgueddfa Mwynglawdd; am effaith llwch: Bennett, op. cit. t. 78.

20. Llun y mwyngloddwyr yn Bennett, op. cit. t. 78, gyda chaniatâd Archifdy Clwyd (82/19).

21. Am safleoedd Williams a Mitchell, Smith, op. cit. t. 20; am safle EdB: *Nene*, op. cit., a sgwrs gyda Bill Slater; am yr oriau gwaith a'r cyflogau: W. J. Lewis, op.cit., tt. 275; arian o ffarmio, tt. 268–70; cynyddu eiddo personol: Smith, op. cit., tt. 134, 144, 184.

22. Lluniau o'r tai cynharaf: llyfr lloffion Dafydd Bryan Edwards (DBE), brawd RBD.

2. Dyddiau Mebyd ar Gyrn y Brain

> *Roedd teulu gynt o'r anian sydd*
> *Yn caru fry groesawu'r dydd,*
> *Yn byw mewn bwth o frigau mân*
> *A llenni'r tŷ o blu a gwlân, –*
> *Teulu mad*
> *y fam a'r tad*
> *A phedwar hedydd bychan mwyn,*
> *Yn nythu'n glyd ym mro y brwyn.*[1]

Mewn rhai o'i gerddi rhoddodd Robert Bryan argraffiadau o brofiadau bore oes y bechgyn ym Mwynglawdd. Ceir ambell bennill, fel yr uchod a'r canlynol, sy'n taflu goleuni ar ddiniweidrwydd oes a fu. Treuliai'r bechgyn eu horiau hamdden:

> *... yn llwybro trwy y ddôl,*
> *yn chwarae ar lan yr afon,*
> *Yn crwydro trwy y llwybr coed*
> *I hel y cnau a mafon; ...*[2]

Byddai'r bechgyn yn chwarae yn y grug a'r rhedyn, yn cuddio yn y brwyn a byddai eu chwerthin yn gymysg â'r heulwen. Byddent yn hel llond côl o lus nes bod eu gwefusau a'u dwylo'n ddu. Aent i bysgota hefyd:

> *Yna i lan y llyn â llinyn,*
> *Gyda ffon, a phin, a phry;*
> *Bwyta'r abwyd, heb eu dala*
> *Pam mae teulu'r dŵr mor hy?*

Bryd arall aent i nôl dŵr o'r ffynnon a'i ferwi efo mintys i wneud diod a gwylio'r hedydd yn esgyn ar yr awel. Gwnaent goron o gyrn y carw a'i gwisgo'n dalog fel rhyw Pharoh Mawr. Anfonodd y bechgyn sawl barcutan papur i fyny tuag at y cymylau. Caent hwyl hyd yn oed yn yr oerfel:

> *Clobio eira yn y Gaeaf*
> *Ffug ryfela'n fawr ein stŵr;*
> *Slerio'n llawen hyd yr iaen*
> *Sugno'r tethi fu yn ddŵr...*

Ac o faes chwarae Cyrn y Brain dyma ymestyn eu gorwelion ac:

> *Esgyn pen y bryn i syllu,*
> *Draw i syllu ar y byd;*
> *Brys ddyheu am swynion newydd,*
> *Bri a golud bröydd hud.*[3]

Tu hwnt i'r baradwys fachgennaidd hon roedd gwersi y soniai Robert amdanynt gyda chynhesrwydd:

Addysg yr aelwyd gartef, mewn moes a chred a chariad at Dduw a dyn, a fu'n ddylanwad mawr ... A gwersi fy Mam mewn Cymraeg ... oedd yr unig wersi a gafodd ef [John], a ninnau, blant iau, yn ein hiaith ein hunain,

Park Lead Mine gyda Robert Bryan yn hel llus gerllaw.

canys dyddiau esgeuluso a dirmygu pethau Cymreig gan fawrion byd oedd y dyddiau hynny.[4]

Nid oedd gwersi'r ysgol mor apelgar, fodd bynnag, a grwgnach a wnâi'r bechgyn am seisnigrwydd yr addysg a gaent yno:

> *Llusgo i'r ysgol, yno i ddysgu*
> *Iaith yr estron, lleisio'n fain;*
> *Gwg a cherydd am ynganu*
> *Iaith ein hunain, groew'i sain.*[5]

Yr ysgol gyntaf yr aeth y bechgyn iddi oedd Ysgol Llanarmon. Roedd y daith mor bell i'r bechgyn nes i Joseph gwyno i'w goesau ddatblygu mymryn o siâp bwa o'r herwydd.[6] Mynychent ysgolion y Mwynglawdd a Phen y Gelli yng Nghoedpoeth hefyd. At hynny treuliodd John gyfnod mewn ysgol yn Lerpwl, ac oddi yno yr ysgrifennodd at ei rieni yn 1868 gan sôn am gyfoeth bywyd crefyddol Cymreig ardal Toxteth Park.[7] Y flwyddyn ganlynol prentisiwyd ef i Siop y Cei yng Nghei Mostyn.

Yn 1874 disgrifiwyd Mostyn fel trefedigaeth gyda phentref poblog tua phedair milltir o Dreffynnon. Roedd yno orsaf ar y lein o Gaer i Gaergybi, a gweithfeydd glo a phlwm. Roedd y cei ger afon Dyfrdwy yn lle prysur iawn a gellid dal llongau oddi yno i Lerpwl, llongau stêm fel y *Swiftsure* – "which was neither swift nor sure" – yn ôl pob sôn – neu'r *Gipsy King*.[8]

Perchennog Siop y Cei oedd Enoch Lewis, gŵr gweithgar rhadlon a ddysgodd lawer i John am redeg busnes llwyddiannus ar hyd ei brentisiaeth a barodd tan 1875. Cenir ei glodydd yn *Hanes Methodistiaeth Sir Fflint* (tt. 229–30):

> Optimydd siriol a theg ei gymeriad a ddangosai'r un haelioni tuag at bawb oedd Enoch Lewis. Cafodd ddylanwad mawr ar ei fab, yr aelod seneddol J. Herbert Lewis. Roedd diwrnod gwaith Enoch Lewis yn hir a ni roddai ei lyfrau i gadw nes bod trên un ar ddeg wedi pasio heibio ei siop. Roedd y croeso cynnes a roddai i'w gwsmeriaid yn ddihareb, fel yr oedd ei brisiau teg.

Yn ei chofiant am ei thad, J. Herbert Lewis, soniai K. Idwal Jones am awyrgylch y siop:

Paradwys i fachgen bach ar ddiwrnod o aeaf fyddai crwydro ymysg y sachau o flawd, y brethyn a'r esgidiau, a phob math o gelfi fferm a thaclau llong. Gellid prynu unrhywbeth yno, o nodwydd i angor, ac o raff i raw. Gwrandawai ar y morwyr yn traethu hanes y gwledydd pell, a'i gyfaill Hugh Parry, brawd John Parry a phrif gynorthwywr ei dad, yn ymddiddan yn ffraeth â gwragedd y glowyr neu yn siarad yn wybodus â'r ffermwyr. Mynych y câi ymwelwyr o bell bryd o fwyd yn y gegin y tu ôl i'r siop.

Arferai nifer helaeth o enwogion crefyddol fynychu'r siop am fod Enoch Lewis yn drysorydd ac ysgrifennydd yr achos crefyddol yn Ffynnongroyw, pentref cyfagos. Yn eu plith roedd Daniel Owen, Dr Edwards y Bala, Dr Thomas Charles Edwards, Ieuan Gwyllt, John Parry'r Degwm. Yr un cymeriadau a frithai lythyrau Capten Bryan i'w feibion, ffaith sy'n atgyfnerthu agosatrwydd y gymuned yn y dyddiau hynny.[9]

Yn 1872, fel y parhâi John efo'i waith ym Mostyn âi bywyd beunyddiol ymlaen yn Park Mine fel arfer. Yn yr hydref cyrhaeddodd llythyrau oddi wrth John A. Roberts, cefnder i'r teulu o goleg Diwinyddol Iâl, New Haven, America, yn sôn am ei gysylltiad ag Annibynwyr yn nhalaith Efrog Newydd. Gyrrwyd lluniau o John, Robert, Edward a Joseph ato a rhyfeddai yntau at eu prifiant. Diddorol yw meddwl y gallai llythyrau o'r fath fagu chwilfrydedd yn y brodyr i ehangu eu gorwelion hwythau.[10]

Yn Ebrill 1873 sylwodd Capten Bryan fod y Temlwyr Da yn dal at eu coed a bod eu dylanwad ar gynnydd. Perthynai John i garfan o'r mudiad dirwestol hwn a chwaraeent ran bwysig yn ei fywyd. Mynychai gyfrinfa yn Nheml Caledfryn, Dinbych, a ffurfiwyd flwyddyn ynghynt. Cafodd ei benodi'n 'Deputy Grand Worthy Chief Templar' yng Nghyfrinfa Siloam. Parhaodd ef a'i frodyr yn ddirwestwyr pybyr ar hyd eu hoes. Meddai'r Temlwyr gryn ddylanwad yn lleol. Yn etholiad 1874 pryderai Capten Bryan y byddai'r Aelod Seneddol Syr Watkin Williams Wynn yn colli ei sedd o'u plegid. Mynegodd ei bryder fel a ganlyn mewn llythyr at John:

Mae'n debig bydd helynt yn y wlad am fod y *senedd* wedi tori. Mae arnaf ofn na ddaw Wadking [sic] William ddim i fynu y tro yma am fod y Temlwyr na wedi troi yn ei erbyn yn Wrecsam a hynu heb achos.

Yn y pen draw, fodd bynnag, ni effeithiodd gwrthwynebiad y Temlwyr Da ar ymgyrch Sir Watkin a lwyddodd o drwch blewyn (30 pleidlais) i gadw'i sedd rhag ymgeisydd y Torïaid, George Kenyon. Ond ni fu buddugoliaeth y Rhyddfrydwyr yn Wrecsam yn ddigon i atal Disraeli a'r Torïaid rhag dwyn yr awenau o ddwylo Gladstone yn San Steffan a llywodraethu wedyn hyd 1880.[11]

Roedd John yn ddyn ifanc poblogaidd iawn ac un o'i ffrindiau yng Nghei Mostyn oedd Moses Roberts. Roedd Moses wedi ymadael â'r Cei ond parhâi i weld John yn y capel weithiau. Ym mis Mawrth 1874 ysgrifennodd at John o William Henderson & Son, Lerpwl. Roedd yn hapus yn ei le newydd a chyda'r oriau. Gweithiai o wyth y bore tan hanner awr wedi chwech yr hwyr a gorffen am bump o'r gloch ar ddydd Sadwrn, er y gallai arwerthiant ei gadw'n brysur tan wyth o'r gloch. Maentumiai fod y newid er gwell iddo:

> Nid oedd Mostyn ond gwlad yr Aipht a thŷ y caethiwed hollol o'i gydmaru a'r lle yma. Byddaf yn aml yn meddwl amdanoch chi 'poor devils' yn enwedig ar Ddydd Sadwrn (pan y byddaf … yn cael mynd allan am walk i rywle hyd un ar ddeg) ac yn dweud wrthyf fy hun mai 'rwan mae nhw yn Mostyn druain bron yn dechreu eu diwrnod ac wedi cau efallai hanner awr [wedi] naw[,] bydd yn hwyr glas ymorol a'u Blackio esgidiau a shavio etc., etc., …

Fis Mai ceisiodd Moses drefnu i ymweld â John ond profodd y daith o Fostyn i Lerpwl yn anodd i'w threfnu – y *Swiftsure* wedi mynd yn sownd ar y tywod eto mae'n debyg. Hiraethai am ei ffrind i gadw cwmni ag o wrth fynd o amgylch y parciau ar nos o haf cynnar.[12]

Erbyn Tachwedd 1874 poenai John am bethau pwysicach na mynd am dro efo Moses. Roedd o "mewn prudd-der am achos tragwyddol rhyng[ddo] a Duw". Teimlai nad oedd yn "ddigon difrifol wrth gyflawni dyledswyddau grefydd". Roedd cyfnod ei brentisiaeth ar fin dod i ben ac mae'n debyg ei fod yn ystyried ei ddyfodol ac un llwybr posibl oedd mynd yn bregethwr. Cyngor ei dad oedd:

> Gweddio yn wastad ac heb ddiffygio[,] gweddio heb fod mewn teimlad os bydd rhaid gwneud hynu. Gweddio heb eiriau, gweddio ie … Y roedd yr Aglwydd Iesu ei hun yn gweddio yn ddyfalach fel yr oedd yn nesau ei frwydr fawr …[13]

Mewn llythyrau a ysgrifennwyd ar 25 Ionawr 1875 swniai'n debyg bod John yn poeni'n ddirfawr am ei ddyfodol, a pha ffordd y dylai fynd yn ei fywyd. Cynghorodd ei dad ef, ar glywed am ei godiad cyflog, i wneud yn fawr o'i ffrindiau capel oherwydd byddent yn siŵr o fod o gymorth iddo pe collai ei le am ryw reswm. Cyn diwedd Mawrth clywn ei fod yn "ŵr rhydd ym Mostyn". Roedd ei brentisiaeth ar ben. Llawenhaodd teulu Park Mine oherwydd fe'u rhyddhawyd o'r baich ariannol a roddwyd arnynt yn ystod y cyfnod. Roeddent yn awyddus i wybod pa gyfeiriad yr âi John iddo nesaf. Byddai fawr o dro cyn bod y gŵr ifanc yn ymlwybro i Lerpwl i geisio sefydlu ei hun fel ei ffrind Moses.[14]

Yn ystod y blynyddoedd y bu John wrth ei brentisiaeth ym Mostyn bu Capten Bryan yn gweithio'n gyson at drefnu addysg a phrentisiaeth Robert, Edward a Joseph.

Erbyn 1872 mynychai Robert ysgol Brook Street, Wrecsam. Roedd gan yr ysgol sawl enw: Ysgol Frutanaidd, Ysgol Victoria a Brookside. Arferid galw disgybl yn Brooksider. Roedd yr ysgol hon yn gartref i 600 o enethod a bechgyn ac erbyn 1874 roedd hi wedi ei sefydlu mewn *'tan yard'* yn Brook Street. Alexander Fyfe oedd y prifathro yng nghyfnod Robert a fu yno fel disgybl a disgybl-athro.[15]

Efallai na ddaeth barddoniaeth Robert Bryan i reng flaen llenyddiaeth Gymraeg, yn wahanol i waith ei ffrind mynwesol T. Gwynn Jones ac eraill o'u cyfoedion, ond yn sicr roedd ganddo ddawn i adrodd stori ac yn un o'i lythyrau at John, tra oedd yn Brookside, crisialodd yn hyderus, yn nhafodiaith Sir Ddinbych, hanes un bachgen drwg yn yr ysgol:

Y mae bachgen go fychan yn nesaf i fi efo gwallt coch ac y mae yn fachgen drwg iawn. Dyddiau diweddaf yr oedd yn siarad o hyd, mi gath ei alw allan o'r class gan y mistar i gael ei wandio, ac fellu y cath hi. Mi gaeth 20 slap ar un law ond nid yn hidio dim, pan welodd y mistar hyn driodd ei daro yn ei wyneb â'r strap. Mi red y bachgen i ffwrdd a'r mistar ar ei ôl ac mi daliodd o a mi roeth iddo 4 slap arall, ond chwerthin oedd y bachgen er hynu gan ddweud yn Saesneg. *'Ah! I had a butty with some sugar on it, it tasted nice.'* Dwedais innau wrtho, *'No you had some treagle and butter on your butty.' 'Aye! Lad it tasted very nice indeed,'* meddai tan chwerthin. Dydd Gwener y borau mi gollodd y lle darllen. Ac mi ddoth y mistar ato fo ac mi gydiodd yn ei law o i'w dynu allan o'r class. A be siliech chwi ddywedodd y bachgen wrtho. 'What in the h'll are you doing to me?' ond rhoddodd y mistar gystal boxied iddo fo yn ei glustiau ag y gafodd o eriod. Chwerthin oedd y bachgen o hyd, ond aeth y mistar i nol y strap atto fo, fe gymerodd arno nadu yr amser hono dan rwlio ei lygid a roedd y mistar oddi wrtho yr amser hono ...[16]

Gyda rhieni mor grefyddol ag Elinor a Chapten Bryan, oedd bellach wedi ei ethol yn Llywydd Cyfarfod Llên Bethel, doedd ryfedd fod y bechgyn yn cymryd rhan ym mhob cystadleuaeth, cyfarfod a gwasanaeth a gynhelid ym Methel neu'r capeli cyfagos. Mae llythryau yr 1870au cynnar yn frith o gyfeiriadau at Robert, Edward neu Joseph, yn ennill rhyw 3/- neu'i gilydd yn y capel byth a beunydd.[17]

Yn ystod 1873 canfyddwn Robert yn rhoi ei fryd ar fynd i ddysgu. Erbyn mis Hydref safodd ei arholiad i fod yn ddisgybl-athro. Disgwyliai'r canlyniad ar 24 Tachwedd pan ysgrifennodd y Capten at John i fynegi ei ansicrwydd ynglŷn â dyfodol Robert. Doedd o "ddim yn gwybod be i wneud orau ohono". Poenai y byddai'n 21 cyn ennill digon i'w gynnal ei hun, a hyd yn oed ar ôl cymhwyso byddai ond yn ennill digon i gadw corff ac enaid ynghyd. Fe allai fynd yn bregethwr ond fe gâi lai o gyflog nag athro, a byddai'n rhaid iddo roi'r gorau i ddysgu achos ni fedr ysgolfeistr gwneud mwy na 'chadw ysgol'.

Credai'r Capten y byddai tua trigain oed cyn y gallai ef ei hun orffwys, ar ôl rhoi ysgol i Robert, Edward a Joseph. "Gobeithio y gwnewch droi allan yn blant da," meddai wrth John ar 17 Ragfyr 1873, cyn gofyn iddo a fwriadai ddychwelyd i'r Park dros y Nadolig.

Y mae blwyddyn yn pasio a hefyd mor araf yr ydym yn symyd mewn sancteiddrwydd a bychedd grefyddol, mae lle i ofni y gellid dyweud am lawer, chwi a aethoch yn ôl ac nid [mlaen] ...

Erbyn blwyddyn yr etholiad cyffredinol daethai canu'n bwysig iawn i Robert. "Canu ydyw y gwbl ganddo yn awr ...", meddai ei dad ar 22 Mehefin. Gobeithiai y byddai Robert wedi cwblhau ei brentisaeth fel disgybl-athro erbyn 1877, gan fod dau athro yn gadael yr ysgol bryd hynny. Wrth i 1875 fynd rhagddi dechreuodd Capten Bryan droi ei olygon at ei drydydd mab, Edward. Roedd Robert ac yntau wedi bod yn lletya yn 9 Stryd y Coleg gyda William Pritchard tra bod y ddau yn yr ysgol. Roedd y Capten wedi ystyried ei roi yn siop y fferyllydd Mr Francis, os gallai fod yn sicr y byddai'n pasio ei arholiadau. Ond os methai'r arholiad yna dyna'r arian at ei gadw wedi ei afradu, a gaeaf caled o'u blaen ar y Mynydd: "Dyma y Geuaf caletaf er pan yr ydym ar y mynydd. Mae llawer iawn o ddefaid wedi marw y Gaeaf hwn. Byddaf yn meddwl mae dyma y Gaeaf olaf imi fod yma oherwydd y mae y gwaith yn wael iawn ...."[18]

Ym mis Chwefror dechreuodd Robert fynd i ddosbarthiadau llaw-fer dan diwtoriaeth Mr Boothey efo'i gefnder Samuel Evans, mab Modryb Sarah o Bant y Garn. Soniai Robert pa mor rhagorol roedd Samuel wrth ddysgu llaw-fer. Erbyn hynny roedd ei gefnder wedi ei brentisio i Hughes a'i Fab, Wrecsam, fel darllenwr proflenni. Cyfarfu â'r bardd Islwyn tra bu yno, a gwelodd hwnnw ddeunydd llenor yn Samuel. Anogodd ef i ddarllen ac astudio'r *Bardd Cwsg*. Gwnaeth hynny gan gadw ei gopi am flynyddoedd wedyn. Astudiodd y gyfrol *Phonograffia* gan y Parch. R. H. Morgan ac fe drosodd gwaith Pitman i'r Gymraeg. Meddai Samuel am y gyfrol yn ddiweddarach:

Mae ei symlrwydd a'i hystwythder yn gyfryw fel na chefais ynrhyw anhawster ei chyfaddasu at ieithoedd estronol megis y Ffrangeg, yr Ellmyneg, yr Arabeg, &c, a rhyfedd hefyd na buasai yn amlwg ar raglen pob ysgol Sir yng Nghymru.[19]

Erbyn canol mis Mai 1875 roedd Robert yn dysgu'r pedwerydd dosbarth ac yn feistr ar un ystafell ac ynddi 99 o blant! Daliodd ati am flwyddyn ond cafodd bwl o waeledd annifyr tua mis Mai 1876 a gorfu ei fam ei nyrsio trwy olchi ei ben efo finag a rhoi mwstard ar ei wddf. Wedi dychwelyd i'r ysgol nid oedd yn tynnu ymlaen yn dda efo'i feistr, yr Athro Fyfe. Yn ôl disgrifiadau Robert ohono roedd yn dipyn o dderyn oriog a hoffai groes-ddweud ei hun yn aml. Ond erbyn Ionawr 1877 daeth tro ar fyd ar ôl i Robert basio ei arholiadau. O hynny ymlaen roedd dysgu'n bleser iddo.[20]

Daeth Mehefin â newydd da am brentisiaeth Edward. Wedi i'w dad anobeithio'n llwyr yn ei gylch yn pasio'r arholiad fferyllydd, cafodd le gyda W&J Pritchard, 14 Stryd yr Hob, Wrecsam. *'General Draper, Clothiers & Carpet Warehouse-men, milliners &c.'* Aethai ei rieni ag o yno. Canmolai pawb enw da'r siop a'i berchnogion. Dod o Gorwen tua 1863 a wnaeth W&J Pritchard i weithredu fel asiantaeth i werthu'r wlanen Gymreig orau o

Langollen. Rhoddodd y Capten £20 o flaendal i gynnal Edward trwy ei brentisiaeth.[21]

Erbyn diwedd y 1870au roedd John, Robert ac Edward allan yn y byd, a dim ond un dyn bach ar ôl i boeni amdano, sef Joseph. Roedd yr hogyn gartref yn Park Mine efo'i fam a'i dad a'r forwyn. Mae'n debyg ei fod wedi bod yn dyst i ddigwyddiadau erchyll, oherwydd disgrifiodd rai ohonynt i John yn ei lythyrau. Digwyddiadau fel marwolaeth Ellis Edwards ym Mai 1874 "yng ngwaith y Talwrn trwi ir wagon ei wasgu yn erbyn ochrau y level". Yna bu farw'r ci ar ôl cael ffitiau ofnadwy o achos y llwch plwm. Cawsant gi arall yn ei le a fagwyd yng Nghamddwr rhag i'r un peth ddigwydd iddo yntau. "Mae'r ast fach rhite sionc. Nid yw hi fawr fuw na torth geiniog pan mae bara yn rhad." Yn ystod y cyfnod yma doedd iechyd Elinor Bryan, fel Robert yntau, ddim ar ei orau ychwaith a bu'n sâl fwy neu lai trwy gydol haf 1874 gyda gwasgfeydd trwm iawn. Bu Edward Williams a Sampson Mitchell yn rhedeg rasys yn Wrecsam fis Medi 1874 ac roedd y Capten yn gwarafun yr holl gamblo ac ysmygu oedd ar hyd y lle. Fis Hydref y flwyddyn honno fe'i hanafwyd yn y gwaith wrth i ddyn o'r enw Lester chwythu twll mawr yn y graig wrth ddefnyddio powdwr dieithr cryf iawn.[22]

Ganol Mehefin 1875, i leddfu rhywfaint ar ei bryderon am ddyfodol ei feibion, aeth Capten Bryan i wylio'r bugeiliaid ar y mynydd a myfyrio dros ei lwyddiant i gael Owens y tafarnawr lleol i gau ei ddrysau ar y Sul a chael ef a'i wraig i aros yn y capel ar hyd y Sabath. Roedd mor benderfynol dros hyn nes iddo addo digolledu Owens am fis, os cwynai ei fod wedi colli elw am gau'r dafarn. Byddai'n dipyn o her iddo geisio gwneud argraff mor gref ar y pedair tafarn ar ddeg arall ym Mwynglawdd. Dwy o'r rhain oedd y Red Lion, lle cynhelid Cwest yn sgil marwolaeth gweithwyr, a'r Gladstone Arms uwchben fferm yr Hafod.

Cerddais heibio'r Hafod wrth chwilota am Park Mine, ac fel yn achos Park mine ei hun bellach, nid oes sôn amdani. Rhaid dychmygu'r mwyngloddwyr yn siglo tua thref fin nos, yn canu yn eu hwyl efallai, a meddwl am deulu'r Capten, dirwestwyr pybyr, yn gwrando ar sŵn eu lleisiau'n cael eu cario gan y gwynt dros y grug a'r rhedyn. Efallai y byddai Elinor yn darllen o'i Beibl i Joseph ger y tân, a'r ast newydd yn hepian yn y gornel. Byddai'r Capten naill ai'n gwrando ar y darlleniad, neu â'i drwyn yn y *Goleuad* neu'r *Faner*, neu'n ysgrifennu llythyr at John i'w gynnwys yn y parsel nesaf o'i ddillad glân a olchid gan ei fam. Ac fel cynifer o gymunedau llechi a glo eraill, mae'n debyg, felly y rhennid y gymdeithas rhwng y 'snyg' a'r sêt fawr.[23]

Yn hydref 1875 dechreuodd Joseph fynd i ysgol Pen y Gelli, Coedpoeth. Roedd Edward bellach wedi ei rwymo'n derfynol yn Wrecsam, a gorfoleddai Robert am yr harmoniwm a gafodd gan ei dad. Ysgrifennai Joseph yn weddol reolaidd at John, a gawsai le yn Lerpwl ddechrau Gorffennaf. Doedd dim pall ar archwaeth Joseph am hanesion duon gan iddo sôn am ribidres o farwolaethau ymhlith y mwyngloddwyr. Mwynhaodd daith i "Lerpool annuwiol", fel y disgrifiodd y ddinas yn un o'i lythyrau, i weld arbenigwr ynglŷn â gwendid yn ei lygaid. Roedd "y sêls" ymlaen a'r môr yn donnog "a rhen Bucket yn ysgwyd fel meddwyn a llawer yn sal". Chwarddai Joseph am yr olygfa. "Mae Joseph heddyw yn fyw i gid …" meddai ei dad amdano wedyn.[24]

Roedd diwrnod ysgol Joseph yn hir iawn. Byddai'n barod i adael Park Mine o gwmpas chwech y bore, a byddai'n dal y trên chwech o'r gloch yn ôl o Goedpoeth gyda'r hwyr. Ar benwythnosau mwynhâi ei hun o gwmpas y Park yn nôl mêl o'r cwch gwenyn, a ffug ryfela efo Robert a'i dad a chymdogion eraill, fel yr adroddai'r Capten wrth John ar 7 Fedi 1876:

> Gallaf eich hysbysu na fu y fath laddfa a thywalld gwaed ar y mynydd yma er amser Owen Glyn Dŵr ag fu yma ddoe[,] a chymerodd y frwydr le yn ein gardd ni. Capten Davies, Llandegla oedd yn blaenori y gad. Mae yn dda genyf gallu eich hysbysu fod y fuddugoliaeth o'n ty ni. Laddiwyd yr un o'n ochor ni ond fe glwyfwyd amal i un. Ond fe laddwyd yr oll o'r ochor arall ac fe gladdwyd hwynt mewn bedd yn yr ardd. Yr wyddwn yn meddwl wrth edrych arnynt am yr hen Gymru yn amser eu rhefeloedd hwynt yn gael ei lladd a dwyn cymaint ag oedd ganddynt. Felly y darfu i ninnau wneud yn yr frwydr hon. Mae genyf ofn y bydd y wlad yn ein herlid fel Turks am ein barbeidd-dra …[25]

NODIADAU

1. OC, Blaengân, t. II.

2. OC, Can Yr Alltud, t. 139.

3. OC, Y Farcutan Bapur, t. 147; OC Broydd Mebyd, tt. 107–8.

4. JDB, op. cit., t. vi.

5. OC, t. 109.

6. Sgwrs â RDB; llyfr lloffion DBE.

7. JDB, op. cit., t. vi; JDB@EdB/ElB, Awst 18, 1868: CDB/XM8322/3.

8. Am Fostyn: *The Parish of Mostyn, A brief survey*, pamffled gan David Thomas (1945); am waith Eyton, y cei: Anthony Lewis Jones, *Mostyn in Old Photographs*, Countryside Publications, Chorley, Lancashire, 1984, t. 15; am y *Swiftsure*: F. C. Thornley, *Past & Present Steamers of North Wales*, T. Stephenson & Sons Ltd., Prescot, Lancashire, 1952, t. 18.

9. K. Idwal Jones, *Syr Herbert Lewis, 1858–1933*, LGC/GPC, 1958, tt. 3–5.

10. Y Parch. R. D. Thomas, *Hanes Cymry America*, T. J. Griffiths, Exchange Buildings, Utica, NY., 1872, tt. 26, 31; J. A. Roberts@JDB, llyth. cyntaf. DD. Yr ail: 19 Hydref, 1872. CDB:XM/8322/5.

11. EdB@JDB, 19 Ebrill 1873, CDB:XM/8322/7; am y Temlwyr Da: D. C. Castledine & R. M. Owen, *Dinbych Hanesyddol*, Archifdy Sir Ddinbych, Rhuthun, 1983, t. 37; tystysgrif Temlwyr Da JDB: CDB:XM/8322/52; yr etholiad cyffredinol: EdB@JDB, 2 Ionawr, 1874, CDB:XM/8322/7 a 10 Chwefror, 1874, CDB:XM/8322/1. Am Disraeli a Gladstone: Dr Chris Cook (gol.), *Pears Cyclopaedia, Centenary Edition*, Penguin Books Ltd., London, 1997, tt. 20, 27. Am Sir Watkin Williams Wynn a George Kenyon: Kenneth O. Morgan, *Wales in British Politics, 1868–1922*, GPC, Cardiff, 1963, tt. 30, 31–5.

12. MR@JDB, 6, 14 Mawrth 1874, CDB:XM/8322/9; MR@JDB, 23 Mai, 9 Mehefin 1874, CDB:XM/8322/9.

13. EdB@JDB, 10 Tachwedd 1874, CDB:XM/8322/1.

14. DD ar lythyr EdB sy'n mynegi llawenydd fod JDB yn "ŵr rhydd yn Mostyn", ond gosodwyd mewn trefn gronolegol gyda'r llythyrau eraill; EdB@JDB, 3 Mawrth 1875, CDB:XM/8322/1.

15. *Wrexham Leader*, 16 Awst 1974, 'Wrexham Britsh School'; *Slater's Directory*, 1883.

16. RB@JDB, 20 Ionawr 1872, CDB:XM/8322/6.

17. EdB@JDB, 7 Ionawr 1873, CDB:XM/8322/1 a llythyrau eraill.

18. EdB@JDB, 10 Tachwedd 1875, CDB:XM/8322/1.

19. RB@ JDB, 5 Chwefror 1875, CDB:XM/8322/6. Am hanes SE: 'Camelod, Aur a Baco – Hanes 'Evans yr Aur'', Graham Evans, *Barn*, Rhagfyr 1992, t. 17; *Nene*, op. cit.

20. RB@JDB, 20 Rhagfyr 1876, CDB/XM/8322/6; JDB@Ed/El B, 5 Ionawr 1877, CDB/XM/8322/7.

21. EdB@JDB, 20 Awst 1877, CDB/XM/8322/1. Am hanes W. & J. Pritchard gweler cylchgrawn *Y*, Medi, 1924, t. 180, sy'n bortread o fywyd Edward Davies Bryan (EDB); *Wrexham Directory*, 1886; A. H. Dodd (ed.) *The History of Wrexham, Denbighshire*, Hughes a'i Fab, Wrexham, 1957, t. 230.

22. EdB@JDB, 10 Gorffennaf 1874; EdB@JDB, 3 Medi 1874, CDB/XM/8322/1; RB@JDB, 17 Hydref 1874, CDB/XM/8322/6.

23. Smith, op. cit., t. 143 am nifer y tafarndai ym Minera; am y tafarndai ger Park Mine: J. Clifford Davies, *Pubs & Inquests in Coedpoeth, Minera & Bwlchgwyn*, Star Press, Coedpoeth, tt. 21, 31.

24. EdB@JDB, 1 Hydref 1876, CDB/XM/8322/7; JosDB/ElB@JDB, 10 Tachwedd, CDB/XM/8322/1; JosDB@JDB, 6 Mawrth 4 Gorffennaf 1876, CDB:XM/8322/4.

25. EdB@JDB, 7 Medi 1876, CDB:XM/8322/1.

3. O Lerpwl i Gaernarfon

Yng Ngorffennaf 1875 dechreuodd John weithio yn siop Owen Owens, Ffordd Llundain, Lerpwl. Cawsai lythyr o gymeradwyaeth calonogol iawn gan Enoch Lewis. Cadarnhaodd hwnnw i John weithio yn ei siop am bum mlynedd. Trwy gydol yr amser, roedd yn ŵr ifanc dymunol iawn a gellid ymddiried ynddo i wneud gwaith gofalus a chywir, a thrin cwsmeriaid yn dda iawn. Gydag ychydig mwy o brofiad mewn tref fawr roedd yn ffyddiog y profai'n weithiwr clyfar a gwerthfawr.

Yn anffodus ni werthfawrogai Owen Owens hyn. Gweithiai John oriau hir – hirach nag a weithiai ym Mostyn – am gyflog pitw a theimlai fod ei feistr yn cilwgu arno. Cyngor Capten Bryan i'w fab oedd i adael y lle oni fyddai'r sefyllfa'n gwella. Fyddai o ei hun ddim yn aros hanner awr mewn lle o dan y fath amgylchiadau. Ond ymhen tipyn pwyllodd fymryn, a chynnig:

> Nid oes dim i wneud ag [ansefydlogrwydd] dy feistr ond ei gymeryd fel y bydd a gwneud y gorau o dy amser. Bym i yma am echydig ar y cochwyn yn meddwl bob wythnos mai dyna fydd yr olaf imi fod yma, ac mae er hynu dros 20 mlynedd [,] fellu, yr wyf heddiw yn ofni na fydd yma eto dim dinas Barhaus i neb am fod y gwaith mor sal ... Mae Mr Williams yn isel iawn ... Byddai ei golli ef yn golled anadferadwu i ni yma mewn gweithio y gwaith. Nid wyf yn disgwyl ar feistr tebig iddo ...[1]

Pryderai'r Capten y byddai John yn gadael ei le presennol heb fod ganddo le newydd i fynd iddo. Yn wir byddai'n well ganddo ddod adref na chrwydro strydoedd dinas annuwiol fel Lerpwl yn ddiamcan. Nid oedd y sefyllfa fawr gwell ar 8 Chwefror 1876, pan esboniai John wrth ei deulu fod un o'i gyd-weithwyr wedi colli ei swydd am iddo ddadlau efo cwsmer. Y cwsmer oedd ar fai a chefnogwyd cynorthwy-ydd y siop gan sawl cwsmer arall. Ond roedd yn rhy hwyr; roedd Mr Owens am ei hel oddi yno, a dyna ben arni. Yn ffodus i'r cynorthwy-ydd fe gafodd swydd yn syth drannoeth yn un o brif siopau'r ddinas, ond digalonnodd John dros y mater:

> ... Yn bresennol imi y mae y dyfodol yn dywyll, fel y fagddu, fel nad oes gennyf un nôd penodol i ymgyrhaedd ato. Yr ydwyf fel pe bawn yn wynebu'r anialwch disathr ag eisiau myned i rywle ac heb wybod i le. Bydd arnaf flys myned i rai o'r wholesale houses ac felly y cawn fwy o amser i mi fy hun, gan ei bod yn cau bump, bob dydd ac un o'r gloch ddydd Sadwrn, ac ni fyddwn mor agored i gael fy nhroi i ffwrdd. Ond wedyn pe bawn yn cael siop imi fy hun ryw amser efallai y byddai'n well imi gadw at y retail. Efallai y clirith yn y man ...

Gweithiasai fel athro Ysgol Sul yn Ffynnongroyw tra fu ym Mostyn, ac roedd ei ddiddordeb yn yr Efengyl wedi cynyddu digon iddo ystyried mynd yn bregethwr, ond efallai nad oedd yr ochr lai difrifol ohono'n fodlon iddo ymrwymo'i hun i Dduw yn gyfan gwbl. Roedd fel petai'n brwydro efo'i hun ynglŷn â natur ei gymeriad a'i addasrwydd ar gyfer bywyd yn yr Hen Gorff. Serch hynny, parhaodd i ysgrifennu pregethau. Gyrrodd rai at ei ffrind a'i gyn-gydweithiwr o Fostyn, William Davies, ar 23 Chwefror 1876. Rhaid bod y bregeth wedi gwneud argraff ar William oblegid anogodd hwnnw'r "pregethwr ifanc" i barhau â'i ddiddordeb. Ysgrifennodd Elinor at John ar ddiwedd Mai gyda'i barn ar ei sefyllfa:

> Yr ydych yn dechre cyfnod newydd ar eich oes. Bydd yr 20 mlynedd nesaf yn un pur bwysig [,] bydd wedi eich codi i sefyllfa anrhydeddus gyda chrefydd ... neu wedi eich gadael i yndrabaeddu yn y llaid ar dân. Byddwch ar eich gwyliadwraeth fy machgen annwyl i ...

Oherwydd ei chrefyddolder dwys mae'n debyg y byddai ei fam yn cymeradwyo dyheadau John i fod yn bregethwr. Roedd llythyrau Park Mine yn atgyfnerthu ei ysbrydoldeb ac yn ei godi "o awyrgylch fyglyd Lerpool". Roeddynt yn ei

> gario i awyr iach y mynydd neu hwyrach i Lanarmon neu efallai mai i'r capel (Y Bwlch, wrth gwrs) y byddant yn ehedeg ac oddi yno i'r aelwyd gartref pryd y byddaf yn teimlo yn ddig wrth fy ngalwedigaeth gan ei bod yn nghadw mor gaeth ag yn myned a chymaint o fy amser ...[2]

Gweithred arall a gymerai ei amser oedd rhoi help llaw i'w ffrindiau. Roedd William Davies wedi ysgrifennu ato ym mis Mawrth 1876 i holi am hynt Moses Roberts, a fu ym Mostyn gyda John ac yntau. Ychydig o hanes Moses oedd gan John i William ond, wrth lwc, ysgrifennodd Moses ei hun at John tua diwedd y mis. Edrychai'n debyg ei fod o naill ai wedi gadael ei le yn William Henderson's neu wedi gorfod gadael, a'i fod bellach yn trafod cael lle yn siop Owen Owens efo John. Ond roedd Moses mewn dyfroedd dyfnion a'i sefyllfa "mor dywyll yn wir fel nad oes gennyf ddirnadaeth yn bresennol pa fodd y mae olwyn fawr Rhagluniaeth yn troi". Serch y drafodaeth efo Mr Owens, ni lwyddodd i gael swydd yn ei siop, ac felly bu'n rhaid iddo fentro ar gynllun arall, sef agor ei fusnes ei hun ym Manchester House, Llanelwy.

Gwnaeth John yr hyn a allai i'w helpu trwy fenthyg arian iddo yn ogystal â gyrru bagiau brown a llyfrau siec ato. Wrth lwc daeth llewyrch i'w ran a gallai ymfalchïo fod "y busnes yn para yn dda dros ben gyda mi hyd yma. Mae y takings yn llawer mwy na dim a ddisgwyliais". Ac mae'n debyg bod John wedi cael ei bres yn ôl yn sgil ei lwyddiant.

Tua'r un adeg ysgrifennodd ffrind arall o Fostyn, Thomas Jones, ato i sôn fod y dref "wedi mynd yn lle rhyfedd iawn". Roedd y gwaith haearn wedi tewi, a'r gwaith glo yn araf a'r cyflog yn y siop yn isel iawn. Ond gobeithiai Thomas weld John yn fuan. Ac ar ddiwedd ei lythyr gofynnodd a gâi Miss Pownall, nith Enoch Lewis, lun John.

Rhoddodd haf 1876 gyfle i bawb cael gwyliau ac roedd trip i'r Rhyl ar y gweill i'r Capten a'i wraig. Aeth Robert ac Edward i Lanarmon a dychwelodd John o Lerpwl. Roedd Joseph ar ben ei ddigon oherwydd bod ei lygaid yn llawer iawn gwell, ac am ei fod wedi cael gwobr yn yr ysgol am y cerrig rhyfeddaf gorau iddo gael hyd iddyn nhw. Cafodd ei dderbyn yn y capel ddiwedd Gorffennaf ac, yn ôl ei dad, atebai "y pregethwr fel hen grefyddwr".

Ers sefydlu'r rheilffyrdd yn 1848 roedd y Rhyl wedi denu ymwelwyr a rhydd cardiau post o'r dref yn yr 1860au gyfle inni weld y dref ar ei gorau. Dengys inni dai Fictoraidd gwyn crand a llain nefolaidd o dywod aur yn cyd-redeg â'r môr. Hwyliai ambell gwch ar y dŵr. Cerddai pobl yn eu dillad gorau, y merched yn ei ffrogiau llawn a'u hetiau plu ffansi. Roedd yna beiriannau ymdrochi a mulod i reidio ar y traeth. Erbyn 1873 roedd dros 300 o letyau yno a byddai Capten ac Elinor Bryan wedi aros yn un ohonynt. Penderfynasant fynd draw i Fostyn hefyd i weld lle treuliodd John gyfnod ei brentisiaeth.

Daeth diwedd yr haf a bu'n rhaid i John ddychwelyd i Lerpwl. Wedi'r miri efo Mr Owens roedd ei rieni'n awyddus iawn i wybod pa fath o dderbyniad byddai eu mab yn cael. Fel y mae'n digwydd, nid oedd y derbyniad yn anffafriol oblegid cafodd John godiad cyflog o £10 a chyfle i wneud gwaith swyddfa yn y siop. Symudodd ef allan i fyw hefyd. Cynghorodd ei fam ef i gynilo ei geiniogau os oedd am barhau i wneud hynny: "Pe caech le am 5s yr wythnos byddai hynny yn £13 yn y flwyddyn, mae arnaf ofn na fedrwch gael lle am hynny i gysgu a brecwast a swper[.] Pa le yr ydych i gael bwyd y Sabath?"[3]

Ond yn y diwedd ymadawodd John â siop Owen Owens, ac nid cyn pryd, mae'n debyg, yn Nhachwedd 1876. Gwnaeth gais am swyddi trwy: *'Alerngon Austen Drapers' General Business Agent, Stock Valuer & Accountant'*, ond yn y pen draw atebodd hysbyseb am swydd yn y *Liverpool Mercury*. Roedd ei lythyr Saesneg uniongyrchol yn esbonio ei gefndir a'i reswm dros adael Owen Owens: "*My sole object in leaving my last situation was to get into a better class trade, where I could have a little more time for self improvement ...*"

Ar 11 Rhagfyr 1876 cychwynnodd yn ei le cysurus newydd, gyda llai o oriau, yng nghwmni J. Cripps yn Bold Street. Lle tebyg i Bond Street yn Llundain oedd Bold Street. Roedd yno siopau lliwgar a llachar fel Brights & Woolwrights a disgleiriai gyda phethau deniadol na cheid mo'u tebyg hyd yn oed ym mhalas Aladin.[4]

Yn 1877, ei unfed flwyddyn ar hugain, bwriadai John fod yn ysgafnach arno'i hun, ac ymddiried yn y Bod Mawr am nerth i barhau â'i fywyd. Gwelai ei hun fel gardd yn llawn o chwyn a'i deimlad oedd bellach y dylid: "Tynu y chwyn bob yn un a cheisio planu rhinwedd yn ei le ..." Os allai lwyddo yn hynny byddai'r flwyddyn yn un dda. Efallai y teimlai'r pwysau o ddod yn ddyn ac o orfod torri cwys iddo'i hun yn y byd. Ac roedd awgrym o bethau eraill ar y gweill mewn llythyr gan Thomas Jones ar 2 Chwefror. "*I hope you have improved in your new situation and that you are more safe than what you were at Owens ...*"[5]

Esboniodd Thomas fod pethau wedi gwaethygu'n arw ym Mostyn. Roedd merch o'r enw Miss Jones yn gadael a'r merched Lizzie a Jennie Pownall yn mynd yno i weithio, y naill fel gwneuthurwr hetiau a'r llall i wneud dillad yn y gobaith y gallent werthu mwy o ffrogiau. Gofynnodd Thomas am linell neu ddwy gan John – ni fu'n rheolaidd efo'i lythyrau hyd yn oed at ei deulu, er yr hoffai eu derbyn yn fawr – er mwyn clywed ei fod yn dal yn fyw. Darllenai ôl-nodiad y llythyr fel a ganlyn: *"I suppose you will be getting married soon esq."*

Un o rwystredigaethau mawr hanes y bechgyn yw nad oes namyn dim gwybodaeth am eu bywydau rhamantaidd, yn enwedig yn achos John. Heblaw am y math o gyfeiriadau uchod, a'r ffaith bod Jennie Pownall wedi gofyn am ei lun, y cyfan y gallwn ei wneud yw dyfalu. Sonnid mewn un llythyr gan ei fam, yn Nhachwedd 1876, am ei "fater dragwyddol". Ni wyddom yn union at beth y cyfeiriai – ei briodas ynteu'r berthynas anniddig rhwng cariad at Dduw a chariad corfforol am ferch, ynteu ei awydd i fynd yn bregethwr? Dwyseir y dirgelwch wrth ddarllen llythyr John at ei rieni ar 2 Chwefror 1877 sy'n trafod 'pwnc':

> Hyd yn hyn nid oes dim goleuni wedi ei daflu ar y pwnc. Rhyw ymbalfalu yn bryderus yr ydwyf ac yn ofni rhoddi cam gwag. Er yr awydd mae anwybodaeth, diffyg profiad a llu mawr o d[d]iffygion eraill yn ['ng]orbwyso a bron a['m] llethu. Nid wyf yn meddwl fod gennyf ddigon o seiliau fel ac i'ch taflu chwi i gôst ac i ddrysu fy amgylchiadau fy hun. Mae yn bwnc mor bwysig fel y fforddid dipyn o amser i feddwl ac ystyried yn ei gylch rhag ofn imi ar awr wan (fel yr wythnos diwethaf) wneyd peth ag y byddaf yn condemio fy hun wedyn.

Beth bynnag oedd 'y pwnc', gan nad oedd ei rieni'n gwybod pa gwrs y dymunai ei gymryd, hoffent iddo adael Lerpwl a dod adref am gyfnod. Ac felly ym mis Ebrill 1877, gyda phenderfyniadau mawr o'i flaen, y dychwelodd John i Gyrn Brain unwaith eto.[6] Fis wedi iddo dddychwelyd i Park Mine llwyddodd John i gael lle yng Nghaernarfon. Yn ôl ei arfer yr oedd ei dad yn awyddus i wybod am fanylion beunyddiol ei sefyllfa yno, gan obeithio y byddai'n hapusach yno nag yn Lerpwl.

Yn 1876 disgrifid Caernarfon yn *Cassey's Directory* fel: *"one of the most important & flourishing towns in North Wales ..."* Rhedai trenau i Lundain a phob rhan o'r wlad. Âi stemars oddi yno i Lerpwl yn rheolaidd gan alw ym Mangor ac Ynys Môn. Ar ddydd Sadwrn, diwrnod marchnad, byddai'r lle yn ferw o bobl ac anifeiliaid. Cludid can mil tunnell o lechi o'r chwareli cyfagos ar y rheilffyrdd i lawr at Cei Llechi ac allan i bedwar ban y byd. Roedd yno ffowndrïau haearn, gweithfeydd peiriannol a melinau ŷd, ynghyd â siopau di-rif a gwestyau moethus, a digonedd o deithwyr a thwristiaid yn pasio heibio i weld: *"the most striking and romantic scenery in Wales"*.

Pendist, Caernarfon, tua 1900. Banc Lloyds bellach yw'r adeilad lle yr arferai John weithio, ond gellir gweld arwydd yr afr aur ar y chwith, ar adeilad Pierce & Williams, ar gornel stryd y Bont Bridd.

Yn sicr roedd y maes yn barchus iawn gyda nifer o adeiladau hardd iawn fel adeiladau Pater Noster, safle oriel chwaethus H. Humphreys, cyhoeddwr a maer y dref. Roedd neuadd y dref newydd gael ei hailadeiladu. Cynhaliai y 'Royal Welsh Yacht Club' ei regatas ar y naill law ac, ar y llaw arall, cynhaliwyd Eisteddfod Genedlaethol 1877 yn y Pafiliwn o flaen cynulleidfa o 10,000.

Yn ôl Alun Llywelyn-Williams ystyrid "Caernarfon yn fath o brifddinas y wasg Gymraeg. Cyhoeddid pedwar ar ddeg o wahanol bapurau a chylchgronau yn y dre am rai blynyddoedd cyn y Rhyfel Byd Cyntaf."

Yn 1876 roedd un ar hugain o ddilladwyr yng Nghaernarfon. Ymysg y rhai llwyddiannus oedd Pierce & Williams, perchnogion yr Afr Aur. Yn eu hanterth roedd ganddynt siopau ym Mhendist (Turf Square) ac Eastgate Street, ac at y cwmni hwn yr aeth John i weithio ym Mai 1877.

Gweithiai yn y siop ym Mhendist, safle Banc Lloyds heddiw, ac roedd yn ffodus yn ei ddewis o gyflogwr. Crisialwyd cymeriad Pierce mewn portread ohono yn y *North Wales Observer & Express* yn 1899. Er nad oedd yn ffigwr cyhoeddus, nac yn chwennych bod, roedd yn ŵr busnes craff, a gwyddai wir werth y nwyddai yn ei farchnad. Roedd yn ddyn da, egnïol a enynnai barch pobl y dref. Roedd y busnes yn mynd o nerth i nerth yn niwedd y 1870au pan aeth John atynt i weithio.[7]

Roedd Capten Bryan yn wirioneddol hapus dros ei fab, ond nid oedd yn rhamantydd. "Yr wyf wedi meddwl o'r dechrau y bydd Caernarfon yn well na Liverpool mewn llawer ystyr ... Ar yr un pryd yr wyf yn gweled yr oriau i aros yn y shope yn faith ..." Gobeithiai y byddai Pierce yn rhoi tipyn o ryddid i John fynychu'r capel. Clywsai llawer yn canmol Engedi fel lle da i addoli ynddo.

Efallai am fod côst ei brentisiaeth yn pwyso arno – ac ar gynilon ei dad – y meddyliodd John y byddai'n well iddo gychwyn ei fusnes ei hun yn fuan ar ôl dechrau yn yr Afr Aur. Soniodd wrth ei dad am un siop a ddaliodd ei lygad:

> ... Drapery ydyw, y rhan fwyaf gydag ychydig o groceries. Y mae tŷ yn perthyn i'r siop ond y mae perchennog (gwraig weddw) yn byw ynddo, ac y mae yn debyg y bydd yn anfoddlon i adael oddi yno, felly nis gellir helaethu y siop. Mae store-room pur helaeth yn perthyn iddi mae yn foddlawn imi gael bedroom ac attendance am 3/6 yr wythnos.

Meddwl am ei brynu fel buddsoddiad dros dro oedd John nes cael lle mwy wrth i'r busnes gynyddu. Gobeithiai hefyd y deuai ei rieni ato i fyw yng Nghaernarfon. Ystyriodd ddechrau busnes yn Ffestiniog hefyd gan ei fod yn lle da, "ond a barheith o felly sydd gwestiwn".[8]

Fel rheol cysylltai ffrindiau John yn gyson ac efallai bod llythyr gan W. R. Williams yn taflu goleuni ar y llythyr dwys a drafodai'r 'pwnc' dirgel gynt:

> *Glad to hear that you had such a nice situation. I never thought you would be in Carnarvon because I was told several times that you were in college & that you were going to be a clergyman so I was very much disappointed. I thought you would never leave the* Hen Gorph *while you are John D. Bryan.*

Cafodd air gan Thomas Pownall hefyd yn 1877, yn sôn fod ei chwiorydd yn bwriadu dod i Gaernarfon ac y byddent yn siŵr o ymweld â John yn aml. Doedd 'na ddim sicrwydd bod 'na berthynas rhwng John a Jennie Pownall, ac felly rhaid gadael y bwlch hwnnw i dir y dychymyg. Daeth newyddion

gan Moses, oedd yn gwneud yn bur dda efo'i stoc o Lundain, a chan Thomas
Jones a oedd yn chwilio am le newydd. Ceisiai wybodaeth am Gaernarfon
gan ei fod wedi clywed ei fod yn un o'r llefydd gorau i fynd iddo yn y
dyddiau hynny.

Ddiwedd Tachwedd rhoddodd John ddisgrifiad helaeth o'i sefyllfa yng
Nghaernarfon tra fu'n lletya efo'r hen Jane Pritchard yn 3 Stryd Tithebarn,
mewn llythyr at ei rieni a ysgrifennwyd yng ngolau canwyll dros ddwy
noson:

> Yr wyf yn byw ar y cyfan yn weddol iach. I swper byddaf yn cael uwd bob
> nos a bara mewn llefrith i fy more bryd. Yr wyf yn meddwl fy mod yn
> iachach, yn siriolach ac yn fwy bywiog er pan wyf wedi dechrau eu
> cymryd ...

Soniodd am fywyd crefyddol Caernarfon oedd mor hanfodol i'w
fodolaeth. Yng Nghapel Moriah y gwrandawodd gyntaf ar bregeth gan y
Parch. Thomas Charles Edwards, Aberystwyth, ar Luc 18:14, ac wedyn
gwrando arno yng Nghapel Engedi gyda'r nos yn traethu ar Luc 18:8. [Aeth
i] "hwyl anarferol, nid wyf yn cofio imi erioed glywed dim byd mor effeithiol
... Yr oedd Mr Edwards fel pe buasai wedi ymgolli yn ei bregeth a[']r dyrfa
fel wedi ei syfrdanu."

Ac felly, treuliai John ei amser rhwng gwaith a chapel. Roedd y
cyfarfodydd gweddi mawr yn gryn ddigwyddiadau yn ei fywyd ac ym
Mehefin 1878 soniodd am fynd i Gricieth a Bethesda i wrando ar enwogion
crefydd yn lledaenu'r Efengyl.

Nid John oedd yr unig un o deulu Davies Bryan yng Nghaernarfon ar yr adeg
honno gan fod Samuel Evans, ei gefnder, bellach wedi ymsefydlu yno. Yn ei
ieuenctid fe'i disgrifiwyd fel "un cyflym a disglair ac aflonydd fel arian byw".
Nid yw'n syndod felly iddo gael ei gyflogi am 30/- yr wythnos gan y
Carnarvon & Denbigh Herald, yn sgil ei brentisiaeth yn Hughes a'i Fab. Pan
oedd yr *Herald* yn chwilio am ohebydd i weithio yn siroedd Dinbych a
Meirion, roedd y Parch. R. H. Morgan wedi ei gymeradwyo fel un o'i
ddisgyblion disgleiriaf, ac roedd ei allu arbennig i ysgrifennu llaw-fer o'i
blaid. Roedd yn rhaid i Samuel gyfieithu ei adroddiadau Cymraeg i Saesneg
a dyfynnodd Morgan Humphreys gof Samuel am y profiad yn *Gwŷr Enwog
Gynt* (Gomer, 1950): "Byddwn yn llafurio am oriau efo geiriadur wrth fy ochr,

ond golwg go rhyfedd oedd ar y Saesneg yn y diwedd."[9]

*

Bu 1877 yn flwyddyn go ansefydlog yn hanes teulu Park Mine. Roedd y Capten yn garcharor yn y tŷ, a dim ond darllen yn waredigaeth iddo, oherwydd yn mis Mai cafodd niwed i'w goes a'i droed yn sgil damwain a allai fod wedi ei ladd. Fodd bynnag, codwyd ei ysbryd gan addewid o gyfranddaliadau gwerth £100 a siwt newydd gan ei gyflogwr am ei ffyddlondeb.

Roedd Robert yn llawn newyddion am drefniant at yr Eisteddfod Genedlaethol a chawsai Edward oriawr yn anrheg. Roedd Joseph hefyd wedi bod yn cario pump ar hugain pwys o wlân o'r Plas er mwyn ei werthu yn Llangollen, a disgwylid mêl da gan y gwenyn, ac ar ben hynny câi wersi llaw-fer gan Samuel.

Erbyn Gorffennaf, fodd bynnag, gwaethygodd cyflwr y Capten am fod y gwaith yn wael a'r cyflog mor isel. Nid oedd ei gyflog yn ddigon i brynu hyd yn oed torth o fara brown. Ond erbyn Rhagfyr daeth tro ar fyd ac fe gloddiwyd 60 tunnell o blwm rhwng y Park a'r South, ac o hynny ymlaen aeth y cynnyrch o nerth i nerth. Aeth y Capten i Wrecsam i chwilio am ŵydd at y Nadolig ond methodd â chael un am eu bod yn gofyn cymaint â 12/6, felly fe gafodd gig eidion yn ei lle. Roedd Joseph wrth ei fodd yn edrych yn ffenstri'r siopau: "Gwelsom fochyn yno yn pwyso 36 score a moch bychan gyda afal neu orange yn eu ceg ..."

Ysgrifennodd Edward at John o Wrecsam yn Chwefror 1878 yn y gobaith nad oedd wedi anghofio'i frawd iau, oedd yn gaeth yng "Nghanaan", tra fod John yn mwynhau ei hun yn "Yr Aifft". Disgwyliai lythyr gan John i'w oleuo am unrhyw agoriad yng Nghaernarfon am ei fod o eisiau newid ei le.

Pryderai'r Capten am addysg Robert, a'i awydd i fynd i'r Coleg Normal, ac a ddylai Joseph fynd i Holt ai peidio. Ond deuai 1878 â phryder llawer gwaeth i'w ran na threfnu addysg ei feibion iau.[10]

NODIADAU

1. Enoch Lewis@JDB, 11 Medi 1875, CDB:XM/8322/5; EdB@JDB, 1 Hydref 1875, CDB:XM/8322/7.

2. ElB@JDB, 29 Mai 1875, CDB:XM/8322/1; JDB@Ed/ElB, 29 Mehefin 1875, CDB:XM/8322/3.

3. EdB@JDB, 27 Gorffenaf 1876, CDB:XM/8322/1; ElB@JDB d/d; EdB@JDB, 30 Awst, CDB:XM/8322/7; Am Rhyl – cardiau post y 1860au, y lluniau gwreiddiol yn Archifdy Clwyd

a Castledine/Owen op. cit. tt. 10–11; WD@JDB, Mawrth 1876, CDB:XM/8322/12; MR@JDB, Mawrth, CDB:XM/8322/9; MR@JDB, 23 Mawrth 1876, CDB:XM/8322/9.

4. EdB@JDB, 28 Tachwedd 1876, CDB:XM/8322/7; 22 Tachwedd 1876, Rhestr Swyddi o Algernon Austen: CDB:XM/8322/53; JDB@ [J. Cripps & Co. 14/16 Bold Street, Lerpwl. Nid oes sicrwydd i hyn gan nad oes cyfeiriad at y llythyr, ond mentraf ddweud hyn o ddilyn rhediad cronolegol y stori]. 29 Tachwedd 1876, CDB:XM/8322/15; EdB@JDB, 11 Rhagfyr 1876, CDB:XM/8322/7. Am Bold Street: J. A. Picton, *Memorials of Liverpool*, Longmans, Green & Co., 1875, vol. 2, t. 234, rhydd-gyfieithais y darn ynglŷn â Brights & Woolrights.

5. Mae rhan fwyaf y llythyra rhwng John a'i gyfoedion yn cael ei gynnal trwy'r Saesneg. Adlewyrcha hyn agwedd pobl Oes Fictoria tuag at y Gymraeg, fel y clywsom eisoes gan Robert Bryan.

6. RB@JDB, 25 Ebrill 1877, CDB:XM/8322/6.

7. EdB@JDB, 18 Mai 1877, CDB:XM/8322/1; manylion am Gaernarfon: *Cassey's Directory*, 1876, t. 217; *Slater's Directory*, 1880; Alun Llywelyn-Williams, *Crwydro Arfon*, Llyfrau'r Dryw, Llandybïe, Sir Gâr, 1959, t. 205. Am Pierce & Williams: 19 Ebrill 1899, *North Wales Observer & Express*: XM:7181/1 a lluniau o fusnes Pierce & Williams, XS/1497/11/18: Archifdy Gwynedd, Caernarfon.

8. EdB@JDB, 23 Gorffennaf 1877, CDB:XM/8322/1; JDB@Ed/ElB, 13 Medi 1877, CDB:XM/8322/3.

9. Cyfrifiad 1881 am lety JDB; am hanes Samuel Evans: *Cymru*, rhif 42 (1912) t. 133; SE@JDB, 28 Ionawr 1878, CDB:XM/8322/22; *Nene*, op. cit.

10. Am y cyfnod Mai 1877–Mai 1878: EdB@JDB, 29 Mai 1877, CDB:XM/8322/1; JDB@Ed/ElB, 20 Tachwedd 1877, CDB:XM/8322/3; JosDB@JDB, 22 Rhagfyr 1877, CDB:XM/8322/4; RB@JDB, Nadolig, CDB:XM/8322/6; EdB@JDB, 7 Mai 1878, CDB:XM/8322/1; SE@JDB, Gwanwyn/Haf 1878, CDB:XM/8322/22; JosDB@JDB, 17 Mai 1878, CDB:XM/8322/4; EdB@JDB, 28 Mai 1878, CDB:XM/8322/1.

4. Gofid a Gobaith

Er fod y gwaith yn ffynnu roedd tymer Capten Bryan yn bur ddu ar ddechrau
1878:

> Mae yn anhawdd dyweud pwy a gaiff weled diwedd hon na pa flinder
> sydd i'n gyfarfod. Pe buasau y fath beth ag ini wybod dechrau y flwyddyn,
> sydd wedi pasio, trwu gymaint y buasau rhaid imi fyned trwyddynt,
> buaswn wedi torri fy nghalon gyn imi gyrredd atynt a llawer gwell na'm
> heiddiant. Fellu Diolch sydd yn gweddu imi ... Mae mam yn Coedpoeth
> ... [ac] llawer gwell ac os cadwai hi heb anwyd trwm am dau fis eto byddai
> yn rhite iach yr haf.

Gwnaeth Elinor Bryan, fel cynifer o'i chyfoedion, ei gorau i ymysgwyd o
hafflau'r diciâu. Erbyn diwedd mis Mawrth roedd hi wedi gwella'n ddigon i
ddarllen dwy ysgrif gan John ar y Dilyw y bwriadai gystadlu arnynt yn yr
Eisteddfod. Roedd Robert yn sicr y byddai'n rhoi beirniadaeth fanwl arnynt.

Gobeithiai Capten Bryan y byddai Elinor yn cryfhau digon i'w helpu
gyda'r gwaith ar ei brysuraf. Newidiodd ei meddyg ac meddai wrth John:
"fod fy lungs i yn iach ac mai fy stomac a fy ngwddf sydd yn ddrwg ac nad
oes dim ond anwyd arnynt, maent yn dweud y byddaf yn shwr o fendio ..."

Ond erbyn 9 Ebrill disgwyliai Capten Bryan am wyrth i wella ei wraig.
Fodd bynnag, daeth Mai a'i addewid o haf a gwellodd Elinor rywfaint. Ond
gorfu i Fodryb Jane, chwaer Elinor, ddod draw o Gamddwr i ofalu amdani.
Roedd hi'n cysgu'n well ac yn chwysu ac yn pesychu llai yn ôl y Capten.
Galwodd Dr Gibbons i'w gweld ac er iddo gyfaddef nad oedd fawr gwell
meddai'n ysgafn: *"Oh you're not going to die just yet"*, a dywedodd wrth
Joseph a Polly: *"She'll come on again this Summer"*. Ond wrth i Orffennaf
fynd rhagddo ysgrifennodd Capten Bryan at John:

> Yr wyf yn anfon i'ch hysbysu heddiw fod eich mam wedi gwaelu ers dau
> ddywarnod yn fawr fel os na daw rhywbeth i'r golwg ... ofer ydyw

disgwyl am iddi wellhau, nag yn wir, fyw ond echydig ... Mae hi yn dymuno cael myned adref am fod hynu yn llawer iawn gwell iddi ... Pan wyf yn ysgrifennu yr wyf ambell i fynyd nad gwn beth i wneud ag eto yn trio diolch am ei chael yw eich magu chwi hyd yn hyn ... Byddaf yn meddwl ambell i waith y Byddau i chwi ddyfod adref ond tro arall yn meddwl mae ynfydrwydd ydyw hyn ... Nid wyf mewn temper i ysgrifennu heddyw. Mae dy fam yn edrych yn siriol ar y fynyd yr wyf yn ysgrifennu hyn o linellau.

Gwireddwyd dymuniad Elinor Bryan i ddychwelyd i Gamddwr ar 16 Orffennaf. Dychwelodd John adref i fod efo'i fam a bod yn gefn i'w frodyr a'i dad. Ychwanegodd Capten Bryan ddolenni at gadair siglo Elinor er mwyn ei chludo at ei gwely. Cariodd ei gŵr a Robert hi i fyny'r grisiau mor esmwyth, dywedodd hithau, fel y gallai fod yn ei gwely'n barod.

Ysgrifennodd John at ei gyflogwr i ddweud ei bod yn amhosibl iddo ddychwelyd i Gaernarfon, gan mai ef oedd yr hynaf a bod dyletswydd arno i aros yn Llanarmon-yn-Iâl. Dylent gynnig ei le i rywun arall, ond gobeithiai ei ennill yn ôl, os deuai'r cyfle, pan fyddai'r sefyllfa gartref yn gwella. Roedd y diciâu wedi gwanhau iechyd ei fam fel ei bod yn syndod ei bod hi'n dal yn fyw, a gwanychu wnaeth hi. Safodd ei theulu o amgylch ei gwely, yn wylo tra dywedai hithau: "Yr ydwyf yn right dedwydd, yn dedwydd iawn ..." Dyna eiriau olaf Elinor Bryan.

Wedi'r angladd ysgrifennodd John lythyr at berthynas yn disgrifio poen eu galar fel teulu:

Yr oedd marw yn elw iddi hi, ond yn golled fawr ac yn brofedigaeth chwerw, chwerw ini. Claddwyd hi ddydd Mercher yn ymyl fy mrawd [y baban John a gollwyd yn 1855]. Claddedigaeth parchus a lluosog iawn. Yr oedd tri ar ddeg o drapiau (heblaw ein cerbyd ein hunain) a phedwar ar draed yn ymuno a ni braidd ymhob croesffordd fel erbyn cyrraedd Rhiw Iâl roedd y capel yn llawn ... [Gosododd] eraill yn gyntaf bob amser hi ei hun yn ddiweddaraf. Efallai y cawsom hi am ddipyn yn hwy, pe buasai heb fod yn gymaint felly. Mae angau wedi dyfod yn rhywbeth sylweddol iawn imi erbyn hyn ... Cefais deimlo grym ei ddyrnod fel pe buasai rhyw ran ohonof fi fy hun wedi fy nharo. Ac o ran hynny darn ohonof fi oedd hi. Mae yr unig galon oedd yn gallu cydymdeimlo yn hollol a fy un i wedi myned.

Cadwodd John gudyn o wallt ei fam ac erys heddiw yng nghasgliad y teulu yn Archifdy Gwynedd. Gwallt tywyll oedd gan Elinor, ond mae'r cudyn esmwyth brau bellach wedi gwynnu gyda threigl y blynyddoedd. Ar yr amlen mae ysgrifen un o'r brodyr iau: "Gwallt fy mam, perthynai i John."[1]

Bu farw Elinor ddechrau Awst 1878, ac felly ar ei ben ei hun yr aeth Capten Bryan i'r Rhyl ar ei wyliau blynyddol ar ddiwedd y mis. Ysgrifennodd at ei feibion:

Yr wyf heddyw yng nghanol helynt Rhyl yn cymeryd hamdden i anfon pwt o lythyr … Cefaes y papyr heddyw yr wyf yn bur ddiolchgar amdano o Herwydd yrwyf yn Bur di-gwmni yma. Darllenais hanes y Gymanfa a chollaes llawer o ddagrau wrth ddarllen hanes y Cyfarfod Cenhadol. Gwnaeth imi feddwl llawer am dy fam … Yr wyf yn teimlo y Boen yn fy ochr yn llai … Mae show Bryfaid fawr iawn newydd gyrraedd i'r dref. Bydd yma helynt heno.

Yn sgil marwolaeth Elinor ymunodd Modryb Sarah â'r teulu, yn fuan ar ôl dychweliad Capten Bryan, ac fel y deuai i fyny'r allt serth at y Park, daeth ci'r teulu allan ati gan ddychmygu mai Elinor oedd hi. Cymaint oedd y braw a gafodd yr ast wrth sylweddoli nad ei meistres a ddynesai ati, fel ag y bu iddi farw yn y fan a'r lle.

Câi'r Capten hi'n anodd iawn dygymod â cholli ei wraig ond, serch hyny, âi o gwmpas ei waith arferol. Fis Chwefror 1879 aeth i weld John yng Nghaernarfon ac wrth ddisgwyl am y trên ym Mangor gwelodd osgordd yr Arglwydd Penrhyn:

Gwelwn staff a waision lyfrau mewn top coetiau glaision a Botumau golau arnynt a rhyw droell ar ei hetiau, yn cario Bwndel o'r platform. Ar hynu gwelwn y porteurs yn rhedeg ar Lory at enau, neu fynedfa, y staichon. Trowes inau fy llygaid i edrych pwy oedd yno a gwelwn fod *Lord Penrhyn* a'i wraig, gallwn feddwl, yn myned i Lyndain i wneud pethau maent yn ei alw yn gyfraeth. Y roedd ganddo 7 o waision a 2 forwyn ar y platform a gwelaes 5 ohonynt yn Station *Caer*. Yr oedd ganddynt 2 lwyth trol o lugiage yn ei calyn. Ti weli fy mod wedi cyd trafaelio o *Bangor* i *Caer* gyd ag un o fawrion ein gwlad. Yr wyf yn methu gwylied fy mod yn fymryn gwell ar ol hynu …

Daliai'n isel ei ysbryd ym mis Ebrill ac ni allai wneud dim mwy nag ystyried ei gyfoeth bydol. Hysbysodd John fod ganddo bron i £200 wedi ei gynilo ond ychydig o log a enillwyd arno – dim ond £2–17s.–7d.[2]

Doedd Robert, ac yntau wedi dioddef ysbeidiau o'r diciâu ei hun, fawr gwell ei fyd ychwaith:

Y mae hiraeth bron a fy llethu ar adegau ac yn fy ngwneyd yn isel fy ysbryd. Byddaf yn well pan mewn cwmpeini ac oddi cartref, er fy mod yn teimlo rhyw chwithdod anarferol yn dyfod troswyf yn awr ac eilwaith. Mor gryf y mae y teimlad yma yn fy meddiannu fel y byddaf yn myned bron yn wallgof. Y ffordd y byddaf yn cael ymwared o'r teimlad yma ydyw trwy droi fy meddwl at gerddoriaeth ac yn fuan iawn y dof ataf fy hun ...

Nid oedd yn arbennig o hyderus ar gyfer ei arholiadau i fynd i'r Coleg Normal. Gofynnodd i John edrych allan am le iddo, rhag iddo fethu'n llwyr. Roedd yn ddig wrth Polly hefyd, am ei bod hi eisiau rhai o bethau ei fam. Dywedai fod ganddi "wyneb galedwch anarferol". Gofynnodd Modryb Sarah am gael yr ornament o Fair a Joseph, oedd yn rhodd gan Fodryb Mary ar ddydd ei phriodas, a llwy a ddefnyddiai Elinor. Cwynai Robert am i Polly ddweud na fyddai gan y bechgyn feddwl o bethau felly. Roedd ei alar mor ddwys nes iddo ysgrifennu at John yn gyfrinachol i ofyn am benillion, yr arferai ei fam yrru at John, er mwyn cyfansoddi requiem goffadwriaethol ar ddull oratorio er cof amdani.

Erbyn yr hydref roedd ei iechyd wedi gwaethygu'n arw, ac aeth i Gamddwr i ddod ato'i hun. Buasai'n ceisio paratoi at ei arholiadau a gweithio fel athro ar yr un pryd, a dywedodd y meddyg ei fod wedi gorweithio ac mai hynny a wnaeth iddo fynd yn sâl: "Yr ydwyf yn hynod o wan," meddai Robert, [a] "Phrin yr ydwyf yn meddwl mai fi ydwyf." Ni fyddai'n hapus nes y câi ddyfod i Gaernarfon at John. Parhaodd yn wael trwy fis Hydref gan feddwl bod math o "brain fever" arno. Teimlai fod ei "amynedd yn berwi" a'i fod "yn y lleuad neu rywle arall ymhell, ymhell, ymhell iawn oddi wrth y byd ..." ac y byddai'n rhaid iddo roi ei waith a'i obaith o fynd i'r coleg i fyny. O leiaf roedd barddoniaeth Lewis Glyn Cothi yn gefn mawr iddo. Ond daeth tro ar fyd i Robert.

Ar 11 Tachwedd 1878 daeth dau athro ysgol i'r Park i gyhoeddi ei fod wedi pasio'i arholiad i fynd i'r Coleg Normal ym Mangor. Cofnodwyd y manylion canlynol yn archifau'r Coleg Normal: "Robert Bryan – Methodistiaid Calfinaidd, disgybl athro, wedi ei gefnogi gan Wrecsam: Scholarship 2, Certificate 2 & Science B2."

Os gwrthodai'r lle byddai'n rhaid iddo aileistedd yr arholiad. Ond gan i Charles Dodd, athro yn Ysgol Frutanaidd Wrecsam, bwysleisio y byddai wedi cael dosbarth cyntaf yn ei arholiad oni bai fod ei nerfau wedi cael y gorau ohono, byddai'n well gan Robert beidio gorfod aileistedd rhag ofn i'w nerfau gael y gorau ohono'n gyfan gwbl. A ph'run bynnag, roedd Capten Bryan yn "bur bleidiol am iddo fynd yno" efo'r marciau a gafodd.[3]

Yn Ionawr 1879 cychwynnodd Robert ym Mangor, ar ôl treulio'r Nadolig gyda John yng Nghaernarfon. Erbyn diwedd Chwefror roedd wedi dechrau setlo yn y coleg. Roedd ganddo "lawer o dasgai i ddysgu ac ychydig o amser i hyny ydyn yn ei gael yma bob dydd". Ar ôl swper cyfansoddodd rai o'r myfyrwyr darnau o farddoniaeth a phenillion ffraeth ar y mesur 'Hob y Deri Dando' i'r matron am ei charedigrwydd.

Sefydlwyd y Coleg Normal yn 1858. Dyma'r unig goleg anenwadol cyn sefydlu'r brifysgol "y gallai Cymro ieuanc fyned rhagddo i un o'r prifysgolion ym Mhrydain". Dyddiau duon i'r iaith Gymraeg oedd y rhain. Nid oedd yr iaith yn rhan o'r maes llafur, ac un o'r pynciau mwyaf poblogaidd oedd Llysieueg. Wrth godi mwy o ysgolion bwrdd yn 1870 daeth mwy o fyfyrwyr i'r coleg, a gorfodwyd Robert i letya yn y dref.

Nid oedd fawr i gael o ran adloniant yn y Coleg. "Meudwyaidd iawn oedd eu bywyd, wedi eu didoli i fesur helaeth oddi wrth drigolion Bangor." Roedd hanner diwrnod o wyliau ar ddydd Mercher a dydd Sadwrn ac ar y Sul, er bod rhyddid iddynt fynd i lefydd o addoliad, roedd yn rhaid cyflwyno adroddiad o'u symudiadau ar ddydd Llun. Yr unig chwaraeon ar gael oedd mynd am dro neu arddio. Yn 1870 prynwyd cwch rhwyfo er mwyn cymryd mantais o afon Menai, ond doedd 'na "fawr o groeso i rwyfo fel adloniant!" Ar ddechreuad cyfnod Robert gwnaed y myfyrwyr "yn rhan o'r 2nd Caernarfon Artillery Volunteers" a'u drilio'n rheolaidd a chynnal sesiynau saethu ar brynhawniau Sadwrn.

Fis Mawrth gyrrodd Capten Bryan ham at y bechgyn ond hwythau'n dangos diddorddeb cynyddol mewn Llysieueg, ni fu fawr o groeso i'r ham druan ac fe'i gadawyd heb ei fwyta. Pwysleisiodd Robert nad oedd rhaid i'w dad gael gwybod hyn.

Ceir ôl-nodyn mewn llythyr a ysgrifennodd Robert sy'n awgrymu iddo ddechrau cymryd ffansi at ferch tua'r adeg yma: "Ni chefais fy introducio i Miss Jones, ac y mae fy nghalon yn dal yr un a diolch am hynny."

Ganol Awst 1879 fe aeth efo Joseph i'r Athrofa Clust a Llygaid yn Lerpwl er mwyn i hwnnw gael sbectol newydd. Cafodd "sbectol gleision i'w gwisgo ac y mae golwg classical anarferol arno yn awr". Aeth y ddau frawd i weld Edward hefyd, ac wedi cyrraedd gwelsant nad oedd yn rhaid iddo fod yn siomedig am na chawsai le gyda Owen Owens, oherwydd roedd o wedi cael lle ardderchog yn un o siopau eraill Lerpwl – lle Cripps yn Bold Street efallai, lle bu John. Ac ar ôl ffarwelio ag Edward, mwynhaodd Robert a Joseph gyngerdd o waith Handel gyda'r hwyr.

Byddai Robert yn un ar hugain ar 6 Medi 1879 ac ystyriai nad oedd wedi gwneud fawr ddim yn ei un mlwydd ar hugain gyntaf, felly gobeithiai y gallai wneud yn iawn am hynny dros yr un mlynedd ar hugain nesaf. Dyna'r drefn efo'r Brodyr Bryan dro ar ôl tro; roeddynt yn awyddus i wella eu hunain. Ac felly, fel yn achos cynifer o'u cyfoedion yn oes Fictoria, roedd y pwyslais ar 'gynnydd' o hyd.

Roedd gan Robert a John nifer o ddiddordebau y tu hwnt i'w gwaith a'u crefydd. Gyrrwyd eu lluniau at ryw Mr Moore er mwyn iddo gael dadansoddi eu cymeriad. Cryfder Robert oedd 'Physical Science', er na wyddai ef beth oedd hynny cyn mynd i'r Coleg Normal. Yn rhyfedd, marciau isel a gafodd ei hoff bynciau, Cerddoriaerth a Pheiranneg. Doedd 'na ddim cofnod i John. Cynyddodd diddordeb John mewn Llysieueg i'r graddau ei fod yn defnyddio'i wybodaeth o'r pwnc ar gyfer dadleuon llenyddol. Ymchwiliai'r pwnc trwy gopïo darnau o *Huxley's Physiology*.[4]

Er bod Samuel wedi cael dechrau da gyda'r *Herald*, profodd yn gynyddol amhoblogaidd efo'i deulu o achos ei ddiffyg awydd i gysylltu efo'i fam a'i gefndryd. Oherwydd hyn daeth nodyn gan John a Robert yn Ionawr 1879:

Sir – Y mae si ar led fod Samuel Evans wedi mynd ar goll. A gwyddoch rywbeth yn ei gylch? Byddwch mor garedig ag anfon yn fuan. Os ydyw wedi marw bydd yn dda genym gael hanes y claddegiaeth yn ddioed, report cyflawn ...

Ar 10 Chwefror ysgrifennodd Capten Bryan at John ynglŷn ag o hefyd:

Mae Modryb Sarah yn bur wael ... S[amuel] byth wedi anfon ati na hithau ddim yn gwbod i ba le i anfon ato. Os gallwch chi anfon ato gwnewch hynu, ac os na ddaw o yn feuan, neu hi wella, ni fydd yna ond y gader wag iddo. Pe bawn i yn cael gafel ynddo lygiwn beth ar ei glustiau. Yr wyf yn ofni fod llawer o natur ei dad ynddo. Ni welaes i neb wedi troi gymaint mewn echydig amser. Yr wyf yn bwriadu myned yno yn feuan i edrych amdani ...

Yn y cyfamser roedd newidiadau mawr yn digwydd ym mywyd Joseph. Gweithiodd yn hynod o galed i basio'i arholiadau yn Ysgol Pen y Gelli. Ymddangosai ei enw sawl tro yn y Llyfr Log gyda gwobrau Dosbarth 1af am

Ddaearyddiaeth, Ysgrifennu, Arithmatig a Gramadeg. Y flwyddyn ganlynol penderfynwyd ei yrru i'r Holt Academy ger Wrecsam, ysgol a chanddi enw da ac a gysylltid ag enwogion fel Anthropos a'r llenor H. G. Wells. Rhedid y sefydliad gan James Oliver, a raddiodd o Brifysgol Llundain, er 1873. Paratoid y disgyblion yn ofalus ar gyfer mynediad i'r Brifysgol, y gwasanaeth sifil, ymarfer dysgu yn ogystal ag arholiadau cyfreithiol, meddygol, bancio a chrefyddol.

Croniclodd H. G. Wells rai o'i brofiadau fel athro yno, ac er nad yw'n ddarlun cynnes, cyfoethoga'r darlun o fywyd Joseph yno ar ddechrau'r 1880au:

> *Holt was a small old town shrunk to the dimensions of a village, and its most prominent feature was a gasometer. The school house was an untidy dwelling with what seemed to be a small white washed ex-chapel, with broken and dirty windows and a brick floor, by way of schoolroom ... My new employer presented himself as a barrel of a man with bright eyes in a round, ill shaven face, a glib tongue and a staccato Welsh accent, dressed in black coat, white tie and top hat ... He was dirty, – I still remember his blackened teeth – and his wife was dirty, with a certain life-soiled prettiness ...*
>
> *My dismay deepened as I went over the premises & discovered the routines of the place. The few boarders were crowded into a room or so. Sleeping two & three in a bed with no supervision ... Meals were served in a room upon a long table covered with American cloth and the food was poor and the cooking bad. There was neither timetable nor scheme of work ... Spasmodic unexpected half-holidays alternated with storms of educational energy, when we worked for the evening. Jones had a certain gift for eloquence which vented itself in long prayers and exortations at meals or any odd occastion ... His confidence in God was remarkable ... He did little teaching himself, but hovered about and interfered ... He would appear unexpectedly in the schoolroom, flushed and staggering, to make a long wandering discourse about nothing in particular or to assail some casual victim with vague disconcerting reproaches. Then for a day or so he would be missing and in his private quarters ...*

Cychwynnodd Joseph yn Holt ar 28 Ionawr 1880, ac er nad oedd ganddo lygaid miniog Wells, na phrofiad athro ysgol, ni chelodd yntau ei siom wrth ddynesu at y lle:

> Yr oeddwn yn disgwyl cael lle hardd yma ond nid ydyw yn hardd o gwbl er ei fod, gallwn feddwl, yn lle iach iawn. Y mae oddeutu deugain ohonom

o naw i dair ar hugain oed. Y mae Mr. Jones yn ddyn â dymer hawdd i fyw gydag gallwn feddwl … Bum yn siarad ychydig ag ef echnos. Yr oedd yn gofyn pa beth oeddwn am fyned. Dywedais wrtho nad oeddwn wedi penderfynu.

Ystyriodd Joseph gyflogau y gwasanaeth sifil, ond ni feddyliai y gallai gael swydd dda am flynyddoedd. Roedd yn rhannu lle gyda phregethwr ar un adeg:

Yr wyf wedi cael fy symud oddi yno yn awr ac yn cysgu gyda rhyw granci o dwrna ac wrth gwrs nid ydwyf mor hapus ac yr oeddwn o'r blaen. Mae y pregethwr yma wedi codi y peth gwirionaf a glywais son amdano fel *Fine* am siarad Cymraeg.

Fel ei frodyr hŷn roedd yn cymryd ei hun o ddifrif braidd ac ar ei bymthegfed pen-blwydd meddai: "Wedi treulio un ar bymtheg mlynedd ar y ddaear ac heb wneyd dim … Gobeithio y gwnaf yn well o hyn allan".[5]

Erbyn 1879 roedd John yn fwy awyddus byth i ddechrau ei fusnes ei hun. Ymddengys ei fod wedi ystyried gadael yr Afr Aur a mynd i'r gwasanaeth sifil, ond cynghorodd Robert na fyddai hynny'n beth doeth. Yn ffodus i John roedd Capten Bryan gant y cant y tu ôl iddo. Dywedai y byddai'n ei gefnogi'n ariannol hyd y medrai, heb niweidio ei sefyllfa ei hun. Yn wir, rhoddai ei arian iddo'n llawen rhagor na'i weld yn mynd at y llywodraeth.

Fel y gwyddom, roedd 'na bosibilrwydd y byddai'r boneddigesau Pownall yn dod i Gaernarfon ac roedd Enoch Lewis wedi gofyn i John edrych allan am siop felysion yno iddynt. Meddyliai John y byddai un ar gael yn y Bont Bridd a fyddai'n addas, a gellid edrych ar adeilad newydd oedd ar fin cael ei godi yn nesaf at Brunswick Buildings ar y Maes. Efallai y byddai modd trafod rhywbeth efo perchennog y safle, sef M. Lloyd, Gwerthwr Gwirodydd.

Dangosodd Capten Bryan beth pryder ynglŷn â faint o arian roedd John a Samuel – a gydletyai erbyn hyn – yn ei wario "truw adael i'r hen ferch wneud fel ag y mae yn dewis o'ch bwyd a thalu gymaint am eich lle a thruw hynu y byddwch yn hir iawn yn hel ond echydig i'ch guch erbyn y Gauaf …" Poenai nad oedd ganddynt ddim y tu cefn iddynt, a phe digwyddai rhywbeth iddo yntau, neu Modryb Sarah, ni fyddai gan y bechgyn gartref i fynd iddo mewn amser o galedi. Efallai mai'r bregeth hon gan ei dad a sbardunodd John i gymryd allan yswiriant gyda 'Chymdeithas Ddarbodol Ddirwestol a Chyffredinol y Deyrnas Gyfunol'.

Ddiwedd Gorffennaf, i ysgafnhau'r awyrgylch, cyrhaeddodd llythyr i John oddi wrth Thomas Jones, a llwyddodd i gael lle da ym Manceinion efo Braine Brothers, London Road. Dyn o Lerpwl a redai'r lle: "I have charge of fancie & window dressing". Gwelsai Edward ac yr oedd hwnnw'n edrych yn dda. Roedd Lerpwl yn cytuno efo fo. Gwelodd J. Herbert Lewis hefyd ym Manceinion wrth i hwnnw ffarwelio â ffrind a oedd ar ei ffordd i Rwsia. Byddai Thomas yn falch o weld John pe cai'r cyfle i ddod i Manceinion.

Tua'r un adeg trafododd John ei ddyfodol efo Enoch Lewis. Roedd barn ei gyn-gyflogwr yn bwysig iddo gan ei fod yn rhoi cymaint o gymorth i bobol eraill. Gan fod John wedi dechrau gwneud enw iddo'i hun yng Nghaernarfon, awgrymodd Enoch Lewis mai camgymeriad fyddai gadael gyda chymaint o gyfleodd ar gael mewn tref oedd yn ffynnu. A ph'run bynnag, pe symudai, byddai'n rhaid iddo ailddechrau adeiladu iddo'i hun yn rhywle arall o'r newydd.

Yn sgil clywed cyngor da Enoch Lewis argyhoeddwyd John bod ganddo siawns dda o ddechrau ei fusnes ei hun yng Nghaernarfon. Roedd y boblogaeth yn cynyddu, ac er bod gormod o siopau ar un wedd, roedd masnachwyr da yn brin. Doedd John ddim yn ei ystyried ei hun yn fasnachwr da eto, ond teimlai'n hyderus y gallai ragori arnynt mewn ychydig o flynyddoedd, pe gallai gael hyd i safle da. Ni chredai y byddai'n ormod o gystadleuaeth i Pierce & Williams am fod y busnes hwnnw eisoes yn gymaint o lwyddiant.[6]

NODIADAU

1. EDB@JDB 1 Chwefror 1878, CDB:XM/8322/15; EdB@JDB 14 & 14 Chwefror, 26 Mawrth 1878, CDB:XM/8322/1; JDB@Ed/ElB, CDB:XM/8322/3; EdB@JDB, 11 Gorffennaf 1878, CDB:XM/8322/1; RB@JDB, 16 Gorfennaf 1878, CDB:XM/8322/4; JDB@Pierce & Wms, Haf 1878, CDB:XM/8322/3; drafftiau o lythyrau JDB, dd, @ ?? CDB:XM/8322/3; cudyn o wallt ElB yn CDB: X/curios/8387.

2. Am farwolaeth y ci, sgwrs gyda RBD; EdB@JDB, 28 Awst, 6 Medi 1878, CDB:XM/8322/1; EdB@JDB, 31 Mawrth 1878, 21 Ebrill 1879, CDB:XM/8322/1.

3. RB@JDB, 7 Medi, 21 Medi, 6 & 18 Hydref, 2 & 11 Tachwedd 1878, CDB:XM/8322/6; cofnodion RB o lyfrgell CN; EdB at JDB, 11 & 25 Tachwedd 1878, CDB:XM/8322/1.

4. RB@JDB, 5 Ionawr 1879, CDB:XM/8322/6; EdB@JDB, 21 Chwefror 1879, CDB:XM/8322/1; RB@JDB, 27 Chwerfror 1879, CDB:XM/8322/6. Manylion am y CN – *Llyfr Canmlwyddiant* –

1858–1958, tt. 11, 27–49; RB@JDB, 17 & 28 Mawrth 1879, CDB:XM/8322/6; RB@JDB, 14 Awst, 5 Medi, 23 Hydref, 13 Tachwedd & 5 Rhagfyr 1879, CDB:XM/8322/6 JDB & RB@SE, 31 Ionawr 1880, CDB:XM/8322/22; EdB@JDB, 10 Chwefror 1880, CDB:XM/8322/1.

5. Manylion am Holt Academy: *Y Goleuad*, 10 Ionawr 1880; John Powell, *Holt & Its Records Through the Centuries*, cyhoeddwyd gan yr awdur, Wrexham Road, Holt, Clwyd, 1982, t. 55; H. G. Wells, *Experiments in Autobiography*, Vol. I, Victor Gollancz Ltd., The Cresset Press Ltd., 1934, tt. 293–4; JosDB@JDB, 30 Ionawr, 17 & 23 Chwefror 1880, CDB:XM/8322/4.

6. EdB@JDB, 31 Mawrth, 21 Ebrill 1879, CDB:XM/8322/1; TJ@JDB, 30 Gorffennaf 1879, CDB:XM/8322/15@ JDB@EL 13 Chwefror 1880, CDB:XM/8322/15.

5. 12, Y Bont Bridd

Ar 3 Fawrth 1880 gwnaeth John gynnig am siop ddillad a'i stoc yng Nghaernarfon. Cytunodd i dalu rhent o £35 y flwyddyn i E. Jones am yr adeilad a thalu am y dodrefn a'r stoc mewn arian parod efo gostyngiad o $2\frac{1}{2}\%$.

Perchennog 'Linsey & Cloth Manufacturer, Dee Mill Place, Llangollen' oedd E. Jones, tad Miss Jones y gobeithiodd Robert gael ei gyflwyno iddi gynt. Mae'n amlwg mai Robert oedd y ddolen gyswllt rhyngddynt a John oherwydd yn ei lythyr 18 Ionawr 1880 at John o Dee Mill Place dywed fod: "Mr a Miss Jones yn right iach ac yn cofio atoch." Soniodd fod y ffatri yno "wedi cynyddu yn fawr er pan y buoch yma gyda mi chwe mis yn ôl ..." Gobeithiai Mr Jones y cymerai John y siop a disgwyliai y byddai'n llwyddiannus yn ei fusnes, gan ychwanegu: "Yr ydwyf yn rhiw obeithio nad anghofiwch amdanom ninnau i roi trial ar y brethyn yn y siop newydd."

Safle'r siop oedd 12, Y Bont Bridd, heb fod nepell o Bendist yng Nghaernarfon. Cyn iddi ddisgyn i ddwylo John, buasai dyn o'r enw Robert Williams yno o tua 1876, ac wedyn cymerwyd hi gan ryw John Driffield rhwng 1878 a 1880.

Cyn mynd ymhellach hoffwn ymwared â myth camarweiniol mai'r Brodyr Davies Bryan oedd perchnogion y Nelson Emporiwm, un o siopau dillad mwyaf Sir Gaernarfon. Yn sgil yr ymchwil a wnaed ar gyfer y gyfrol hon, gellir dweud i sicrwydd na fu'r Brodyr Davies Bryan yn berchnogion y Nelson ar unrhyw adeg. Y Bonheddig Lewis Lewis o Quellyn, Ffordd Llanberis, Caernarfon, oedd biau'r hawl hwnnw. Sefydlodd y siop yn 1837 yn rhifau 20–26 y Bont Bridd. Ymestynnwyd y Nelson ar wahanol adegau dros y blynyddoedd. O 1889 ymlaen, wedi marwolaeth Lewis Lewis, rheolid hi gan Morris a Davies, wedyn Brymer a Davies, ac wedyn R. L. Jones nes bu tân yno yn 1948. Parhaodd yn siop nes i'r tân diweddaraf ei difrodi'n llwyr. Maes Parcio yw'r hen habadasieri bellach.

Wn i ddim sut y bu'r myth mor hirhoedlog heblaw am y ffaith bod 42 o siopau dillad yn y dref yn 1880 a thros eu tri chwarter o fewn tafliad carreg i'w gilydd yn stryd y Bont Bridd a Stryd Bangor. A hefyd efallai bod pobl wedi cymysgu rhwng yr enwau Brymer Davies a Davies Bryan dros y blynyddoedd. Safle siop John Davies Bryan heddiw byddai Ethel Austin ar y gornel wrth ymyl siop Trevor Jones, hen safle Evans & Lake. Wedi mwy o newidiadau collwyd rhif 12 yn gyfan gwbl a siop R. J. George, yn 14, 16 & 18 stryd y Bont Bridd, fyddai'r agosaf at hen siop y Brodyr Davies Bryan wedi hynny.[1]

Bu John yn ffodus i gael ei draed dano yn 12, y Bont Bridd, oherwydd roedd 42 o ddilladwyr yn y dref a chystadleuaeth ffyrnig rhyngddynt, fel yr awgryma'r llythyr cyfrinachol canlynol a dderbyniodd John:

Carnarvon Sep 16 1880

Dr. Friend,

I hasten to inform you that a commercial friend has told me that the lease of the present occupiers of Shop y Porth will be up shortly & I have been told that the landlord is not likely to let it again to the same tenant as there is some misunderstanding between them, this shop would be the very thing for you & there is an excellent house there too, & the rent is nearly one half what you now pay. I hope you will take the hint & go about it in your business like manner. It is a pi[t]y that a clever man like you should be eaten up by paying too much rent & taxes,

From a true friend of yours.

Nid oes dim yn y deunydd archifol i brofi bod John wedi cymryd sylw pellach o'r llythyr a ph'run bynnag, erbyn hynny, roedd o wedi ymsefydlu'n ddigon parchus yn y Bont Bridd.

Dengys cyfrifiad 1881 fod John yn benteulu 24 oed, ac yn ddilladwr. Roedd Edward, 20 oed, bellach wedi gadael Lerpwl ac wedi ymuno â'i frawd yno. Roedd ganddynt ddwy forwyn: Jane Humphreys, 30 oed, o Gaergybi a Mary Jane Lewis, 24 oed, o Abergele. Gobeithiai Robert ddod draw o Fangor i weld John ac Edward yn eu tŷ newydd, a byddai Modryb Sarah yn dod i'w gweld yn fuan hefyd. Yn y cyfamser teimlai Capten Bryan ei fod o wedi cael ei "adael ar ei ben ei hun fel pelican yr anialwch ..."

Yn Ionawr 1881 dechreuodd John chwilio am waith fel athro Ysgol Sul ond dywedodd yr athro Ysgol Fwrdd o Langefni, Richard Davies, nad oedd gwaith ar gael yr adeg honno.

*

O blith y cyfeiriadau prin at fywyd rhamantaidd y brodyr, cyn priodi, roedd llythyr a yrrwyd at un o'r brodyr ar 4 Ebrill 1881. Ysgrifennai gŵr o'r enw Lewis Jones o Stryd Brunswick, Lerpwl, ar ran ei wraig. Ymddiheurodd am beidio ag ysgrifennu ynghynt ond buont yn llawn trafferthion beunyddiol gartref. Tybiai y byddai un o'r brodyr yn gyfarwydd â'r math hwnnw o drefn maes o law, am y disgwyliai glywed cyhoeddiad priodas yn o fuan. Soniodd y llythyr am ddynes ifanc landeg, a ymwelai â nhw, a fynnai danfon ei chofion at un ohonynt. Miss Davies Creswell o Everton oedd hi, ond dyna'r unig gyfeiriad ati yn unman. Y tebygrwydd oedd mai Edward a dderbyniodd y llythyr, gan fod ei gysylltiad o â Lerpwl yn fwy diweddar, yn enwedig am fod awgrym bod John a Jennie Pownall yn gweld ei gilydd.

Ceir cyfeiriad tebyg ar 8 Gorffennaf 1882 yn un o lythyrau Samuel at John wrth iddo "gofio'n garedig at Edward a WHH. Just inform them that I never fail to glance at the marriage column of every Carnarvon paper that is sent me." Sonnir am 'WHH' eto wrth wneud trefniadau am fynd i fyny'r Wyddfa y mis blaenorol. Fel 'Miss Davies Creswell' erys 'WHH' yn un o ysbrydion hudolus y stori hon.[2]

Tra oedd ei frodyr hŷn yn trafod materion y galon, roedd Joseph wedi bod yn sefyll arholiadau'r 'College of Preceptors' i fynd yn athro. Yn sgil hynny paratodd at arholiad yr ysgoloriaeth fynediad i Goleg Prifysgol Cymru, Aberystwyth. Gyrrodd Oliver Jones eirda at Thomas Charles Edwards, prifathro Aberystwyth, ar ei ran. Darllenasai yn y *Daily News* fod dau sgolor o Ysgol Friars, Bangor, ac un o Beaumaris wedi ennill ysgoloriaethau o £40 neu £80 yng Ngholeg yr Iesu, Rhydychen. Byddai'n cadw golwg ar eu datblygiad.

Daliai i lythyru efo'i frodyr ond roedd yn flin bod Samuel yn cael mwy o lythyrau nag o, a chwynai nad oedd hyd yn oed yn gwybod pa fath o siop oedd gan John. Tua diwedd 1880 cafodd Joseph ganlyniadau ei arholiadau i fynd yn athro. Dyfarnwyd iddo 870 o farciau, a gwnaeth yn arbennig o dda mewn Mesuroneg (Euclid) wrth gael 180 allan o 200. Serch hyn daliai'n ansicr am ei ddyfodol ac nid oedd wedi rhoi heibio'r posibilrwydd o fynd i'r Gasanaeth Sifil.

Yn Ebrill 1881 bu cyfarfod yn y capel dan ofal rhyw Mr Boyd o Fanceinion a ddangosai ddarluniau ar gynfas trwy gymorth yr *'oxy-hydrogen limelight'* Disgrifiodd Joseph yr achlysur:

Dangosodd lleoedd yn Llundain, yna canwyd 'When He Cometh' o lyfr Sankey, yna cyfres o ddarluniau i arddangos ym mha helbul y bu cwpwl hapus oedd yn eu gwelyau ac yn dal llygoden oedd o dan y gwely. Yr hen wraig a'i choesau i fyny yn y gwely tua yr hen ddyn, Solomon Brown, tan y gwely ar ol y llygoden. Rhywbeth fel yna oedd y cyfarfod a gynhaliwyd yn y <u>capel</u> nos Fercher.

Pwysleisia'r tanlinellu ei ddifrifoldeb a'i dduwioldeb a fu'n rhan annatod o'i gymeriad gydol ei oes.

Erbyn canol mis Mai 1882 poenai Joseph yn ddirfawr am ei allu i basio ei arholiadau i fynd i Aberystwyth. Ni welai fod gobaith cael digon o wersi ychwanegol gan Oliver Jones i baratoi'n gyflawn tuag atynt, a chofnododd hynny'n fanwl mewn llythyr at ei frodyr. At hyn, doedd Capten Bryan ddim yn sicr a allai fforddio ei yrru i Aberystwyth, beth bynnag. Sylweddolodd nad oedd ei fab yn hapus yn Holt, ac nad oedd ganddo'r amynedd i dreulio ei amser yn ceisio cnocio *"the multiplication table into the heads of dull boys"*, fel y dywedai Samuel, ac felly, ar ôl chwarae un neu ddwy o gêmau ychwanegol o griced, penderfynodd Joseph gefnu ar Holt ym Mehefin 1882.

Aeth i ymweld â Robert – oedd bellach yn dysgu yn Ysgol Hermon yn y Glog, Sir Benfro, ac adroddai'r hanes wrth ei frodyr. Ar ôl taith o dair awr ar ddeg cyrhaeddodd y Glog:

> Wele fi yn y hwntw o'r diwedd. Yr wyf wedi dyfod i'r wlad hono sydd yn nodedig am ei gwareidd[d]ra uwchben pob Sir arall yng Nghymru ... [Roedd yn] wlad brydferth gyda golygfeydd rhamantus ar bob llaw ... Mynyddoedd ychaf yn fychain i'w chydmaru a mynyddoedd Arfon.

Ychydig a welodd o bobl Hendy-gwyn ar Daf, "a'r rhai hynny oedd yn dyfod gyda ni oddiyno i'r Glogue. Fel specimen o'r trigolion yr wyf yn meddwl y byddai blwyddyn o ysgol yn Affganistan o les dirfawr iddynt. Mae golwg dda ar y plant ysgol."

Serch ei amheuon, tua 1883 cafodd Joseph le yng Ngholeg Prifysgol Cymru, Aberystwyth. Cefnogwyd ef gan ei frodyr, ond yn ôl un o'i wyrion, doedd Joseph ddim yn hapus ei fod yn ddibynnol arnynt, felly aeth yn ôl i Holt fel athro am flwyddyn. Er nad oes unrhyw sôn am ei flwyddyn yno, gallwn fod yn sicr ei fod yn ôl yn Aberystwyth ar gyfer y flwyddyn academaidd 1884–5. Bu'n ysgrifennydd y Gymdeithas Gerddorol ac ar bwyllgor y Clwb Athletaidd, ac yn nhymor y Pasg derbyniodd £15 fel *'new exhibitor'*.

Flynyddoedd yn ddiweddarach cafodd Joseph wybod nad yn uniongyrchol o'r coleg y daeth y wobr. Roedd Thomas Charles Edwards wedi ysgrifennu at Joseph yn gofyn iddo ai am na allai fforddio aros yn y coleg y bu'n rhaid iddo adael. Os hynny oedd y rheswm, dylai ddychwelyd. Argymhellodd ei fod yn sefyll arholiad amser y Nadolig, ac am hynny enillodd y wobr uchod. Credai Joseph iddo'i hennill yn deg, ond nid felly y bu. Wedi ymchwil hir i mewn i'r mater, dywedodd y Prifathro J. H. Davies, iddo ddarganfod bod T. C. Edwards wedi gwario £3,000, o'i boced ei hun, i helpu myfyrwyr tlawd.[3]

A beth oedd hynt Robert yn ystod y cyfnod hwn? Wedi cwblhau ei astudiaethau yn y Coleg Normal a gwneud rhywfaint o waith cyflenwi, penderfynodd gymryd swydd athro yn Ysgol Hermon, Sir Benfro. Roedd popeth yn ei arwain at 'wlad yr Hwntws' meddai tua chanol 1881. Gofalodd ffarwelio â phawb yn y Gogledd cyn mynd. Yn arbennig cofnoda ei daith i ffarwelio â Miss Jones, a oedd mor agos at ei galon, a'i thad. Roedden nhw'n

Joseph yn ei sbectol las ar y chwith efo'i gyfoedion fel myfyriwr
tlawd yn Aberystwyth tua 1884–5

cofio at John ac Edward yn y siop yng Nghaernarfon, ac yn gobeithio bod y busnes a werthasant iddynt yn ffynnu. Ymwelodd Robert â Llanarmon lle'r oedd Modryb Jane yn:

> llawn prysurdeb ac eto yn cwyno, fy ewythr (John) yn berwi o ysmaldod, fy ewythr Peter yr un mor dawel a di-rwgnach, ac yntau yr hen gobler (yr enw a rydd arno'i hun) yr un mor griticyddol. Nid rhyw lawer o amser a gefais yn yr hen ardal. Ni allwn beidio meddwl a fyddai pobl swydd Benfro mor heddychol dirodres a chymwynasgar a thrigolion yr ardal hon.

Cymerodd Robert le Mr John Bowen yn Ysgol Hermon yn Hydref 1881, pan oedd y Glog yn ei anterth a'r diwydiant llechi yn ffynnu. Bu yno am ddwy flynedd yn dysgu ac yn cofnodi bywyd yr ysgol yn y Llyfr Log. Ceir ynddo fanylion am effeithiau'r tywydd ar ffermio, eisteddfodau lleol a hynt y disgybl-athrawes, Martha Gibbon. Ac yna ar 28 Fedi 1883, daeth cyfle i symud yn ôl i'r Gogledd.

Aeth i weithio yn Ysgol Frutanaidd Corwen am ddwy flynedd. Disgrifiwyd Corwen yn y cyfnod yn *Black's Guide Book* fel tref ar lannau'r Ddyfrdwy a chanddi boblogaeth o dair mil: *"The immediate surroundings quietly uninteresting, and the chief actions of the place will be to the sportsman for grouse shooting on the Berwyns or fishing on the Dee and its tributary Alwen."*

Yr un oedd y drefn yng Nghorwen ag yn y Glog. Disgwylid i Robert gadw trefn ar y plant, yn enwedig merched y dosbarth gwnïo, a rhywsut adfer cyflwr ofnadwy'r ysgol. Astudiai'r plant gwricwlwm Seisnig ei naws, a gynhwysai'r testunau hyn: Y *Royal Readers*, Byron, Wordsworth, *Blackie's Geographical & Historical Readers*. Canent ganeuon fel 'Home Sweet Home' a 'The Blue Bells of Scotland' yn ogystal.

Fis Mawrth 1886 daeth y cyfnod yng Nghorwen i ben, ac aeth Robert i Ysgol Frutanaidd Tal-y-sarn, Sir Gaernarfon. Cychwynnodd yno ar 1 Ebrill, ond wythnos yn unig y buasai yno pan alwyd ef i ffermdy o'r enw Mur Mathew yn Llanbeblig, Caernarfon. Roedd ei dad, Capten Edward Bryan, wedi marw.[4]

Roedd Capten Bryan wedi symud i Mur Mathew ar ôl i Park Mine gau yn 1885, er mwyn bod yn agos i'w feibion yn Sir Gaernarfon. Byddai ei fywyd wedi bod yn bur unig ar Gyrn y Brain yn sgil marwolaeth Elinor ac ymadawiad y bechgyn a Modryb Sarah. Bu farw wrth y bwrdd brecwast ym Mur Mathew pan oedd ei feibion a hithau'n ymweld â'r Capten y bore hwnnw. Roedd pawb o amgylch y bwrdd yn disgwyl iddo ddweud gras, pan ddisgynnodd ei ben i'w frest yn sydyn. Clefyd y galon oedd achos ei farwolaeth.

Claddwyd ef ym mynwent Rhiw Iâl, Llanarmon, ym medd y teulu efo'i wraig a'u cyntaf-anedig. Yr adnod ar ei gerdyn coffa yw: "Gwyn eu byd y gweision hyn, y rhai a gaiff eu Harglwydd, pan ddêl, yn neffro." [Luc XII:37]. Gadawodd stâd bersonol o £396 11s ar ei ôl. Cadwyd y gadair y bu i'r Capten farw ynddi gan Rachel Bryan Davies, un o wyresau Joseph, ac mae hi bellach o dan bortread hyfryd o Elinor yn ei thŷ.[5]

Gwyddom fod chwaer Elinor, Modryb Sarah, wedi symud i fyw at John ac Edward, wedi marwolaeth y Capten, fel y symudasai yntau o Park Mine ar ôl marwolaeth Elinor, ond beth oedd hynt ei fab, Samuel Evans bellach?

Bu blynyddoedd cynnar yr 1880au yn rhai difyr iawn yn ei hanes, nid lleiaf am iddo gael ei benodi'n ohebydd i nifer o wahanol ardaloedd. Ymsefydlodd yng Ngwesty'r Meirion, Dolgellau, fel gohebydd dros Feirionnydd. Cymerodd ran frwdfrydig mewn eisteddfodau a chymdeithasau dadleuol yno, a bu'n gymorth i drefnu cymdeithas lenyddol debyg i'r un a fynychai John ac Edward yng Nghaernarfon, lle trafodent bynciau fel Llysieueg.

O Ddolgellau, fe'i gyrrwyd i Ddinbych i wneud gwaith rhyw Mr Slack, a gollodd ei swydd am ei orhoffter o'r ddiod gadarn. Tra oedd yn Ninbych lletyodd gyda chigydd "ac wrth gwrs", meddai Samuel, "amhosibl yw bod yn vegetarian".

Tua diwedd Mai 1880 symudodd i Chesterfield fel gohebydd ar y *Sheffield Independent*. Roeddent yn hynod falch o'i gael yn rhan o'u tîm yn Chesterfield ac yn awyddus iddo wybod y deuai cyfleodd am ddyrchafiad fel y symudai aelodau o'r staff ymlaen. Tra bu yno ymddiddorai Samuel mewn Ffrenoleg – astudiaeth o'r benglog a ddengys gymeriad unigolyn – a Ffferylliaeth. At hynny cyfrannodd lawer at *Y Faner* ac i'r *Daily News* ar fater y tir yng Nghymru.

Byrlymodd amser rhagddo ac ym Mawrth 1881 clywodd John gan Samuel ei fod wrth ei fodd yn ei swydd newydd, a'i fod yn wahanol iawn i'r un flaenorol. Buasai mân newidiadau a chwynion dibwys John Evans, golygydd *Yr Herald*, yn dân ar ei groen, ond cafodd lonydd gan berchnogion yr *Independent* a mwynhâi'r teithio rhwng Efrog, Leeds a Derby.

Erbyn 1882 ehangodd astudiaethau ei amser rhydd i gynnwys Ffrangeg, Lladin, a Gwyddoniaeth, a dychwelodd o un o'i wyliau gan ddatgan: "*I am ready for another holiday. I have nearly forgotten all about Dublin & Trefiriw,*

but that charming young lady at Plas yn Pant still crops up occasionally!
Ah–well, goodnight ..."

Daeth 1883 â phroblemau iechyd iddo, a chwynodd am broblemau
treuliad a chynghorai'r meddyg iddo gymryd: *"Fellows syprup of*
hypophosphites" gyda'i fwyd am ychydig o wythnosau. Ni allai barhau i fod
yn llysieuwr am fod ei gyfansoddiad yn mynnu *"flesh food"*. Manylodd
Samuel ar awgrymiadau'r meddyg mewn llythyr at John:

> *Take 6 to 8 hrs sleep, get up as early as you can and take a cold bath as*
> *nothing will assist your digestion better. Afterwards drink a glass of warmed*
> *boiled milk and water, half of each and have a brisk walk into the country.*
> *Breakfast at eight on porridge or fish (white ones only such as sole or*
> *whiting) or new laid egg very slightly boiled, or toast with very little butter,*
> *don't drink either tea or coffee but Van Hooter's cocoa. Dine about 2 o'ck on*
> *underdone mutton chops, [or] beef, cod, turbott, game, lamb and with a*
> *suitable quantity of vegetables, taking care also to eat plenty of stale bread,*
> *avoid all fats and oily fish such as herrings, and salted meat, cheese, soups,*
> *veal and pastry of all sorts until your digestion is perfect. Order for supper*
> *about six o'ck a little rice pudding, tabioca pudding, or cup of cocoa and a*
> *couple of biscuits but don't eat much and eat nothing afterwards for the*
> *day ...*

O lynu'n drylwyr at y patrwm yma gwellodd ei iechyd, a phenderfynodd
ei fod angen newid byd yn llwyr. Felly gadawodd y *Sheffield Independent*.
Cynigiwyd gwaith iddo ar y *Nottingham Guardian* am £2–15s. yr wythnos,
ond nid oedd y papur 'Tori' hwn o'r un safon â'r *Sheffield Independent*, ac fe
wrthododd y cynnig. Wrth chwilio am agoriadau eraill, daeth Samuel ar
draws hysbyseb mewn papur newydd ar ddamwain. Gofynnai am ohebydd
gyda llaw-fer i weithio yn un o swyddfeydd y Llywodraeth. O blith 35
ymgeisydd, dewiswyd Samuel ac un arall i dreulio diwrnod yn swyddfa Mr
Childers, Canghellor y Trysorlys, o dan William Gladstone, er mwyn profi
eu cymhwyster yn derfynol. Doedd Samuel ddim wedi sylweddoli
pwysigrwydd y swydd wrth ymgeisio amdani.

Un o raddedigion ffroenuchel Caergrawnt oedd yn ei erbyn, a wfftiodd
rhyw Gymro bach fel Samuel. Awgrymodd Samuel y dylent "dynnu cwtws"
[*draw lots*] am y swydd rhag gorfod gwastraffu cymaint o amser yn y
swyddfa. Ond yn ôl *Nene*, papur bro Rhosllannerchrugog a'r cylch, ymateb
y Sais oedd: "Dim perygl imi gael fy ngorchfygu gan Gymro." Cytunodd
Samuel gan ddweud: "Os felly ha! Ati, a threchaf treised."

Y tasgau dan sylw oedd crynhoi ac adrodd ar gyfarwyddiadau Swyddog y Llywodraeth. Yn fuan iawn daeth yn amlwg bod profiad Samuel yn llawer gwell paratoad am waith o'r fath nag addysg ddrudfawr Caergrawnt a threchodd y Sais haerllug.

Teitl y swydd a dderbyniodd Samuel oedd Ysgrifennydd Cyfrinachol i Syr Edgar Vincent, Pennaeth Gweinyddiaeth Ariannol yr Aifft, a byddai'n gryn droad byd i'r Cymro bach o'r Rhos.[6]

NODIADAU

1. JDB@?E. Jones, Dee Mill Place, 3 Mawrth 1880, CDB:XM/8322/5; E. Jones@JDB 23 Ebrill 1880, CDB:XM/8322/15; RB@JDB/EDB, 18 Ionawr 1880, CDB:XM/8322/6; hanes y Nelson a 12, Y Bont Bridd: *Carnarvon & Denbigh Herald/North Wales Observer*: 13 Medi 1948; *Slater's Directory*, 1871–89; *Bennet's Business Directory*, 1899, 1910; *Wales Trade Directory*, 1917, 1928–30; Cyfrifiad, 1881, 1891, i gyd ar gael o Archifdy Gwynedd, Caernarfon.

2. Di-enw@JDB, 16 Medi 1881, CDB:XM/8322/15; R. Davies@JDB, 18 Ionawr 1881, CDB:XM/8322/17; Lewis Jones@EDB, 4 Ebrill 1881, CDB:XM/8322/2; SE@JDB 8 Gorffennaf, 1882, CDB:XM/8322/22.

3. JosDB@JDB/EDB, 11 Mehefin 1880, CDB:XM/8322/15; JosDB@JDB/EDB, 26 Mehefin 1880, 20 Gorffennaf 1880, CDB:XM/8322/4; Oliver Jones@JosDB, 20 Ionawr 1881, CDB:XM/8322/4; JosDB@JDB/EDB, 29 Ionawr 1881, CDB:XM/8322/4; JosDB@JDB/EDB, 11 Mai, 9 & 30 Mehefin 1882, CDB:XM/8322/4; am amser JosDB yn Aberystwyth: sgyrsiau â'r diweddar BP a TBO. *Calendr Prifysgol Aberystwyth* 1884–5, 1885–6; manylion am gymorth T. C. Edwards i JosDB o araith a roddodd ar 20 Hydref 1932, i ginio canol dydd i ddathlu pen-blwydd y coleg yn 60oed, o law Emrys Wynn Jones, ŵyr T. Gwynn Jones.

4. RB@JosDB, 16 & 23 Mehefin 1881, CDB:XM8322/6; am y Glog ac Ysgol Hermon: *Pembrokeshire Then & Now*, N° 16. *End of the Cardi Bach*, 21 Hydref 1982, tt. 46–7; E. T. Lewis, Llanfyrnach, *Parish Lore*, published by the author, Mynachlog Ddu, Pembrokeshire, *c*. 1970, t. 107; Llyfr Log Ysgol Hermon, 1881–3, yn Archifdy Sir Benfro, Hendy-gwyn ar Daf; RB@JDB/EDB, 30 Mai 1884; am Gorwen: Llyfr Log Ysgol Frytanaidd, Corwen, 1883–86; *Black's Guide Book*, A&C Black, London, 1907, tt. 149–50; am Dal-y-sarn: Llyfr Log Ysgol Frytanaidd, Tal-y-sarn, 1863–86, ES/1, Archifdy Gwynedd, Caernarfon.

5. Cerdyn angladd EdB yn CDB; am amgylchiadau ei farwolaeth: sgwrs gyda RBD a lluniau ganddo; *Y Genedl Gymreig*, 7 Ebrill 1886; ewyllys EdB o'r Probate Sub-Registry, Efrog.

6. SE@JDB: 3 llythyr – dydd Gwener, Sadwrn, Mawrth, dd. Fe'u hysgrifennwyd cyn iddo gael

ei benodi yn Chesterfield; 2 llythyr o Ddinbych: dydd Mawrth, Mercher; un arall 28 Mai 1880 o Ddolgellau – y cyfan yn CDB:XM8322/22; SE@JDB, 24 Gorffennaf 1880. CDB:XM8322/22; *Nene*, op. cit.; SE@JDB, 11 Mawrth 1881, CDB:XM8322/22; SE@JDB, 14 Hydref, 14 Tachwedd 1883, CDB:XM8322/22; 'Cymry Byw', Goronwy Owen, *Cymru*, Cyf. 42, 1912, dyfynnwyd yn *Nene*, op. cit.

6. Gwahoddiad Samuel

"Mae y gair Cairo mor syml, ac mor debyg i Gymraeg fel nad ydyw yn cyfleu y syniad lleiaf am bellter y lle na'r anhawster cyrraedd yno."[1] Ond i'r rhan fwyaf o Gymry Oes Fictoria doedd Cairo, prifddinas yr Aifft, ddim yn ddinas i'w chyrraedd o gwbl – ond yn y dychymyg wrth ddarllen y Beibl.

Yn y bedwaredd ganrif ar bymtheg, cynyddwyd diddordeb yn yr Aifft gan gyfres o arddangosfeydd am y Dwyrain yn Llundain a Pharis, a ddatgelai yr Orient fel lle rhamantus, dirgel. Roedd Cairo yn frith o strydoedd culion, yn berwi o fywyd dwyreiniol. Yn y basarau ceid sbeisys, carpedi, aur, arian a gemau. Yno llechai'r merched â'u llygaid yn drwm o *kohl*, yn cuddio tu ôl i'w gwisgoedd duon. Ymlwybrai'r mulod yn araf i lawr y llwybrau tywyll heibio llygaid yn sbïo trwy'r bocsys pren addurniadol, y mashrabeiod, oedd yn gyffredin yn nhai'r ddinas. Y tu ôl i'r rhain yr oedd *odalisques* harddaf y Dwyrain yn gorweddian ar glustogau yn rhoi pleser i'r *pashas* a'r *beys*, dynion croendywyll mewn dillad ysblennydd. Dyma darddle nwydau a ffantasïau dyfnaf dynol ryw, ac yn nychymyg poblogaidd y gorllewin daeth yr Aifft yn drosiad am *chaise longue* esmwyth wedi ei gorchuddio â siolau sidanaidd, gyda dawnswyr Eifftaidd nwyfus, a bechgyn ifainc o Niwbia yn gweini ar feistri bras a boldew.

Atgyfnerthwyd y naws rhamantaidd hwn gan farddoniaeth Oscar Wilde yn ddiweddarach yn y ganrif, er na phrofodd yntau erioed mo'r Aifft, ond trwy ddisgrifiadau Bosie, ei gariad, a dreuliodd amser yno yng nghwmni ei hewythr, un o brif swyddogion llywodraeth Prydain, Arglwydd Rosebery. Yn *The Sphinx* ceisiai Wilde gyfareddu'r darllenwyr â delwedd o garafannau urddasol o *"Negroes silken-shawled"*, yn croesi'r anialwch. Daeth y Bedowin yn gymeriad mystig yn tynnu ei *"yellow striped burnous/To gaze upon the Titan thews of him who was/thy paladin"*.

Ond roedd disgrifiadau Wilde wedi tyfu o obsesiynau llu o artistiaid a llenorion eraill oedd eisoes wedi disgrifio'r Aifft yn fanwl, oddi ar dyfodiad

Napoleon yn 1798, pobl fel yr artist David Roberts, a gychwynnodd ei yrfa fel cynllunydd setiau yn Drury Lane, Llundain, a chael ei ysbrydoli gan *Description de L'Egypte*, a gyhoeddwyd rhwng 1809 a 1822, i anfarwoli trysorau'r anialwch. A threuliodd Edward Lane ddwy flynedd yn byw ochr yn ochr â'r Eifftwyr i baratoi ei gyfrol enwog *Manners and Customs of the modern Egyptians* yn 1835, wedi iddo yntau fod yno yn 1825 yn tynnu lluniau ei hun â dyfais o'r enw *camera lucida*.

At hyn yn ystod y 1850au mwynhâi'r llenor Gustave Flaubert deithiau moethus i'r Aifft gan dreulio ei amser rhwng llysoedd brenhinol a phuteindai, yn profi pleserau opiwm ymysg pethau eraill. Yn 1858 cyhoeddwyd y casgliad ffotograffig cyntaf o'r Aifft a Phalestine gan Francis Frith yn yr *Art Journal*, ac erbyn yr 1860au roedd Thomas Cook yn denu ymwelwyr i wirioni ar ryfeddodau'r Nîl.

Wedyn yn 1869 agorwyd Camlas Suez, digwyddiad a fyddai'n hwyluso trafaelio rhwng y gorllewin a'r dwyrain, yn dyfnhau'r ddealltwriaeth o ddulliau busnes y dwyrain ac yn gwarantu pwysigrwydd y wlad i fasnach rhyngwladol o hynny allan.[2]

Yn ei dro profodd yr Aifft lawer meistr ac un o'r rhai mwyaf dylanwadol oedd Twrci. Penodwyd y Khedive i reoli'r wlad, ond achoswyd gwrthryfel gan ŵr o'r enw Orabi yn hwyrach yn y ganrif oherwydd bod y bobl yn ffieiddio'i rym a'i newidiadau. Mynnai'r Aifft ei rhyddid, ond yn lle'r rhyddid hwnnw daeth meistr gwahanol, ac yn 1882 daeth newid tyngedfennol i'r wlad.

Disgrifiwyd rhai o'r trafferthion cynnar gan y Cymro Edward Owen, a ddigwyddai fod yn teithio i Alexandria yng ngwanwyn 1882:

> Y mae yn brif borthladd yr Aifft, ac yn dref boblogaidd ei thrigolion – tua dau can mil. Yn fuan wedi ein hymweliad, gwnaed difrod dychrynllyd arni adeg y rhyfel, pan ddarfu i longau Lloegr falurio'r ddinas i raddau helaeth; a llosgwyd llawer ohoni gan y trigolion eu hunain er mwyn ysbeilio a lladrata – eu hoff waith.

Ar 11 Gorffennaf 1882 bomiwyd Alexandria gan Brydain ac erbyn y bore wedyn roedd deng mil o filwyr wedi eu lleoli yng Nghairo. Roedd bron iawn i ddeugain mil o filwyr Eifftaidd wedi ildio yn wyneb grym aruthrol Prydain. Achosodd y rhyfelgyrch hwn rwygiadau rhwng nifer o wledydd ac fe gododd cwestiynau am y rhesymau dros bresenoldeb Prydain yn y wlad.[3]

Y flwyddyn ganlynol penodwyd Evelyn Baring, neu Arglwydd Cromer, i roi trefn ar yr Aifft a daeth â'i swyddogion i'w gynorthwyo. Un ohonynt oedd Syr Edgar Vincent, y Cynghorydd Ariannol, ac wrth ei gwt, ei ysgrifennydd preifat, Samuel Evans.

Buan y setlodd Samuel yno. Byddai ei arfer o ddysgu Ffrangeg yn ei amser hamdden yn talu ar ei ganfed iddo yn ei sefyllfa newydd, ac ni fu fawr o dro yn ychwanegu Arabeg at ei gasgliad o ieithoedd.[4] Yn ei sefyllfa ef roedd mewn lle delfrydol i weld beth oedd yn mynd ymlaen tu ôl i ddrysau'r 'Turf Club', pencadlys Prydain yn y dyddiau cynnar, a droid yn ddiweddarach yn un o glybiau ffasiynol Stryd Maghreby.[5]

Yn nyddiau cynnar Prydain yn yr Aifft roedd cryn ansefydlogrwydd ynglŷn â'i safle yno, ac yn wir roedd yr Arglwydd Cromer yn sôn am dynnu allan o'r Aifft y flwyddyn honno oherwydd y sefyllfa ariannol argyfyngus.[6]

Ar un adeg yn ystod teyrnasiad Khedive Ismail roedd gan yr Aifft ddyled o £98,000,000,[7] ac erbyn dechrau'r 1880au roedd y wlad yn anelu am ei hail fethdaliad. Er i Cromer a'i swyddogion lwyddo i adfer peth trefn erbyn 1884 roedd y sefyllfa ariannol yn peri trafferth o hyd. Yn 1885 gorfodid iddynt fenthyg £9,000,000 o'r Comisiwn Dyled Cyhoeddus, oedd yn un o brif bwerau Ewrop, gydag aelodau fel yr Almaen, Rwsia, Ffrainc, Awstria, yr Eidal a Phrydain.[8] Cymhlethwyd y sefyllfa ymhellach pan ffrwydrodd tensiynau rhwng y Moslemiaid a'r Prydeinwyr yn y Swdan a syfrdanwyd pawb pan laddwyd Cadfridog Gordon ar 26 Ionawr.

Er mai adfer heddwch a throsglwyddo'r awenau yn ôl i'r Khedive oedd cymhelliad honedig Prydain dros fod yn yr Aifft, dywedodd yr Arglwydd Granville, yr Ysgrifennydd Tramor, y dylai Prydain barhau i ddylanwadu ar y wlad: *"with the object of securing that the order of things to be established shall be of satisfactory character, and possess the elements of stability and progress".*[9]

Ond wedi agor Camlas Suez ymddengys fod rheswm arall dros greu sefydlogrwydd yn yr Aifft:

> *England, it seems, came to Egypt – and eventually the rest of the Middle East – because she was in India, no more, no less. Cotton for the Lancashire Mills and the rest of the economic 'sorcery' was a mere, though beneficient, by-product of this crude reality of power.*[10]

Ategwyd y farn hon gan Cromer yn 1886 pan ddywedodd na fyddai angen cynnal trafodaethau manwl, na llawn, ynglŷn â'r wlad, ac y parhâi rheolaeth Prydain am gyfnod amhenodol. Ac mae hefyd yn werth crybwyll i Arglwydd Balfour geisio cyfiawnhau presenoldeb Prydain yn yr Aifft mor ddiweddar â 1910: *"We are in Egypt not merely for the sake of the Egyptians, though we are there for their sake; we are there also for the sake of Europe at large."[11]*

Yn ystod y blynyddoedd cynnar hynny roedd rhan Syr Edgar Vincent yn ganolog yn y fenter a Samuel Evans wrth ei ochr trwy gydol yr amser. Roedd yn y safle gorau posib i wybod sefyllfa ariannol yr Aifft a beth oedd gobeithion Prydain am ei dyfodol yno. Yn haf 1887 aeth Vincent i Lundain fel cynrychiolydd llywodraeth y Khedive. Teimlai'r llywodraeth Brydeinig fod ei dyled yn fawr iddo am ei ran yn rheoli'r Aifft. Yn 1888 dywedodd yr Arglwydd Cromer wrth Arglwydd Salisbury, Prif Weinidog 1886–92, amdano:

> I cannot, indeed, express too strongly my sense of the ability with which he [Vincent] has been recently concluding financial affairs ... success is entirely due to him, for I have interfered very little.[12]

Am dair blynedd gweithiodd Samuel yn ddiwyd fel ysgrifennydd iddo ond yn 1886 fe'i dyrchafwyd yn Brif Reolwr Gwylwyr y Glannau. Gofynnai'r swydd am "graffter, meddwl cyflym, gwroldeb a phenderfyniad eithriadol ..." am fod ysbeilio'n gyffredin ar yr arfordir. Bu nifer o ddatblygiadau diddorol yn ei yrfa yn ystod y cyfnod hwn. Daeth yn arbenigwr ar gamelod, ac oherwydd iddo ddysgu siarad Arabeg a nifer o'i thafodieithoedd mor rhwydd, gallai gyfathrebu'n rhugl efo'r Bedowin a sicrhau'r pris gorau i'r llywodraeth. At hynny defnyddiodd ei wybodaeth am law-fer i ddatblygu system debyg i'r Arabeg a mabwysiadwyd hyn yn swyddogol gan y llywodraeth yn ddiweddarach.[13]

Serch ei brysurdeb, ac antur beunyddiol ei fywyd newydd, nid oedd Samuel wedi anghofio am ei gefndryd yn eu siop yn y Bont Bridd yng Nghaernarfon, nac ychwaith am iechyd John, nad oedd wastad yn arbennig o dda. Felly fe wahoddodd John i dreulio gaeaf yn yr Aifft: "Yr wyf am weld yr Aifft â'm llygaid fy hun, ac am ei darlunio yn fy ngeiriau fy hun," penderfynodd John.[14]

Felly, ar ddydd Llun, 11 Hydref, pan oedd aelodau Eglwys Engedi, Caernarfon, lle roedd John ac Edward yn ffyddloniaid, yn paratoi i agor Capel Beulah erbyn 14 Hydref 1886,[15] roedd John ar fwrdd yr SS *Arcadia* ar ei ffordd i'r Aifft.

Tra oedd Edward ym cymryd ei le fel un o athrawon Capel Beulah, roedd John ar fwyta ei frecwast cyntaf yn salŵn yr SS *Arcadia*. Cynigiwyd selsig, cig eidion, cig moch a lobscows iddo, ond gwrthododd y cyfan am ddarn o fara menyn a phaned o de. Mwynhâi awyrgylch y salŵn trwsiadus gyda'i seddau â chlustogau a chadeiriau i bawb ac, yn ogystal, roedd yno ganeri bywiog a phiano da.

Ymhen tipyn roedd rhyw gyffro ymysg y trafaelwyr ar y llong. Gyrrwyd gair atynt i ddweud na fyddai'n bosib cychwyn tan naw o'r gloch yr hwyr gan fod y dŵr yn 21 modfedd yn is na'r disgwyl. Yn ôl morwyr roedd hynny'n arwydd o dywydd teg.

Roedd yna ddigon o gwmni i John ar y cwch: gŵr a gwraig yn mynd i Jerwsalem, pobl glên a chymdeithasgar yn ôl pob golwg; Miss Somersville yn teithio i Beirŵt; Miss Williams, merch gemydd o Bold Street, Lerpwl, yn teithio i Gairo; Mr King a'i fab, oedd ar daith fusnes i Gairo, a rannai gabin efo John a rhyw Mr Davies. Bwriadai Mr King gysgu yn y gwely o dan yr un a ddewisasai John a chan ei fod yn ddyn mawr boldew, credai John y gwnâi *"capital snorer"*. Ond gan fod John uwchben Mr King, ac y tybiai y byddai'r môr yn ei wneud yn affwysol o sâl, ni fyddai'n anodd iddo ddial ar y carn rochiwr petai'n profi'n niwsans.

Pleser cymysg oedd cael sawl *"family organ"* – neu blant! – ar y llong yn ôl John. Er eu bod yn crio a grwgnach ar y dechrau, efallai y byddent yn ddifyrrwch pan âi'r daith yn ddiflas. Difyrrai John ei hun yn ystod y dydd trwy ysgrifennu llythyrau a chael golwg dda ar y llong a'i chynnwys. Roedd yn falch o weld sawl ochr o gig ychen yn crogi a chaets gyda thri neu bedwar dwsin o ieir byw ynddi, a sawl sachaid o datws – o leiaf ni fyddent yn llwgu. Roedd chwech o fadau achub ar ochr y llong; edrychodd John arnynt yn y gobaith na fyddai eu hangen. O'r diwedd am 9.30 yr hwyr, hwyliodd y llong ac er ei bod yn noson fwyn ddi-gwmwl, noswyliodd yn fuan i ddisgwyl am y salwch môr.

12 Hydref, dydd Mawrth: Cafwyd noson egr, a chanfu'r SS *Arcadia* ei hun wedi ei hangori ym Mae Moelfre am gysgod. Roedd wedi cychwyn chwythu fel y deuent allan o'r Merswy ac erbyn un ar ddeg yr hwyr teimlai John yn go sâl. Brysiodd i orffen ei lythyr a'i drosglwyddo i'r stiward eiliadau cyn i'r anorfod ddigwydd! Llusgodd ei hun i'w wely yn ei ddillad a llwyddo i gysgu gyda gollyngdod ymhen awr.

Roedd y tawelwch yn fyrhoedlog oblegid cododd y gwynt a'r môr nes fod y sŵn yn ofnadwy, gan beri'r i'r injan ddiffodd mwy nag unwaith. Gan fod y teithwyr yn eu gwelyau, nid oedd ganddynt syniad pa ffordd yr oeddent yn trafaelio. Meddylient y gwaethaf. Camgymeriad oedd meddwl am godi. Roedd yn anodd dod o'r gwely ac anghofiodd John na ddylid codi ar ei eistedd rhag taro ei ben, ac erbyn dod oddi yno, roedd hi'n deirgwaith anoddach dychwelyd iddo. Teimlai fel clown cyn cwblhau'r dasg.[16]

*

21 Hydref: Tua thrigain milltir o Algiers. Roedd yr SS *Arcadia* yn anelu am Fôr y Canoldir. Fel canlyniad i storm enbyd buont mewn trybini am bedwar diwrnod. Ni newidiodd neb ei ddillad am bum noson gan fod y llong yn rowlio cymaint fel nad oedd yn bosib sefyll i afael yn y dodrefn am gymorth. Roedd y sŵn yn ddigon i wallgofi unrhyw un, gyda'r gwynt yn chwibanu ac yn rhuo, y tonnau'n curo yn erbyn yr ochr ac yn golchi dros y deciau. Roedd y lle yn llanast a'r llestri'n rhydd, ac eraill tu fewn yn disgyn o gwmpas fel y diafol yn chwarae marblis, a phan ddaeth ennyd o ddistawrwydd clywid yr ieir yn sgrechian.

Oherwydd safle cabanau'r teithwyr collwyd cysylltiad efo'r criw am fod y drysau wedi'u cau, achos bod y môr wedi golchi dros y llong. Ymhen hir a hwyr daeth y Capten atynt efo llythyr – "*a regular storm bird dressed in seaboots, oilskin and souwester*". Buasai wrth y llyw am dridiau'n ddi-baid. Dywedodd eu bod 400 milltir o'r lan ac y gobeithiai droi'r llong o gyfeiriad America. Chwalwyd y caban llywio a'r llyw, a thaflwyd y dynion oddi arno. Cafodd corlannau'r defaid a'r ieir, y barilau halen a'r cig eu golchi allan i'r môr. Malwyd un o'r badau achub, chwalwyd y becws yn llwyr a thorrwyd nifer o bibellau. Niweidiwyd pump o ddynion. Gorfu iddynt gael gwared â rhai tunelli o lo er mwyn ysgafnhau blaen y llong. Er bod corlannau'r defaid wedi mynd roedd digon o fwyd ar ôl am chwe mis. Pwysleisiodd y swyddogion fod storm o'r fath yn anarferol, hyd yn oed ym Mae Gwasgwyn [Bay of Biscay]. Roedd pawb arall ar y llong yn dawedog iawn ac yn ceisio dod atyn nhw eu hunain.

Drannoeth roedd toi gwastad tai gwynion Algiers o'u blaenau ac ni fu John yn falchach o weld tir yn ei fyw. Roedd yn olygfa odidog o ysbrydoledig.[17] Ymysg y synau a glywodd yn Algiers oedd chwiban trên ac fe'i hatgoffwyd yn syth o chwiban y trên o dan ei ffenestr yn 28 Segontiwm Terrace yng Nghaernarfon. Roedd sŵn gwybedyn yn peri iddo feddwl am gerddorfa. Roedd popeth mor fyw iddo, ac roedd am gyfleu ei deimladau i bawb yn Sir Ddinbych a Chaernarfon yn ei ddisgrifiadau. A gwnâi hynny y funud y gallai goelio ei fod yno ei hun.

Adeiladwyd Algiers ar ochr bryn, gyda'r tai wedi'u pentyrru'n derasau, un uwchben y llall, nid yn annhebyg i'r Bermo, ond yn uwch ac yn fwy gwych. Rhan ucha'r dref oedd yr hynaf ac yno y trigai'r brodorion. Perthynai Algiers i Ffrainc ac adlewyrchid hyn yn rhan isaf, Ffrengig y dref, lle'r oedd y tai'n fawr ac yn foethus a'r strydoedd yn eang ac wedi'u cysgodi gan goed. Roedd strydoedd y rhan uchaf yn fwy cyfyng ac, o'u gweld, yn reit fudr, ond o'r llong ymrithiai'r tai o'u blaenau fel palasau o farmor.

Oherwydd y daith arw ar y llong roedd cerddediad John yn sigledig i gychwyn ond wedi iddo sadio tipyn roedd yn eiddgar i fynd am dro. Ond rhaid bod yn ofalus gan fynd mewn grwpiau rhag cael eu camgymryd am *"drunken Engleesh"*.

Er bod yr olygfa o'u blaen yn rhyfedd o hen ffasiwn, roedd yn bicaresg yn ei newydd-deb, gyda chymaint o wahanol wisgoedd coch a melyn gan yr Arabiaid. Roedd yno seiri maen, llongwyr a phorthorion, rhai yn gyrru ceffylau go drwsgl yr olwg, neu fulod hirglust gyda chartiau cyntefig ynghlwm wrthynt. Gwerthai rhai pobl drugareddau neu fwyd ac roedd eraill yn diogi. Atseiniai clychau'r ceffylau a'r mulod uwchben mynych gracio chwipiau'r gyrwyr.

Aeth John a chriw o'i gyd-deithwyr am dro i chwilio am y swyddfa delegraff. Yn anffodus dyma gerdded i mewn i dŷ preifat ar gam. Digon buan y daeth trigolion y tŷ i'w hel nhw oddi yno. Ond cyn iddynt gael eu herlid o'r lle sylwodd John ar falwod a gedwid mewn caets i'w pesgi. Ymddangosent yn ddigon hapus ac uwchlaw pwysau'r byd, ond, gwaetha'r modd, yn debygol o fod ar blât rhyw Arab ymhen dim o dro.

Ar ôl gadael y tŷ cerddodd John ychydig efo'i gyd-deithiwr Mr Keill. Gwaeddodd pedler o Arab arnynt: *"Stop Johnny, stop!"* Gan mai John oed enw'r ddau ohonynt chwarddasant yn ddistaw. Rhedodd yr Arab i fyny atynt gyda'i nwyddau, ac mewn Saesneg carbwl meddai: *"Engleesh very good, Arab very good, Jew bad, bad."*

Mwynhâi John y profiadau bychain – fel ceisio prynu nwyddau o'r farchnad. Cymerodd chwech o bobl mewn pump o ieithoedd – Saesneg, Ffrangeg, Arabeg, Eidaleg a Chymraeg – ddeng munud i brynu gwerth chwe cheiniog o rawnwin am ddwy geiniog y pwys! Roedd y cyfan, adroddodd wrth Robert, wedi gwneud argraff ddofn iawn arno.[18]

Buan y gadawsant Algiers, fodd bynnag, ac anelu am borthladd Alexandria. Hysbyswyd y teithwyr y byddent yn glanio yno cyn wyth o'r gloch y bore wedyn. Gyda hynny dechreuodd pob math o ddelweddau redeg trwy feddwl John:

Yr Aifft ... y wlad ryfeddaf, ar amryw ystyriaethau, dan dywyniad haul. Pa le ceir afon fel Afon yr Aifft? ... hynafiaethau yr Aifft? ... Yma y ceir temlau a bedd-adeiladau yn mesur eu hoedran wrth y miloedd o flynyddau ... Yma y ceir y pyramidau ... Yma mae cartref y mummies ...

Roedd yr hynafol a'r rhyfedd a holl straeon Beibl ei blentyndod ar fin ymrithio o'i flaen, a'r Aifft ei hun ar fin dod yn real. "Nid rhyfedd fod ein

Porthladd Alexandria.

calonnau wedi myned i guro yn gyflymach, a'n hawyddfryd wedi ei gwbl ddeffro ..."

Wedi deunaw diwrnod o daith o Lerpwl dyma wynebu porthladd Alexandria a oedd yn "eang a chyfleus, ac roedd ugeiniau o lestri, gweddol fawr ar y cyfan, a dwy, os nad tair, o longau rhyfel ei Mawrhydi". Gwelsant faner Thomas Cook a chlywsant ei fod wedi ennill cymaint o barch â'r Khedive yno bellach.[19]

Rhyfedd iawn yr ymddangosai y landing stage gyda'u ugeiniau Arabiaid yn gweiddi ac yn disgwyl am change i gario eu parseli. Yr oeddent oll yn droed a choes noeth, ac yn gwisgo math o grysau nôs, rhai gleision fel ffedog cigydd, eraill yn wynion a llwydion, a chapiau cochion tebyg i hwnnw anfonodd Samuel drosodd. Lliw eu croen gan fwyaf yw felynddu, er bod rhai can ddued a'r tegell ac eraill bron yn wyn.[20]

Roedd hi fel ffair y bore hwnnw, a buan yr amgylchynwyd yr Arcadia gan y brodorion. Sylwodd John fod un ohonynt yn gwisgo hen sach siwgr Joseph Tate & Sons am ei gorff a chap ffelt siâp hanner cneuen am ei ben:

Yr oeddynt fel pla o locustiaid, ac amgylchynent y teithwyr fel pe buasent am eu difa. Tynnai rhai ffordd yma, ac ereill ffordd arall, tra y byddarent

ein clustiau â Saesneg *home made, – 'Gintleman – you come with me, – me
show everything, – him no good, no talk Ingleesee, – me talk plenty,' &c ...*

Ni allai Samuel fod yn Alexandria i gyfarfod â'i gefnder ac felly
penderfynodd John ac un o'i gyd-deithwyr, cenhadwr o'r enw Mr W., fod yn
dwristiaid am dipyn. Cyflogwyd Arab i'w tywys o gwmpas y ddinas a
chredent y byddai'n eu cynorthwyo i weu eu ffordd trwy'r dorf, ond nid felly
y bu:

> ... druain ohonom bu yn agos i ni gael ein tynnu yn bump o ddarnau ...
> Yr oeddent wedi cymeryd meddiant o'r ddwy fraich a'r ddwy goes, a phob
> un yn tynnu mewn cyfeiriad gwahanol, – pob un at ei ful neu ei gerbyd ei
> hun. *'This way, sar – this good donkey, sar – Flying Dutchman, – sar – no,
> sar, that donkey no good, no go – this donkey sar, lourd Salisbury, sar him
> go like steam engine, &c, &c'* (yr idea, Arglwydd Salisbury yn mynd fel
> steam engine.) *'My donkey speak Ingleesee,'* meddai un arall ...[21]

Ychydig o amser a dreuliwyd yn Alexandria oblegid buan y daeth llythyr
gan Samuel ynglŷn â sut i gyrraedd Cairo, gydag ymddiheuriad am beidio
dod i'w gyfarfod. Ond wedi cyrraedd gorsaf Cairo y noson honno, "yr oedd
yno gryn ysgwyd dwylo a siarad Cymraeg. Mae [Sam] yn edrych yn bur dda
..." Trefnodd Samuel lety i John yng Ngwesty'r Royal, lle pur fawr a
chysurus, ac yno, tua deg o'r gloch yr hwyr ar y noson gyntaf fe gafodd ei
swper cyntaf o dan gysgod y coed gwinwydd:

> Yr wyf yn teimlo eisoes fod y lle yn gwneud lles mawr imi. Nid ydyw yn
> rhy boeth ac y mae yr awyr yn sych ac ysgafn. Mae yma lawer o Saeson,
> Ffrancod, Germaniaid, Groegiaid, Rwsiaid, Persiaid ... ond Arabiaid
> ydyw y mwyafrif ... a hwy sydd yn gwasanaethu yn lle morwynion yma.[22]

Ni allai John ddisgwyl i gofnodi pob rhan o'i brofiad dieithr:

> Y bore cyntaf a dreuliais yn yr Aifft. ... Yr oedd y mosquitoes, er gwaethaf
> y llenni gwynion, wedi mynnu dyfod i fy nghroesawu i wlad yr Aifft ...
> Pan edrychais yn y drych gwelwn rywbeth tebyg i fap o fynyddoedd yr
> Eryri ar fy nhalcen, y Wyddfa wedi cael ei gosod yn daclus uwchben fy
> llygad chwith, yr hwn, mae'n ddiau oedd yn cynrychioli Llyn Cwellyn. Fel
> hyn ... nis gallwn lwyr anghofio Cymru, gwlad y bryniau ...

Daeth Cairo yn gyfarwydd iddo. Trafaeliai wyth milltr o'i westy at y pyramidiau ochr yn ochr â thwristiaid Thomas Cook. I gychwyn aethant trwy ran Ewropeaidd y ddinas a osodwyd allan ar gynllun Paris gyda'i:

... heolydd llydain, a choed *acacia* wedi eu plannu ar y ddwy ochr, tai mawrion a nen wastad, y ffenestri wedi eu ffitio â *venetian shutters* ... Mae y tai hyn yn anferth o fawr, ac yn amgylchedig â gerddi, oddeutu'r rhai y mae muriau uchel ... Amcan y muriau ydyw diogelu y gwragedd rhag golygon dieithriaid. Mae gan y Pashas hyn dair neu bedair o wragedd, ac ugeiniau,- weithiau gymaint a thri chant o ordderchadon, a gwylir hwy yn fanwl gan ennuchiaid, ac ni oddefir i neb eu gweld ond y teulu. Pan yn mynd allan, ant mewn cerbyd cauedig, ac ennuch ar y sedd gyda'r gyrrwr. Nid rhyfedd felly fod rhai o'r plasau yn debyg i barracks pur barchus ...

Ar ôl tri chwarter awr daethant ar draws baracs "Kasr-el-neel, lle digon o faint i letya pedair mil o filwyr. Yn bresennol, meddiennir y lle gan y fyddin Brydeinig, ac yma y mae y gatrawd Gymreig. Gwelsom amryw a'r gair 'Welsh' ar eu hysgwyddau ..."

Cyn pen dim dyma groesi'r Nîl a chyrraedd y ffordd a adeiladwyd yn bwrpasol ar gyfer cludo teithwyr at y pyramidiau. Daethant ar draws y Camel Corps oedd ar fin cychwyn ymarferiad yn yr anialwch:

Yr oedd amryw gannoedd o gamelod, mewn *trappings* hardd ... yn gorwedd gan ei bod yn amser bwyd ... Yr oedd yr olygfa yn dyddorol a newydd anghyffredin i ni. Yr oedd y wlad bob ochr i'r ffordd ... fel môr ... yn orchuddiedig gan y Nilus. Gwelem nad oedd yn ddwfn iawn yn unlle, oherwydd yma ac acw roedd y camelod, llwythog yn cerdded, yn cael eu harwain gan Arab, yr hwn oedd dipyn mwy na'i hanner yn y dwfr. Mewn mannau eraill, gwelem y buffaloes yn mwynhau eu *morning bath*, – dim ond eu pennau yn y golwg. Ar hyd yr ymylon yr oedd brodorion yn ymdrochi, yn golchi dillad ac yn pysgota ...

A thu ôl iddynt dacw un o saith ryfeddod y byd hynafol:

Yr oedd y Pyramidiau i'w gweld bron ar hyd y ffordd ... ymddangosent yn fwy fel mynydd neu graig nag fel adeilad, yn fwy tebyg i waith rhyw dduw nag i waith dyn. Buasai yn hawdd credu iddynt dyfu o'r lle ... Hen ddihareb a ddywed, – "Popeth a ofna amser, ond amser ei hun a ofna y Pyramidiau," ...

Wrth eu gweld yn agos am y tro cyntaf siomwyd John gan olwg y cerrig
gan iddo ddisgwyl eu cael yn llyfn a chaboledig, ond cawsant eu melynu a'u
herydu dros amser gan y tywydd a'r brodorion yn dringo i fyny i'r pinacl i
gael golwg well o'r sêr. Ac wedi mynd i mewn i'w crombil:

> ... yr oeddym fel glowyr Rhosllanerchrugog yn ymgripio yn ein cwrcwd
> drwy fynedfa gul, yr Arabiaid yn cario canhwyllau, gan ofalu fod y gwêr
> yn disgyn yn uniongyrchol ar ein dillad gore. Yr oedd yr awyr yn glos a
> ffiaidd, ac yr oedd yn hynod dda gennym ddyfod i le mwy agored ...

O fewn tipyn daethant at ystafell frenhinol:

> ...Ystafell bedair onglog ... 34 troedfedd o hyd, 17 troedfedd o led, a 19
> troedfedd o uchter ydyw; y muriau o farmor caboledig, y meini yn anferth
> o fawr, ac wedi eu gosod at ei gilydd yn hynod gelfydd. Yn un pen i'r
> ystafell y mae cist (*sarcophagus*) o farmor, heb un cauad, a dyna'r oll sydd
> yn yr ystafell ...[23]

Ar y ffordd at y Sphinx cawsant eu hambygio'n ddidrugaredd a'u byddaru
efo twrw criw o Arabiaid yn gwerthu nwyddau, a bu'n rhaid bygwth peidio
â thalu'r tywysydd, dyn lliwgar o'r enw Joseph, oni lwyddai i gael gwared
ohonynt yn reit sydyn.

> Cafodd sôn am yr arian ddylanwad mawr arno, a chyn pen dau funud,
> yr oedd yn prysur wasgaru y dyrfa â'i ffon ...
> Yn fuan cawsom y llonyddwch dymunedig, dim ond tri neu bedwar o
> werthwyr hynafiaethau yn ein dilyn. Yr oedd ganddynt hen arian, hen
> ddelwau, hen dlysau, a hen fodrwyau, oll yn "filoedd" oed, ac wedi eu
> gwneyd ym Mirmingham! ...
> Mae y Sphinx mewn pantle, ... yn edrych yn fyfyrgar tua'r afon, yn
> hollol ddisylw o'r dynionach sydd fel gwibed yn dringo ar hyd-ddo ...[24]

Gan i'r Aifft wneud argraff mor ddofn ar John, ac o gofio ei fod yno er lles
ei iechyd bregus, roedd yn syndod darllen am ei daith gyfrinachol i Lundain
ym mis Tachwedd 1886.

NODIADAU

1. JDB, op. cit., t. 1.

2. Timothy Mitchell, *Colonising Egypt*, American University Press in Cairo/Cambridge University Press. Cairo, 1989, tt. 16–7, 21. Hefyd tynnais wybodaeth o gardiau ac o luniau David Roberts a brynais yn yr Aifft yn 1991–2; y ffilm *Wilde* sy'n croniclo hanes Oscar Wilde a'i gerdd 'The Sphinx'; union ddyddiad agoriad Camlas Suez: Dr Chris Cook, op.cit., t. A12.

3. P. J. Vatikiotis, *The History of Egypt from Muhammad Ali to Sadat*, Weidenfeld & Nicolson, Llundain, 2nd ed., 1980. Am y gwrthryfel yn 1882 a'r rhesymau dros aros yn yr Aifft: tt. 164–5, 169, 170, 172. Am ddyddiadau'r gwrthryfel: Dr Chris Cook, op. cit., t. A13; disgrifiad E. Owen yn ei lyfr *Gwibdeithiau: Ymweliadau â'r Dwyrain a'r Gorllewin*, Isaac Foulkes, Stryd Brunswick, Lerpwl, 1888, t. 15.

4. *Nene* op. cit.

5. Am y 'Turf Club', Trevor Mostyn, *Egypt's Belle Epoque*, Quartet Books, Llundain, 1989, t. 136.

6. *The Marquess of Zetland, Lord Cromer, being the authorized Life of Evelyn Baring, First Earl of Cromer GBC, OM, GCMG, KCSI*, Hodder & Stoughton, 1932, t. 129.

7. P. J. Vatikiotis, op. cit., t. 154.

8. *The Marquess of Zetland*, op. cit., t. 135.

9. P. J. Vatikiotis, op. cit., t. 172; Dr Chris Cook. op.cit., t. A13, am y dyddiad y lladdwyd Gordon.

10. P. J. Vatikiotis, op. cit., t. 176.

11. *The Marquess of Zetland*, op. cit., t. 129, am Cromer; Edward W. Said, *Orientalism*, Penguin, Llundain, 1995, t. 33 am Balfour.

12. *The Marquess of Zetland*, op. cit., t. 156; Dr Chris Cook, op. cit., t. B53 am swydd Sailsbury.

13. *Nene*, op. cit.; Graham Evans, 'Evans of Arabia', *Daily Post*, 18 Ebrill 1992.

14. JDB, op. cit., tt. vi–vii.

15. CDB:XM/8322/98, *Hanes Capel Beulah, 1886–1936*, tt. 6–12.

16. JDB@EDB, 11 & 12 Hydref 1886, CDB:XM/8322/26.

17. JDB@EDB, 21 Hydref 1886, CDB:XM/8322/26.

18. JDB@RB, 6 Tachwedd 1886, CDB:XM8322/26.

19. JDB, op.cit., tt. 63–66.

20. JDB@Jane Jones, Camddwr, 2 Tachwedd 1886, CDB:XM8322/25.

21. JDB, op. cit., tt. 67–70.

22. JDB@Jane Jones, Camddwr, 2 Tachwedd 1886, CDB:XM8322/25.

23. JDB, op. cit., tt. 85, 91–101.

24. ibid., tt. 104–6.

7. Cyfrinach John

Cyrhaeddodd John Lundain efo'r 'Mail' o Gairo ar 22 Tachwedd 1886. Arhosodd yn y *"West Central Temperance Hotel, 97–103, Southampton Row"*. Yng nghwrs llythyr preifat at Edward daeth yn amlwg nad oedd ei gynlluniau cyfrinachol yn mynd cyn rhwydded â'r disgwyl.

Trafod amodau cytundebau â llywodraeth yr Aifft oedd diben ei ymweliad, a chwynai eu bod nhw'n llym iawn. Roedd y cytundebau deunyddiau ysgrifennu'n gofyn am flaendal o 10% cyn cynnig amdanynt a 10% ychwanegol pe derbynnid y cytundeb – 20% yn gyfan gwbl. Roedd hynny'n gyfanswn o £23,000 ac nid yn fater bychan.

Roedd angen gwerth £10,000 o ddillad, gwerth £4,000 o fwts a deunyddiau ysgrifennu. Roedd cwmni Rylands yn mynd i baratoi pris gosod ar grysau iddo, ond bwriadai fynd at gwmnïau eraill am brisiau ar gotiau a bwts. Ni allai Spalding & Hodge osod pris iddo ar y deunyddiau ysgrifennu felly âi at gwmni o'r enw Spicers am hynny.

Gofynnodd i Edward yrru arian at y gwesty yn Southampton Row – tua £10, a llyfr siec gyda deg siec ynddo. Hoffai dderbyn cyflenwad o bapur ysgrifennu swyddogol y cwmni, os nad oedd eisoes wedi eu gyrru i'r Aifft. Pwysodd arno i drefnu hyn ei hun ac i beidio â gadael i unrhyw un arall wybod beth roedd o'n ei wneud. Roedd gan John £40 wrth gefn o hyd, ond fe'i synnwyd gan gost yr holl fenter. Roedd yn rhaid iddo fod yn ôl erbyn 4 Rhagfyr i dendro am bopeth. Ac nid oedd eto wedi cymryd siop nac archebu ychwaneg o nwyddau. Ers mynd i'r Aifft roedd iechyd John wedi gwella ond ar ôl ychydig ddyddiau'n unig yn Llundain roedd arno annwyd.[1]

Er i John ddweud wrth bawb mai oherwydd ei iechyd yr aeth i'r Aifft, roedd yn amlwg bellach mai yn rhannol wir yn unig oedd hynny. Mewn llythyr at John ar 18 Gorffennaf 1886, soniodd Samuel am obeithion John o ddod i Gairo fel brethynnwr. Dywedai y dylai wneud elw o dan amodau ffafriol.

Doedd nifer y 'Saeson' (Prydeinwyr) yng Nghairo yn 1886 ddim yn ddigonol i gyfiawnhau agor siop frethyn a llieiniau, yn enwedig gan fod y Saeson yn archebu eu nwyddau trwy'r post. At hynny amrywiai eu nifer yn fawr o dymor i dymor. Ym mis Gorffennaf dim ond un neu ddwy o ferched Prydeinig oedd yno, ond yn y gaeaf roedd y lle'n byrlymu ohonynt.

Roedd tramorwyr yn ogystal â Phrydeinwyr yn hoff o nwyddau Seisnig, ac felly byddai angen gweithwyr a allai gyfathrebu mewn nifer o ieithoedd, ond ni fyddai'n anodd cael hyd i'r rhain.

Bodolai llwyth o frethynwyr yng Nghairo'n barod, ond rhai go sâl oeddynt a doedden nhw ddim yn hysbysebu eu siopau. Roedd y mater o hysbysebu yn yr Aifft yn un dyrys a byddai angen ymchwilio ymhellach i'r maes. Argymhellodd Samuel mai'r peth gorau fyddai i John deithio i'r Aifft i weld drosto'i hun pa agoriadau oedd ar gael yno. I gloi meddai: *"The great thing is to start. I certainly think the game is worth the candle."* Beth bynnag y penderfynai John yn y diwedd pwysodd arno i beidio â pheryglu safle'r siop yng Nghaernarfon. Siarsiodd ef i gadw mewn co'r ddihareb: "Gwell aderyn mewn llaw na dau mewn llwyn."[2]

Ac felly y canfu John ei hun yn ddwfn yn ei fyd cyfrinachol ar 25 Tachwedd 1886 yn dal i geisio dwyn pethau ynghyd yn Llundain. Parhâi i fod yn llawn brwdfrydedd dros y fenter, er nad oedd eto wedi ennill dimai at ei damaid. Disgwyliai am ateb Edward yn eiddgar a diolchai'n feunyddiol am gefnogaeth Samuel.[3] Wrth i'r trefniadau fynd rhagddynt dechreuodd cwmnïau ysgrifennu at Edward yng Nghaernarfon i ofyn am warantau rhag colledion. Cytunodd John y dylai 'Bryan Bros.' fel cwmni fod yn gyfrifol am hynny ond dylid cyfeirio anfonebau a datganiadau cyllidol at J. Davies Bryan, Cairo.

Cafodd John andros o drafferth wrth ymdrin â'r cytundebau dyrys. Roedd y blaendal yn codi ofn ar bawb a geisiai gychwyn menter o'r fath, ac wrth gwrs doedd ganddo mo'r arian ei hun. Penderfynai a oedd gwir angen y fath flaendal ar ôl dychwelyd i Gairo ac fe ddefnyddiai'r £200 oedd ganddo pe bai rhaid. Yn y cyfamser canolbwyntiodd ar gynyddu ei gysylltiadau busnes.

Credai y byddai menter Dr Jaegers yn fethiant am y gwyddai am frethynwyr yng Nghairo a werthai ei nwyddau, a brynid yn Berlin, yn rhatach nag yn Llundain. Mynnai gael ei restrau prisiau o Berlin ar ei ddychweliad, ond y cam nesaf iddo oedd taith i Baris. Gobeithiai ymweld â Dents a siop Morley, i weld sut le oedd ganddynt. Maentumiai y byddai'n rhatach prynu nwyddau o Baris nag o Lundain.

Yn anffodus i John, fe'i gwelwyd gan gydnabod o'r enw Jim Hughes yn

Rylands, a mynnodd fod hwnnw'n cadw'u cyfarfyddiad yn gyfrinach. Clywodd John gan Edward na fu fawr o gynnydd ar fusnes yn y Bont Bridd. Serch ei siom gobeithiai y deuai pethau'n well erbyn y Nadolig. Diolchodd i'w frawd am beidio ymweld ag o yn Llundain, gan y byddai hynny wedi gollwng y gath o'r cwd go iawn. Parhâi'r tywydd yn ofnadwy, ac ymgollai John a thrigolion Llundain mewn niwl trwchus yn feunyddiol.[4]

Erbyn Rhagfyr 1886 cerddai John strydoedd Paris gan ddilyn map a brynodd am ffranc. Cafodd olwg ar y siopau a'r *Bourse* a synnwyd ef gan rai lluniau anweddus a welodd o'i gwmpas a hefyd gan ymddygiad rhai dynion yn y tai bach cyhoeddus ar y *boulevards*:

> ... *the men come out without finishing their toilet (to use a mild phrase). In some parts there is no covering whatever, nothing but a slab placed in the wall and this is used unblushingly in the open daylight and that in the Champs Elyses [sic]* ...

Ymwelodd â siop fechan Dents a werthai fenig yn unig. Roedd y rheolwr Mr Jones yn ddyn dymunol iawn, a bu o gymorth mawr i John o ran y wybodaeth a gafodd ganddo. Wedyn aeth John i siop Morley i ddarganfod bod y cyfan o'r nwyddau'n dod o Lundain, ar wahân i un math o fenig i ddynion a merched a wnaethpwyd yn Ffrainc. Gyrrwyd nifer ohonynt ganddo i Gairo.

Wedi cwblhau ei fusnes cymerodd John hoe i sylwi ar y Ffrancod. Roeddynt yn dalach ac yn fwy corffog na'r disgwyl ac ambell un yn ysgwyddog iawn. Âi llawer o'r merched a weithiai yn swyddfeydd y ddinas o gwmpas heb hetiau ond gwisgai rhai siôl am eu pennau. Cerddodd at y *Place de la Concorde* ac edmygu'r obelisg, Nodwydd Cleopatra, a tharodd i mewn i adeilad yr Arddangosfa Fawr. Ni allai fforddio'r tocyn dwy ffranc (1/10d.) i fynd i mewn, ond llwyddodd i gael cip ar y tramiau trydanol yn rhedeg, a hynny'n effeithiol iawn.

Ar ôl cael bwyd mewn bwyty Seisnig, lle y tybiai y câi well pryd am ei arian, bodlonodd ar fynd am dro yng ngerddi'r *Tuileries* ar lan afon *Seine*. Ond y peth gorau oedd cerdded o gwmpas gyda'r hwyr i weld *boulevards* eang Paris wedi eu goleuo gan lampau nwy. Roedd y strydoedd yn orlawn o bobl yn mwynhau eu hunain. Dyna olygfa wych oedd mwynhau bwrlwm y ddinas gyda'r siopau yn gyfoeth o aur, arian, gemau, deunyddiau silc gwych a'r ffwr. Roedd yno fasgedi bychain o losin a llond y lle o flodau o bob math.

Wrth gwrs, roedd meddwl John ar yr hyn a ddigwyddai petai'n llwyddiannus wrth gynnig am y cytundebau. Gan hyderu y byddai'n lwcus

gyrrodd ddrafft o gyhoeddiad papur newydd at Edward.[5] Ond yn ôl y
ddihareb roedd John wedi rhoi'r drol o flaen y ceffyl, oblegid ni fu'n
llwyddiannus yn ei fenter. Erbyn 13 Rhagfyr collasai'r mwyafrif o'r
cytundebau. Bu'n ddoeth i gadw'n ddistaw am ei fusnes newydd felly, ond
daliai i fod yn obeithiol.

Yn y cyfamser dibynnai ar Edward i wneud trefniadau i gael gorddrafft
gan y banc a gobeithiai hefyd y byddai Robert – oedd yn dal yn athro yn
Nhal-y-sarn – yn fodlon aberthu ei gynilion o £87, neu £100 pe gallai fforddio
hynny, i'w gefnogi. Bu'n rhaid i Edward atgoffa Robert o hyn yn
ddiweddarach.

Roedd angen llythyr credyd am £50 i Fanc yr Aifft. Gwariai John yn
rhydd rŵan ond roedd yn argyhoeddedig y câi ei arian yn ôl, hyd yn oed pe
byddai'n rhaid iddo werthu ei siâr yntau o 12, y Bont Bridd, i Edward.
Dychmygai ei frawd iau wedi priodi gyda phlant, yn rhedeg y siop fach yn
yr hen dre'n hawdd, ac yn barod i gynnig swydd i'r brawd mawr pe deuai'n
ôl yn waglaw. Wrth gwrs, ceisiai Samuel ei gefnogi o hyd, ac addawodd
weirio Edward gyda'r gair '*Contracts*' ar lwyddiant John.[6]

Er bod John yn llawn cynnwrf ac yntau ar drothwy bywyd newydd,
hiraethai am ei deulu. Beth a feddyliai ei rieni tybed am "baganeiddiwch ac
ariangarwch y lle ariangar hwn"? Oedd, roedd o eisiau gweld ei deulu'n
gyfoethog, ond nid ar draul agweddau mwyaf dwys a christionogol ei
fagwraeth Fethodistaidd lem. Gofynnodd i'w frodyr weddïo drosto yn yr
Aifft lle mai'r unig gyffes oedd:

> 'Gwnewch arian' unrhyw ffordd, mewn ffordd honest a dyna daliff oreu,
> ond gwnewch arian. Ychydig o barch, ddim i foesoldeb nag i
> sancteiddrwydd y Sabbath, ond ymysg cylch bychan o Saeson. Anhawdd
> ydyw cadw mewn ysbryd teilwng o'r Sabbath pan ar un llaw y mae seiri
> coed a cherrig a nod weithwyr eraill yn brysur weithio, ar y llaw arall, y
> masnachdai a'r *offices* yn agored. Yn yr Hotel, diwrnod golchi'r llieiniau a
> chodi *carpedi* ydyw y Sabbath ...[7]

Serch tôn ddifrifol y llythyr uchod roedd y llythyr nesaf a anfonodd o'r
Aifft yn galonogol iawn. Cyhoeddodd ei fod yn disgwyl agor drysau ei siop
ar 1 Ionawr 1887, er nad oedd ganddo lawer o nwyddau i'w harddangos.
'*Lock up*' oedd y siop yn nhu blaen y 'New Hotel'. Talai rent o £100 a hynny'n
ddi-dreth. Cyflogodd brentis – brodor o Armenia – a allai ysgrifennu
Arabeg, Ffrangeg a Saesneg heblaw ei iaith ei hun. "*What would Joseph think
of that, eh?*" meddai wrth Edward.

Collodd gytundebau'r heddlu, ond er llwyddo i sicrhau un arall am '*Boots, great coats, gaiters & tarbooshes*', penderfynodd ei wrthod am nad oedd y telerau'n ffafriol. Mynnent fod popeth yn eu meddiant erbyn 6 Mawrth, ond cymerai rhwng tair wythnos a mis i'w gyrru atynt, a phe cyrhaeddent yn hwyr byddai'r llywodraeth yn cymryd 20% o'r blaendal ac yn gwrthod derbyn y nwyddau. Roedd Samuel yn ffyddiog y câi ei gefnder y cytundeb y tro nesaf. Maentumiodd John, fodd bynnag, y byddai ei delerau ef yn uwch oherwydd y drafferth a achoswyd iddo. Ond serch y manion poenus hyn, aeth ymlaen â'i baratoadau gan ddisgwyl i Edward yrru nwyddau ar unwaith.

Ar droad y flwyddyn newydd gyrrodd John gyfarchion at ei ffrindiau yng Nghaernarfon mewn Arabeg: "*Gaal Allah hzih El sand El gadid allaikom saida*, sef o'i gyfieithu, 'Gobeithio y gwnaiff Dduw hon yn flwyddyn hapus ichi'." Ychwanegodd ei ffrind Fallalah Attala y geiriau mewn Armeneg.

Yn y cyfamser, yng Nghaernarfon, buasai un o'u gweithwyr, Taylor, yn benthyg arian ganddynt. Pan glywodd John am hyn mynnai na ddylid benthyg rhagor iddo, oni ad-dalai'r swm a gawsai eisoes, ac wedyn na ddylid rhoi mwy na £5 iddo am y gwyddai y câi ei afradu ar ddiod.[8] Ni allai'r brodyr fforddio delio â phobl fel hyn gyda menter newydd ar y gweill ac arian mor brin – mor brin, yn wir, nes bod rhaid i John ofyn i Edward ysgrifennu ei lythyrau ar bapur teneuach, gan fod yn rhaid iddo dalu'n ychwanegol arnynt yn yr Aifft.

Taith dymhestlog fu'r un i geisio sefydlu busnes mewn gwlad dramor, a dywedai Edward fod John yn dipyn o ddirgelwch iddo weithiau o ran ei ddulliau a'i ymarweddiad, i fyny un funud ac i lawr y nesaf. Ond siawns nad oedd hynny'n naturiol ac yntau wedi aberthu cymaint i sicrhau llwyddiant y fenter. Ond uwchlaw popeth pwysai John ar Edward i gadw'r gyfrinach.[9]

Ar ôl ei holl drafferthion agorodd John ddrysau ei siop yn nhu blaen y 'New Hotel' ar 6 Ionawr 1887. Roedd ganddo ddau aelod o staff: Alexander, yr Armeniad a grybwyllwyd eisoes, ac Abdoo, llanc o Niwbia. Roedd wedi archebu nifer o nwyddau o'r busnesau yr ymwelodd â nhw yn Llundain a Pharis. Roedd o mewn hwyliau da ac ysgrifennodd at Edward ar 16 Ionawr i adrodd ei hanes diweddaraf gan ei fod yn siŵr y byddai Edward yn awchu amdano.

Bron na allai gredu ei fod yn yr Aifft yn rhedeg siop â'i enw ei hun uwchben y drws, ei fod yn masnachu efo cadfridogion Seisnig, pashas Eifftaidd a swyddogion Ffrengig a bod ganddo Armeniad yn brentis iddo, a llanc croenddu go iawn o Niwbia fel porthor a gwas bach.

Dechreuasai ddadbacio ar 5 Ionawr gan ddisgwyl diwrnod yr agoriad yn eiddgar. Roedd yn rhaid iddo osod y nwyddau allan, a llenwi'r silffoedd ac addurno'r ffenestri. Ond o'r diwedd roedd popeth yn barod. Marciodd y prisiau i gyd mewn piastrau. Ond sut roedd o'n mynd i lenwi'r silffoedd i gyd, a dim ond gwerth £180 o stoc ganddo? Hosanau sidan oedd y rhan fwyaf ohono ac wedi rhoi popeth i fyny roedd y lle'n edrych yn wag a'r silffoedd â golwg adar bach mewn nyth yn disgwyl am fwyd arnynt. Yna cofiodd ei fod wedi archebu llwyth o bapur brown ac felly defnyddiodd hwnnw i lenwi'r silff uchaf gan farcio pob twll gyda'r llythrennau 'P.LL.' (Papur Llwyd)!

O'r diwedd edrychai'r lle yn reit barchus, a'r cyfan oedd rhaid gwneud rŵan oedd disgwyl am gwsmeriaid. Y cwsmer cyntaf oedd gwraig Greene Pasha, Saesnes ddymunol a addawodd bob cefnogaeth i'r fenter. Yr elw ar ddiwedd y diwrnod cyntaf oedd 74 piastr, sef tua 15/4: "*Not very bright was it?*" meddai John yn isel braidd.

Drannoeth addurnodd y ffenestr a chynyddodd elw'r dydd i 530 ps. neu £5/7/0. Galwodd nifer o wŷr bonheddig heibio gan addo cefnogi'r siop yn y dyfodol. Erbyn diwedd yr wythnos gyntaf roedd wedi ennill £40 ac wedi cymryd £10 o archebion. Roedd yn sicr pe bai ganddo fwy o stoc gallai wneud dwbl hynny. Roedd wedi gwerthu pob tei, sgarff a phâr o sanau, rhai meintiau o goleri gan fod rhai cwsmeriaid yn eu prynu fesul dwsin a hanner dwsin ac yn prynu calico mewn un darn ac nid wrth y llathen.

Er bod John yn argyhoeddedig mai peth doeth oedd mudo i'r Aifft, nid oedd y gorwel yn gwbl glir eto. Yn ôl adroddiad yn *Twentieth Century Impressions of Egypt*[10] roedd nifer o anawsterau i'w hwynebu, gan gynnwys y sefyllfa wleidyddol fregus: "*British Manufacturers had little confidence in the future of the country, especially as the policy of the British Government with regard to the duration of the Occupation was so unsettled.*"

At hynny profodd dulliau busnes gorllewinol John yn faen tramgwydd iddo: "*... fixed and fair prices, and rigid observance of Sunday closing brought him into conflict with the customs of the country and led his friends to predict his early failure*".

Serch yr amheuon hyn dyfalbarhau â'i fusnes a wnaeth John, a chredai y byddai'n dda o beth petai Joseph yn ymuno ag ef ar unwaith, gan fod angen mwy o gymorth arno. Roedd yn anodd gwybod pwy y dylid ymddiried ynddynt, felly byddai'n well ganddo dalu £150 y flwyddyn i Joseph na chyflogi dieithryn. Ni chredai John y câi ei frawd bach well cynnig a, serch barn ei ffrindiau, roedd yn hyderus y llwyddai. Amlinellodd ei gynlluniau fel a ganlyn:

1. Joseph i ddod allan i'r Aifft ar unwaith.
2. John i ddychwelyd i Gaernarfon ym mis Mehefin a Joseph i ofalu am y siop.
3. Wedi dychwelyd adref, trosglwyddo'r Bont Bridd yn gyfan gwbl i Edward.

Byddai hynny'n cryfhau ei sefyllfa petai pethau'n mynd o chwith yn yr Aifft. Byddai John wedyn yn cymryd drosodd am yr haf tra bo Edward ar wyliau. Wedyn, ar ddechrau Medi, byddai John yn dychwelyd i'r Aifft gydag ychwaneg o nwyddau. Heriodd Edward i gynnig gwell cynllun na hynny!

Un o'r manteision dros gadw'r siop yng Nghaernarfon oedd bod yr hen dref yn fwy cartrefol o lawer, ac nid oedd rhaid cadw llygad barcud ar y lladron byth a hefyd. Bu'n ffodus na ddygwyd dim hyd yn hyn.

Gweithiai John yn galed iawn yng Nghairo. Codai am saith, a chael brecwast am hanner awr wedi. Gweinai yn y siop o wyth y bore tan amser cinio am un. Yna, byddai'n ôl yn y siop o ddau y prynhawn tan wyth yr hwyr. Ar ôl cael ei swper byddai'n cerdded o amgylch y ddinas tan 9 o'r gloch a byddai yn ei wely ymhen hanner awr. Cadwai'n iach a mwynhâi ei fwyd, ond edrychai ymlaen at fwy o ryddid pe cytunai Joseph i ymuno ag ef. Roedd yn ddiolchgar am air neu ddau gan ffrindiau o'r henwlad, ond nid oedd wedi clywed gan Joseph na Robert ers tro, a chredai fod hynny'n ddifeddwl braidd.[11]

Yn y cyfamser, ceisiai John fod yn gefn i Edward a boenai'n feunyddiol am y gorddrafft. *"Were you compelled to do this or did you do it in order to secure discount?"* gofynnodd John iddo. Pan fu ef ei hun mewn sefyllfa debyg gyrasai siec i ad-dalu rhan o'r gorddrafft gan adael iddynt ddisgwyl am y gweddill. *"Better to lose a little discount than to over draw too much"*. Cynghorodd ei frawd i ddefnyddio'r dull o farcio'r pethau sydd angen eu clirio'n rhad, a'u gosod mewn lle amlwg yn nhu blaen y siop, ac i beidio â phrynu gormod o stoc. Ac os oedd yn rhywfaint o gysur iddo, roedd wedi dod i ben ei dennyn efo'i gyfrif preifat ei hun. Arwyddasai rhai sieciau yn enw'r 'Bryan Bros.' gan ei fod wedi deall bod y cyfrifon i gael eu huno, ond wedyn cymerwyd yr arian o'i gyfrif preifat ei hun. Gofynnodd i Edward ddatrys y mater gan holi a fyddai'n ddiogel i gael £100 arall.

Ar ben ei broblemau ariannol, disgwyliai John o hyd am benderfyniad Joseph. Awgrymai na fyddai ei addysg academig fawr o fudd iddo yn yr Aifft. A beth petai'n methu ei arholiadau eto? Efallai y byddai'n rhaid iddo dreulio dwy flynedd arall hyd yn oed yn y coleg, ac o dan yr amgylchiadau presennol ni ellid fforddio blwyddyn arall at ei gynnal yno. Petai'n ymfudo i'r Aifft gallai ennill £150 y flwyddyn yn syth a gellid arbed y £70 a âi'n uniongyrchol at ei gadw yn Aberystwyth. Ond pwysleisiodd John mai penderfyniad Joseph fyddai hynny. Rhannodd John ei feddyliau ag Edward yn gyntaf achos mynnai wybod ei farn ef am ei gynlluniau. Ond yn fuan wedyn gyrrodd air at Joseph hefyd gan baentio llun go ddu o'r sefyllfa.

Gwerthfawrogai John ei fod yn gam mawr i Joseph, ond ped âi'r fenter i'r wal, John fyddai fwyaf ar ei golled a byddai'n rhaid iddo ddychwelyd i Gaernarfon efo'i gynffon rhwng ei goesau. Ond os llwyddai yna byddai pawb ar eu hennill. Ond yn anad dim byddai'n brofiad bywyd i ddyn ifanc gael dod i wlad mor ddieithr. Roedd John yn ddyn ifanc 31 oed nad ofnai fachu cyfle a mentro – y cwestiwn oedd, a oedd ei frawd iau mor gryf ag ef?[12]

Roedd Joseph wedi dangos diddordeb mewn nifer o yrfaoedd – y weinidogaeth, y gasanaeth sifil, dysgu, ond tan iddo glywed am gynlluniau John nid oedd wedi ystyried swydd fel brethynnwr yng Nghairo, felly byddai'r newid cyfeiriad yn dipyn o her iddo.

Yn ffodus i John, derbyn yr her fu hanes Joseph ac ar 19 Chwefror 1887 safai ar fwrdd yr SS *Plantain* yn barod am y fordaith. Ac fel John o'i flaen llifodd ei deimladau am y cam mawr ohono:

Many and many a time did I when a boy, vow to spend my life in Africa after the manner of Livingstone. What has become of those vows now? We cannot all become noted men like Livingstone. But I do not think that his fame was the great fact about him, but this, the earnest and sincere devotion to the cause he had adopted, his self sacrifice and his desire to do good to his fellow creature and we may partake of this spirit.[13]

Trefnodd John i'w asiant, Mr Edgar Kirby, gyfarfod â Joseph a threfnu popeth drosto. Teimlai'n hapusach hefyd fod gafael Edward ar y busnes yn gwella. Yng Nghaernarfnon gwnaed trefniadau i werthu'r eiddo ym Mur Mathew, lle bu farw eu tad, ac ychwanegodd hynny at elw'r busnes. Trafodwyd cael help i Edward yn y siop, a ffafriai John ferch a adwaenid fel Sally Coedpoeth, merch ddymunol, yn hytrach na rhai eraill na fyddai'n gallu dibynnu'n gyfan gwbl arnynt. Roedd yn sicr y deuai Edward i'r arfer â phrynu stoc yn gyflym iawn.

At hyn, cychwynnodd John gyfres o lythyrau yn *Y Genedl* i gofnodi ei hanes yn yr Aifft. Gobeithiai y byddai'r papur newydd yn cynnig iddynt hysbyseb 10 modfedd amdanynt.[14] Y llythyrau hyn a gyhoeddwyd yn 1908 yn y gyfrol *O'r Aifft*. Ymhlith y pethau mwyaf diddorol ynddynt yw'r rhesymau dros gyfrinachedd John a'i ymadawiad sydyn o Gaernarfon:

Nid aethum yn sydyn o gwbl, cymerwyd misoedd i ystyried y mater, ond cedwais fy nghynlluniau gymaint ag a allwn i mi fy hun, oherwydd gwers a ddysgais oddi wrth brofiad cyfaill i mi. Ychydig flynyddau yn ôl, bwriadai y cyfaill hwn dalu ymweliad â Rwsia. Wythnosau cyn adeg cychwyn, hysbysodd ei gyfeillion o'i fwriad, a mawr fu y siarad a'r sôn ynghylch y peth. Derbyniai lythyrau o bell ac agos i ddymuno ei lwyddiant ... anfonwyd paragraff i holl bapurau newyddion ... Gwnaeth y brawd lawer o baratoadau ... yr oedd popeth yn barod i gychwyn ... pan ddaeth y pellebyr i law yn hysbysu fod y llong yr oedd ef i deithio ynddi wedi cychwyn. Y fath siomedigaeth. Y fath ddymchweliad! Y gŵr oedd gynt yn destyn eiddigedd pawb a'i hadwaenai, oedd yn awr yn destyn eu gwawd a'u jokes diddiwedd ... y fiasco ... nid rhyfedd iddo gymeryd y trên cyntaf i Landrindod er dianc rhag ei boenydwyr didrugaredd. Oddi wrth ei brofiad ef, ceisiais innau ddysgu doethineb, a phenderfynais ... beidio yngan gair wrth neb.[15]

Nodiadau

1. JDB@EDB, 22 Tachwedd 1886, CDB:XM/8322/26.

2. SE@JDB, 18 Gorffenaf 1886, CDB:XM/8322/22.

3. JDB@EDB, 25 Tachwedd 1886, CDB:XM/8322/26.

4. JDB@EDB, 27 Tachwedd 1886, CDB:XM/8322/26.

5. JDB@EDB, ? Rhagfyr 1886, CDB:XM/8322/26.

6. JDB@EDB, 19 Rhagfyr 1886, CDB:XM/8322/26.

7. JDB@EDB, 19 Rhagfyr 1886, CDB:XM/8322/26.

8. JDB@EDB, 20 Rhagfyr 1886, CDB:XM/8322/26.

9. JDB@EDB, 3 Ionawr 1887, CDB:XM/8322/26.

10. Diolch i Mohammed Awad, pensaer o Alexandria, ac arbenigwr ar y ddinas, am ei wybodaeth amdani ac am fenter Davies Bryan, am roi copïau imi o *Twentieth Century Impressions of Egypt*, 1909, A. Wright (gol.), nad yw ar gael ym Mhrydain.

11. JDB@EDB, 3 & 16 Ionawr 1887, CDB:XM/8322/26.

12. JDB@EDB, 24 & 31 Ionawr 1887, CDB:XM/8322/26.

13. JosDB@RB/EDB/Mod. Jane, 19 Chwefror 1887, CDB:XM/8322/26.

14. JDB@EDB, 21 Chwefror 1887, CDB:XM/8322/27.

15. JDB, op. cit., tt. 2–3.

8. Joseph yng Nghairo

Roedd John wrth ei fodd pan gyrhaeddodd Joseph Cairo ar 28 Chwefror 1887. Credai Joseph fod ei frawd hŷn wedi pesgi rhywfaint a'r disgwyl oedd y byddai'n "ddyn mawr tew" erbyn iddo ddychwelyd adref yn yr haf: "Wrth edrych o'r tu ôl prin y buaswn yn ei adnabod; y mae yn dew yn ei war beth bynnag am fod yn war galed."

Buasai nith Madame Couteret, perchennog yr ail westy y symudodd John iddo, yn disgwyl Joseph yn eiddgar, am i John addo y byddai'n chwarae pêl efo hi. Roedd Gwesty Couteret yn gyfforddus iawn, ac yn rhatach na'r Royal. Aeth y brodyr am dro o gwmpas *"West End Cairo"* a meddyliai Joseph fod afon Nîl yn llai eang na'r disgwyl. Ond ni siomwyd ef wrth weld y pyramidiau o bell am y tro cyntaf.

Yn fuan, ymunodd Samuel â nhw, ar ôl bod yng nghwmni Arglwydd Rosebery. Fore trannoeth aethant at y siop a chanfod digon o le i'r stoc newydd: "Yr ydym ein dau yn bur galonog ac yn edrych ymlaen at yr adeg y byddwn yn dyfod yn ôl i Gymru i fod yn aelodau seneddol!! Hwre!"[1]

Wedi treulio rhai dyddiau yn yr Aifft sylweddolodd Joseph yn sydyn fod y lle'n mynd i fod yn gartref iddo. Ni ddifarai ddod i Gairo, ond teimlai ei bod hi'n achau ers iddo adael Cymru. Yn wir, roedd yn anodd credu iddo fod yng Ngholeg Aberystwyth o gwbl. Roedd eisoes wedi ymgyfarwyddo â rhyfeddodau'r Aifft: *"I think nothing of seeing a young gentleman half naked having pulled off some of his clothes to hunt for those little jumping creatures that you are so fond of ..."* meddai wrth ysgrifennu at Edward.

Profodd wynt y *Khamseen*, gwynt poeth sy'n croesi'r Sahara. Ystyr yr enw yw 'hanner cant', a gelwid ef felly am ei fod yn chwythu, yn awr ac yn y man, am gyfnod o hanner cant o ddyddiau rhwng canol mis Mawrth ac wythnos gyntaf mis Mai. Roedd y tymheredd yn 95° yn y cysgod un dydd Iau tua chanol mis Mawrth. Y bore hwnnw argymhellodd John ei fod yn gwisgo singled gwlân *"so that all that day I was in a state of dissolution,* a'r andros yn cosi yn ddidrugaredd". Ond cafodd Joseph beth mwynhad o'r ffaith bod John yn dioddef hefyd.

Yn y cyfamser, yng Nghaernarfon, daliai Edward i boeni am iechyd John a holai'n gyson yn ei gylch. Dywedodd Joseph y byddai'n cyflogi un o'r meddygon brodorol i gadw golwg arno ac y gwnâi wedyn yrru adroddiad at ei frawd hŷn. Cellweiriodd y byddai'n mesur John, os gallai ganfod tâp digon hir i'w fesur, a châi Edward gymharu ei fesuriadau efo'r rhai yn Llyfr y Teiliwr! Ond o ddifri, meddai Joseph wrth Edward, nid oedd dim i boeni amdano, roedd John yn holliach.

Cymerodd Joseph ddiddordeb yn arferion yr Arabiaid a disgrifiodd y broses o waedu unigolion sâl. Torrent y croen eu hunain, neu byddai rhywun yn gwneud drostynt, ac os nad oedd gwellhad, dyna ben ar y creadur! Dyna fu hanes *boab* – porthor – y gwesty. Aeth yn sâl ar y dydd Iau, ac roedd yn gorff erbyn y dydd Gwener. Fe'i claddwyd gyda phob anrhydedd yn ôl yr arfer o fewn pedair awr ar hugain.

Soniodd Joseph hefyd am ddigwyddiad a adlewyrchai natur derfysglyd Cairo ar y pryd. Un nos Sadwrn eisteddai un o berchnogion caffi nodedig, nid nepell o Westy Couteret, yn siarad efo'i ffrindiau pan ddaeth Groegwr i mewn a'i saethu ddwy neu dair o weithiau. Roedd o'n dal dig yn ei erbyn am ryw reswm a dyna'i ddull o ddial ar y gŵr. Dihangodd y Groegwr, a hyd nes y gyrrwyd llythyr Joseph i Gaernarfon, ni fu sôn amdano.

Y diwrnod wedyn – dydd Sul – aethant i'r Eglwys Anglicanaidd yn y bore a'r gwasanaethau Presbyteraidd yn y Genhadaeth Americanaidd gyda'r nos. Roedd y canu yno "[cyn] goched â chanu coch Gaerwen ers talwm" a rhoddai lawer o bleser iddynt. Roedd y genhadaeth hon yn gyfrifol am waith da gyda'r brodorion a'r milwyr.[2]

Tra bod Joseph yn dod i arfer â'r Aifft roedd John wrthi'n ddiwyd yn llunio ei lythyrau at olygyddion *Y Genedl*. Cwynodd am eu hymyrraeth olygyddol â'i waith. Cymerodd ato braidd wedi i Edward ddweud mai fel ffafr yn unig y'u cyhoeddid. Roedd yn rhaid i John ymdrechu'n galed i'w hysgrifennu ac esgeuluso'i ffrindiau wrth wneud hynny. Roedd yn ddig wrth Edward, ac yn ddigalon hefyd, o glywed am y fath beth.

Roedd landlord John dan y lach yn ei lythyr diweddaraf at Edward hefyd: *"He is Greek and like all Greeks a most consumate rogue. He came here the other day and threatened all sorts of things – he danced about like a mad man, shaking his fist in my face."* Gwyliai Joseph ef fel cath. Roedd y Groegiwr am i John gymryd y siop am bedair blynedd ond ni ddymunai ymrwymo'i hun am gyfnod mor faith am fod y siop yn rhy ddrud ac yn rhy fach. Ond nid oedd am adael ar unwaith gan mai'r 'New Hotel' oedd y safle gorau yng Nghairo.³

Daeth haf hirfelyn i Ddyffryn Iâl yn 1887 a mwynhaodd John bob munud ohono tra bo Joseph yn edrych ar ôl y siop. Heddiw, yn ystod hafau chwilboeth Cairo, mae'n rhaid cael dwy gawod y dydd i deimlo'n gyfforddus yno – ond yn 1887 doedd gan Joseph ddim amser i'r fath foethusrwydd ac felly chwysodd gryn dipyn yn ei siwtiau gwlân.

Erbyn mis Medi llaciodd yr haul ei afael ar y dynionach ryw fymryn, a threuliai Joseph ei amser rhydd yn gwylio'r twristiaid yn cerdded heibio'r siop: *"dressed in the patent oriental tourist style helmet, filigaree &c. Quite comfortable, but they are very few and I have derived no benefit from them as yet."*

Teimlai gymysgedd o hiraeth a dicter yr haf hwnnw, hiraeth am nad oedd gartref, fel John, a dicter am nad ymddangosai fod rhai o'i ffrindiau yn ei golli cymaint ag yr oedd o'n eu colli nhw. Aeth am dro gydag Alexander gyda'r hwyr: *"... to the tombs of the Caliphs and there were tombs lying open with skulls, thigh bones, arm and leg bones &c, &c, to be concealed by the dozen ... it is not a cheering sight ..."*

Ystyriodd hefyd ddelweddau'r Beibl wrth sylwi ar yr ychen efo'u harneisi trwm o gwmpas eu hysgwyddau. Daeth adnod i'w feddwl: *"Take my yoke upon you, for it is light."* Yna meddyliodd am offerynnau cerdd yn y Beibl a'u cymharu â'r rhai cyfoes.

Un diwrnod manteisiodd ar y cyfle i ddringo 'Alpau'r Aifft', sef bryniau Mokattam, gan gropian trwy'r tywod meddal. Ar ôl chwarter awr cyrhaeddodd y copa i gyfarch y tad mawr Phoebus. Safai yno'n crynu gan edrych i lawr wyneb unionsyth y graig o uchter o 'fil o fodfeddi'! Draw i'r Dwyrain:

> *... lay the wilful Nile Goddess seizing in her grasp a thousand acres and extending like Beelzebub in Paradise Lost, over many a mile. The road to the pyramids flanked by trees, monuments of pride seemed for all the world like a fairy bridge over a mighty river.*⁴

Ddiwedd Medi dychwelodd John i'r Aifft ac ymysg y pethau mwyaf diddorol am ei lythyrau yw ei ddisgrifiadau o'i gyd-deithwyr ar y llong. O blith yr ugain o deithwyr cyfarfu â Mr Buys Badallet, gemydd o Gairo. Ystyriodd John fynd yn bartner iddo ar un adeg. Roedd ei siop gyferbyn â'r gwesty enwog Shepheard's ychydig o ddrysau o Westy'r Couteret, a'i fusnes yn llwyddiant mawr ymhlith Prydeinwyr yr Aifft.

Gwelodd John Ei Ardderchowgrwydd Nubar Pasha, Prif Weinidog yr Aifft, hen ddyn clyfar iawn ac yn ddwyreiniol o ran ei foesau, ei wleidyddiaeth a'i gymdeithasu. Er hynny, yn union fel gŵr bonheddig o Loegr, gwisgai drowsus llwyd, crys a gwasgod wen, côt laes ddu, coler syth a thei 'regent' tua modfedd o led, a het glerigol efo cantel llydan. Roedd ganddo fwstás gwyn, ond fel arall roedd ei wyneb yn lân. Person distaw ydoedd a gadwai ei gwmni ei hun. Smociai'n gyson a darllenai nofelau Ffrangeg; yn wir, dyna'r cyfan a wnâi. Nid âi am dro byth, ond roedd yn gwrtais iawn i'r sawl a sgwrsiai ag o. Tybiai John ei fod yn debyg i Bismark, ond nid oedd ganddo mo'r ynni na'r brwdfrydedd a berthynai i hwnnw.

Sylwodd ar y Siapaneaid a ddychwelai o Loegr. Roeddent wedi mabwysiadu dulliau Seisnig yn gyflym iawn; siaradent Saesneg, gwisgent fel Saeson chwaethus, darllenent lyfrau Saesneg ac yfed cwrw Seisnig. Mewn gair, oni bai am eu hwynebau dwyreiniol byddai rhywun yn taeru mai Saeson oeddynt. Roedd y ferch yn y parti yn gweddu i'r wisg Seisnig yn ardderchog; doedd dim yn rhyfedd yn y cyfuniad. Rhybuddiodd y byddai'n rhaid cadw llygad ar y Siapaneaid rhag iddynt achub y blaen ar y Prydeinwyr.

Wedyn trodd ei sylw at y Ffrancod. Daethai i arfer â nhw'n raddol; roedd eu gwisgoedd a'u dull o fyw yn symlach nag a feddyliasai. Doedd y merched ddim hanner mor grand eu gwisg â phe baent yn Seisnig (neu Gymreig). Roedd yr un peth yn wir am y dynion a hoffai eu hysbryd rhydd. Sylwodd hefyd mai rhyw dair geneth dlws oedd ar y bwrdd a dwy o'r rheiny'n Saeson. Yr oedd yr un peth yn wir am y dynion, ac "yn harddach o lawer na'r Ffrancod". Roedd y Saeson yn ddymunol iawn hefyd a hyd yn oed yn y trydydd dosbarth roeddent yn dal, yn lân ac yn fonheddig eu dulliau ac arferion.

O'r diwedd, dacw Alexandria ar y gorwel a thaniwyd nifer o ynnau o'r lan i groesawu Nubar Pasha yn ôl.[5]

Croeso go anghynnes a gafodd John ar ei ddychweliad. Canfu nifer o chwyddau ar rannau gwahanol o'i gorff a achoswyd gan chwain traeth. Roedd mor anghyfforddus fel y gyrrodd lythyr at Edward yn ei siarsio i alw gyda Dr Wintons i archebu siwt haearn iddo. Rhaid iddi fod o'r haearn gorau, o wneuthuriad cain iawn, gyda'r sylw mwyaf yn cael ei dalu i'r cymalau, a oedd i fod mor garedig fel na allai hyd yn oed anadl boneddiges fynd drwyddynt. Dylai fod yn siwt i'r corff cyfan o fodiau ei draed hyd at *"the Snowdonian eminence of my nose"*. Dylid ei gorchuddio â haearn gwn a byddai'n anadlu trwy bibell rwber wedi ei chlymu i'r helmed. Bwriadai gysgu ynddi hefyd. Tan hynny cysgai yn ei ddillad ar rai o'r diwrnodau poetha'r flwyddyn pan oedd Cairo fel *" Turkish bath!"*

Ar wahân i'r mater anghyfforddus hwn, roedd John yn falch iawn o ofal Joseph o'r siop. Y cam nesaf oedd chwilio am gartref parhaol. Canfu ystafell fawr yn 'Maison Soufy Pasha'. Roedd yno ddau wely, digon o le i barlwr bach a chaent ddefnyddio parlwr arall efo ffenestri llydan, balconi mawr braf ac ystafell ymolchi. Roedd grisiau marmor trawiadol iawn yn y tŷ. Y gost i gyd, gan gynnwys bwyd a chael eu dillad wedi'u golchi, oedd £16 (y mis, mae'n debyg), £3 llai nag a dalent yn y Couteret. Almaenes a gadwai'r lle, a siaradai Ffrangeg a Slafoneg yn ogystal â'i hiaith ei hun.

Ynghanol yr holl drefniadau hyn bu bron i John anghofio talu rhent mis Hydref am y siop. Poenai ynghylch adwaith ei landlord, Monferratte, gan ei fod yn ddyn mor gas. Ond yn y diwedd roedd popeth yn iawn, gyda dwy bunt dros ben, meddai Joseph.[6]

Erbyn mis Tachwedd roedd John yn awyddus i gael hanes Robert. Os bwriadai fynd yn fyfyriwr i Aberystwyth, pryd yr ai? Roedd yn debyg mai'r busnes a'i cynhaliai yno ac roedd John eisiau syniad o'r costau arfaethedig.

Ymwelsai nifer o Gymry â'r brodyr Davies Bryan yn ystod y cyfnod hwn gan gynnwys W. S. Jones a W. O. Jones o Gorwen a'r Parch. Charles Griffiths o dde Cymru. Aeth John a Joseph â nhw i'r anialwch i Sakkarah, er mwyn gweld y Pyramid Stepiau, un o adeiladau hynaf y byd. Yna dringasant Cheops, y pyramid mawr, a chanu *Hen Wlad fy Nhadau* ar y copa.[7]

Cynyddai diddordeb Joseph ym mywydau brodorion yr Aifft yn feunyddiol. Mwynhâi hanesion difyr ei gwsmeriaid. Ymhlith eu cwsmeriaid brodorol roedd un a gadwai siop yn ardal hynaf y ddinas. Un dydd Iau prynodd rhai o gyllyll Roger, gan ailymweld â nhw i brynu rhagor wedi iddo lwyddo i werthu rhai. Daethai un o'r Fellah ato i brynu cyllell a siomwyd ef gan ansawdd y rhai brodorol a'r rhai Ffrengig. Profodd fin y gyllell drwy ei thynnu dros ei fawd. Gwarthus, meddai! Gofynnodd am un Seisnig a dangoswyd rhai Roger iddo. Aeth y Fellah yn ei flaen i roi prawf ar y gyllell yn erbyn ei fawd pan – "Och!" – bu yno floedd a diawlio heb ei ail. Taflodd y gyllell i lawr a rhedeg o'r siop yn gweiddi ar i'r Duwiau ddial ar y gwerthwr. Pam? Am iddo dorri rhan o'i ewyn a phen ei fawd i ffwrdd! Argyhoeddai hynny ef yn llwyr o wneuthuriad arbennig nwyddau Seisnig.[8]

Bu Nadolig cyntaf Joseph yn yr Aifft yn un rhyfedd iawn. Roedd ei feddwl yn llawn atgofion am fynd i Park Mine ac i Lanarmon neu gerdded i Fwynglawdd i ddisgwyl John neu Samuel. Cofiai hefyd am daith ei dad i Wrecsam ychydig ddyddiau cyn yr ŵyl. Rhoddai ei atgofion gryn bleser iddo yn awr, fel y gwnâi llythyrau ei frodyr o'r henwlad. Byddai Robert yn ymweld â'i ffrindiau, Lizzie a John Edmunds, ym Mron Dirion dros yr ŵyl a dihangai Edward i Fanceinion ar fusnes (via Lerpwl, mae'n debyg). Ond meddyliodd Joseph mai tipyn o ffars oedd y Nadolig yn yr Aifft.

Roedd y tywydd yn amhriodol i ddechrau, tywydd hafaidd mwyn a ysgogai rywun i fynd am dro ger nant i ddarllen nofel! Beth oedd y pwynt o gael gŵydd a phwdin eirin, oni fyddai modd ymgasglu o flaen tân cynnes i gracio cnau a jôcs bob yn ail? Doedd ganddyn nhw ddim lle tân yn yr Aifft. *"And how can we ask a young lady to come and all her fate predicted by nuts placed between the bars of a hot grate?"* Roedd hen arferion yr Ŵyl yng Nghymru, fel ceisio dal afalau mewn powlen o ddŵr dannedd â'u dwylo wedi'u clymu y tu ôl i'w cefnau, yn abswrd yn yr Aifft! Nid oedd lle i Nadolig Sir y Fflint na Sir Ddinbych yno. Syniad yr Eifftiwr am Ddydd Nadolig oedd eistedd ac ysmygu mewn caffi efo'i ffrindiau a chwarae cardiau, dis neu dominos.[9]

Ym mis Chwefror 1888 roedd gan John newyddion diddorol i Edward. Roedd si ar led bod Shepheard's wedi prynu 'New Hotel', lle roedd siop John a Joseph, a hyderai y byddai sefyllfa'r Brodyr Davies Bryan yng Nghairo yn gwella'n arw. Gwnaethpwyd cynnig am siop Cordier a oedd deirgwaith maint eu siop bresennol ac a werthai rai o'r un nwyddau. Pe ymadawai Cordier byddai hynny'n golygu llai o gystadleuaeth i John.[10]

Ddeufis yn ddiweddarach roedd gan John dipyn mwy o hyder, a rhoddodd gynnig gerbron Edward. Ar sail yr hysbysiad a ymddangosodd yn *Y Genedl* ar 11 Ebrill gellir casglu y bwriadai yntau ei dderbyn. Cyhoeddai Pierce & Williams fod:

> Mr. Edward Bryan o'r Brodyr Parchus, y Mri. Bryan, Bont Bridd, Caernarfon ... wedi derbyn gwahoddiad oddi wrth ei frawd, yr hwn sydd mewn masnach dra llwyddiannus yn Ninas Cairo, Gwlad yr Aipht, i ymuno âg ef yno yn ddioed ...

Trwy drefniant cyfleus prynodd Pierce & Williams hen stoc y Brodyr Bryan a'i drosglwyddo i'r Afr Aur:

> ... Yn awr mae'r stoc werth dros 1700p ... *French merinoes, Cashmeres, Beiges, Serges, Silks, Satins, Plushes, Velvets, Jackets, Mantles, Ulsters, Hats, Bonnets, Silk Handkerchiefs, Hosiery, Gloves, Umbrellas, Flowers, Feathers. Hefyd Calicos, Stockings, Blankets, Flannels, Shirtings, Skirtings, Crettonnes, Curtaining &c ...*[11]

*

Roedd Robert bellach yn fyfyriwr yng Ngholeg Aberystwyth ac yn lletya yn 30, Stryd y Frenhines. Tua chanol Ebrill adroddodd Robert wrth Edward fel yr oedd wedi mwynhau taith ddymunol i gymanfa leol efo Miss Clayton, cariad Joseph. Yn anffodus cyraeddasent yn rhy hwyr i'r gymanfa, ond gobeithai fynd i'r sasiwn wedyn. Disgwyliai y byddai Edward yn dod i lawr i'r athletau a'r cyngherddau.

Treuliodd Robert weddill y llythyr yn cwyno'n ddybryd am ymddygiad L–, perthynas i'r teulu o Goedpoeth, yr aethai i'w gynorthwyo yng Nghaernarfon. Ceisiasai'r ferch helyntus greu trafferth yn y teulu efo'i straeon a'i chelwyddau, yn enwedig efo Miss Clayton. Credai Robert ei bod hi wedi mynd trwy bethau Miss Clayton am y gwyddai am fodolaeth mwclis a gafodd Miss Clayton yn anrheg gan Joseph. Dywedai L– fod ei chwaer wedi sôn wrthi am y mwclis. Tybiai Robert ei bod yn dweud celwyddau, a phan ofynnodd i'w chwaer am y mater, ni wyddai hithau am fodolaeth y gemau o gwbl. Ond yn waeth na hynny roedd hi wedi bod yn lladd ar Edward y tu ôl i'w gefn: *"She has been running you down to Miss Clayton and at another time hinting that there was something in the rumour that you were to marry her – consisent is she not."* Ond y gwaethaf oll o bechodau L– oedd y pethau a ddywedasai yn erbyn y diweddar Elinor Bryan, ac o gofio pa mor agos oedd Robert at ei fam, doedd dim rhyfedd ei fod o wedi siarsio Edward i fod yn wyliadwrus.

Yn ogystal cafodd Edward gyfarwyddiadau manwl gan John ynglŷn â sut i gau pen y mwdwl ar y busnes yng Nghaernarfon. Dylid talu'r dyledion i gyd a chasglu dyledion cwsmeriaid. Yna dylid dod i benderfyniad am ddyfodol 28 Segontiwm Terrace, a Modryb Sarah, a fu'n byw yno efo Edward a Robert am rai blynyddoedd. A byddai'n rhaid iddo benderfynu pryd i gychwyn am yr Aifft.

Ar y cyfan roedd John yn arbennig o hapus efo trefniadau Edward, a dymunodd yn dda i G. Elwyn Jones, gweithiwr o siop y Nelson, a fyddai'n rhentu eu siop yn y Bont Bridd, gan obeithio y gallai ennill bywoliaeth yng Nghaernarfon. Nid oedd gobaith gwneud mwy yno hyd nes y deuai adfywiad i'r dref.

Yn sgil cwynion Robert am eu perthynas 'L–', barn John amdani oedd pe bai hanner y pethau a ddywedai Robert yn wir, yna ni ddymunai ei gweld yn Segontiwm Terrace pan ddychwelai yn yr haf, a gresynai fod y fath dueddiadau yn y teulu. Gallai Modryb Sarah ymdrin â'r mater fel y mynnai.[12]

Ar ôl Dydd Gwener y Groglith trodd John ei sylw at ferch arall. Roedd yn amlwg bod Edward wedi gwneud awgrymiadau y dylai rhyw ferch arall – ei gariad efallai? – symud i'r Aifft efo nhw. Ateb cysáct John oedd, *"No, decidedly no"*. Pwy bynnag oedd hi nid oedd John am ei gweld hi'n tywyllu grisiau marmor *Maison Soufy Pasha* am nifer o resymau.

Yn gyntaf byddai'n rhaid i Edward brynu tŷ i'r ferch. Yn ail nid oedd yno fawr o gymdeithas i ferch sengl, a phe digwyddai gael ei tharo'n wael, pwy a'i thendiai? Roedd yr hinsawdd yn anodd iawn i ferch ddi-briod ac yn siŵr o achosi cryn drafferth iddi. At hynny, credai Joseph y dylai wneud lle i ferch arall – Miss Clayton efallai? Credai John fod y ferch wedi bod yn plagio Edward a Modryb Sarah i gael dod i'r Aifft. *"Aren't we brutes!"* meddai John. Addawodd ddweud ei feddwl yn blaen wrth Modryb Sarah ar y mater. Teimlai Edward fod John fymryn yn galed wrth awgrymu y dylai ddod i'r Aifft ar ei ben ei hun, ac felly awgrymodd John i Edward fod croeso iddo ddod â *gwraig* efo fo – os teimlai mor gryf â hynny ynglŷn â'r ferch.[13]

Pan ysgrifennodd Samuel at Edward ar ddiwedd Ebrill ni chafwyd unrhyw sôn am ferched, dim ond llongyfarchiadau am y trefniant yng Nghaernarfon. Trafododd ddyfodol Camddwr, ac nid oedd yn erbyn gwario rhwng £60 ac £80 i'w wneud yn gyffordus. Awgrymodd i Edward y dylai gael profiad o fyd busnes Llundain cyn cychwyn am yr Aifft, gan y byddai ei brofiadau yng Nghaernarfon yn ddiwerth am fod cwsmeriaid Cairo yn wahanol i rai y Bont Bridd; boneddigion oedd mwyafrif y rhai a wariai eu harian yn Regent Street a'r West End. Po fwyaf y gallai Edward ddysgu am fyd y bonedd, yna mwyaf oll ei siawns o lwyddo yng Nghairo.[14]

Bu John yn hel atgofion am ei brofiad o gadw siop yng Nghaernarfon. Yn ystod cyfnod o wyth mlynedd gwnaethant elw o £1,900. Doedd hynny ddim yn arwydd o fywyd bras, nag oedd? Byddai'n cymryd peth amser iddynt ddod yn filiwnyddion. Gobeithiai fod gwell profiadau o'u blaenau ac, o feddwl, y mae'n sicr iddynt wneud yn well na phump o bob chwech o frethynwyr Caernarfon. Ei gyngor i Edward oedd i fwynhau ei hun tra medrai, oherwydd ni fyddai ei fywyd cymdeithasol hanner cystal yng Nghairo. Ni cheid yno dim te na swper cynnes, dim sgyrsiau cyfeillgar na phicnics chwaith![15]

Ffarwelio â Chymru fu hanes Edward yn haf 1888. Llanwodd lyfr cofnodion â chyfarchion gan ffrindiau fel S. Maurice Jones, ei gymydog o 18 Segontiwm Terrace, a dynodd lun trawiadol iawn o Gastell Caernarfon; Llew Llwyfo a W. Gwenlyn Evans, y newyddiadurwr a gyfansoddodd englynion iddo; y Parch. John Davies Nercwys a ysgrifennodd lythyr ato. Cafodd lawysgrif gan John Jones, Tal-y-sarn; darn gan Alafon; cyfieithiad gan Anthropos; cerdd ar Gymru a'r Degwm gan John Parry'r Plas a cherdd o'r enw "Beth sydd oreu?" gan neb llai na'r pregethwr, y dilledydd a'r nofelydd enwog Daniel Owen:

Ai arian ai clod sydd oreu – i ddyn?
Wn i ddim, ond diau,
Na bod yn ôl, mae'n olau –
Gwell i ddyn golli y ddaw.[16]

Fis Gorffennaf 1888 cychwynnodd John am Gymru. Ysgrifennodd Joseph at Edward i ddweud nad oedd John ddim hanner da cyn mynd gan ei fod wedi dal annwyd, a aethai i'w wddf. At hyn rhoddodd Joseph gynghorion i Edward ynglŷn â'r wraig hŷn ddi-enw, y buasai'n llawn teimlad wrth ffarwelio â hi yn Lerpwl:

I should like to point out to you that the effect of such a parting as you have contemplated will be most hurtfull on your nature. You have now a warm loving heart ... Check its outpouring, blast its pure noble yearnings and you will do yourself such an injury that time itself can never cure. What tho she be some baffling years your senior? Has she not those qualities in her that will last and be the joy of your life? Take care my brother and do not let your caution in worldly matters destroy your life long happiness. For I conclude that your great objection to bringing her out here is your desire to obtain for her a secure and comfortable home. If your objection is that she is too old, then let me tell you, Mr. Ed, that you do not and have never loved her.

Ar fater arall, clywodd Joseph na chawsai Robert ysgoloriaeth i fynd i Aberystwyth. Sylwodd wrth edrych ar restr yr ymgeiswyr llwyddiannus mai enwau Seisnig oedd ganddynt gan mwyaf, yn enwedig tua'r brig.

John Davies Bryan.

Gofynnodd iddo a oedd yr hen ddrwgdeimlad yn erbyn y Gymraeg yn dal yn gyffredin yn y coleg.[17]

Ganol mis Medi prysuodd John ac Edward i drefnu ffarwél â phobl Caernarfon. Yn Eglwys Engedi tynnwyd llun y plant wedi iddynt orffen bwyta cant o fyniau a gawsant yn rhodd gan John. Buont wrth eu bodd yn eu bwyta a mwynhaodd pawb yn fawr. Dridiau'n ddiweddarach daeth cyfeillion at yr orsaf i ffarwelio â'r brodyr. Ymadawsant mewn bwrlwm o hwyl a chyffro gydag addewidion am ffyniant gwych yn y dyfodol.

Ymhen pythefnos roeddynt yn yr Aifft. Gyrasant lythyrau difyr am eu hanes yno a thrafodent eu cynlluniau mawr am y dyfodol. Ac yna, aeth John yn wael. Rhuthrwyd ef i ysbyty Deaconesses yng Nghairo, lle cafodd driniaeth gan dri o brif feddygon yr Aifft. Roedd yn dioddef o'r dwymyn fraenol ac edrychai'r gorwel yn ddu iawn. Ac ar 13 Tachwedd 1888, wyth wythnos yn union i'r diwrnod yr ymadawsant â Chaernarfon, bu farw John ym mreichiau Joseph yn 33 oed.

Mynegodd Robert ei alar yn ei gerdd 'Blaengân':

O gwae i'r gwelw las ei liw
Delori alaw yn eu clyw,
A galw rhai o dro i dro
i'w ddilyn draw i dramor fro,
Dim ond tri
Yn dyrchu cri,
Erys yno'n dwyn eu byd
Ym mro y brwyn o'r teulu clyd.

Dwy wennol hudol heibio ddaeth,
Dan wanu'r awyr megis saeth,
A chododd dau ehedydd bach
I'w dilyn tua'r dehau iach,
Dim ond un,
Ar ei ben ei hun
Yno'n awr, ar aden wan,
Ehed dan ganu fry i'r lan.[18]

Ysgrifennodd Henry Williams y gerdd 'Adgof Hiraeth' er cof am John. Mae llun ohono, ym mlodau ei ddyddiau, uwchben y gerdd. Mab ei fam oedd o, o ran ei wedd, yn dywyll, yn dawel ac yn foneddigaidd. Yng ngeiriau Williams:

Gloew ydoedd ei gymeriad,
Fel y nant
Rhoddodd oes o lafur cariad
Gyda'r plant; …

Dyn elusengar a gweithiwr diymhongar a allai fod yn siriol a sobr:

Calon onest adlewyrchai
yn ei wedd,
Rhagrith brad o'i wydd a gilia,
Carai hedd …[19]

Ategwyd y darlun gan W. A. Lewis yn ei erthygl enwog am y brodyr Davies Bryan yn *Y Ford Gron*, ond crisialwyd ei gymeriad yn derfynol yn *Y Goleuad*:

Yr oedd yn gymeriad ardderchog – cyfan ymhob ystyr – yn ddirwestwr aiddgar, Rhyddfrydwr cyson, yn Gymro gwladgarol, ac uwchlaw y cyfan, yn Gristion gweithgar. Amlygir y cydymdeimlad dyfnaf â'r brodyr sydd ar ôl, oedd yn edrych arno bron fel eu tad …[20]

NODIADAU

1. JosDB@EDB, 28 Chwefror 1887, CDB:XM8322/26.

2. JosDB@EDB, 21 Mawrth 1887 CDB:XM8322/26.

3. JDB@EDB, 9 Mai 1887 CDB:XM/8322/28.

4. JosDB@JDB/EDB, 26 Medi 1887, CDB:XM8322/26.

5. JDB@EDB, 29 Medi 1887, CDB:XM8322/26.

6. JDB@EDB, 4 Hydref 1887, CDB:XM8322/26.

7. JDB@EDB, 14 Tachwedd 1887, CDB:XM8322/26

8. JosDB@EDB/RB, 20 Tachwedd 1887, CDB:XM8322/26.

9. JosDB@EDB/RB, 19 Rhagfyr 1887, CDB:XM8322/26.

10. JosDB@EDB/RB, 18 Chwefror 1888, CDB:XM8322/26.

11. *Y Genedl Gymreig*, 11 Ebrill 1888, y dudalen flaen.

12. RB@EDB, 14 Ebrill 1888, CDB:XM/8322/29; JDB@ EDB, 15 Ebrill 1888, CDB:XM/8322/26.

13. JDB@EDB, ar ôl Dydd Gwener y Groglith, 1888, CDB:XM/8322/26.

14. SE@EDB, 29 Ebrill 1888, CDB:XM/8322/22.

15. JDB@EDB, 6 Mai 1888, CDB:XM/8322/26.

16. Llyfr Cofnodion, EDB, CDB:XM/8322/56.

17. JosDB@EDB, 15 Gorffenaf 1888, CDB:XM/8322/26.

18. Marwnad JDB – *Y Goleuad*, 6 Rhagfyr 1888; W. A. Lewis, op. cit.; RB, *OC*, t. ii.

19. CDB:XM/8322/80 – gyda rhifyn o'r *Sphinx*, cylchgrawn tebyg i *Tatler*. Deuai Henry Williams yn frawd-yng-nghyfraith yn nes ymlaen.

20. W. A. Lewis op. cit.; *Y Goleuad*, op. cit.

9. 'Davies Bryan & Co.'

Felly, roedd eu hangor, John, wedi mynd. Newydd ddyfodiad i'r Aifft oedd Edward a serch profiad Joseph doedd pethau ddim yn argoeli'n dda ar gyfer dyfodol y busnes. Beth roedden nhw'n mynd i'w wneud heb John? Wrth gwrs byddai Samuel yn gaffaeliad tra gallai, ond roedd ef eisiau canolbwyntio ar ddatblygu ei yrfa ei hun, ac mae'n bosib na fyddai'n aros yn yr Aifft. A fyddent yn rhoi'r ffidil yn y to ac yn dychwelyd i Gymru ynteu a oeddent am wireddu breuddwydion John?

Dywedodd W. A. Lewis amdanynt: "Ni adawsant i fasnach gael y llaw uchaf arnynt. Ni chollasant eu henaid ym merw byd ynghanol ysblander llwyddiant materol. Cadwasant eu golwg yn ddifeth ar ddelfrydau gorau bore oes".[1]

Buasai bywydau eu rhieni a bywyd John ei hun yn sylfaen gadarn ac yn esiampl dda iddynt ar gyfer adeiladu bywyd triw a chywir. Tynasai Capten Bryan blwm o'r ddaear hyd yn oed yn y tywydd gwaethaf, gofalasai Elinor Bryan am bawb o'i chwmpas ar draul ei hiechyd ei hun, a sefydlasai John fusnes llewyrchus, serch ambell lyffethair. Yn wir dyfalbarhau wnaeth "y teulu mad", chwedl Robert, ers ei gychwyn yn 1851.

Felly eu bwriad pennaf oedd rhoi cynlluniau John ar waith. Byddai Edward yn aros yng Nghairo, gan fod y siop honno eisoes ar ei thraed, ac yntau'n ddi-brofiad, ac âi Joseph i Alexandria i sefydlu cangen newydd yno. Wrth gwrs, pe byddai John wedi goroesi, mae'n debyg y byddai wedi symud rhwng y ddwy siop fel rhyw fath o arolygydd. Ond doedd John ddim yno, ac felly er cof amdano rhoddodd Edward a Joseph yr enw 'Davies Bryan & Co.' yn ffurfiol ar y cwmni. Rhoesant y Faner Goch efo'r Faner Brydeinig yn y gornel a'u henw'n fawr ac yn fras ar bapur ysgrifennu personol y cwmni yn arwydd o hyder newydd y brodyr i barhau i fasnachu yn yr Aifft.

Wedi talu costau angladd John roedd £864–7s.–3d. yn weddill ac fe gynrychiolai'r rhan fwyaf o'r swm hwnnw ran John yn siop y Bont Bridd a'r siop yng Nghairo.[2]

Fis yn union wedi marwolaeth John, ar 14 Rhagfyr 1888, dechreuwyd hysbysebu'r siop newydd yn yr *Egyptian Gazette*. Dilynwyd cynllun John i'r gair gydag Edward yng Nghairo a Joseph yn Alexandria. Hysbysebwyd y cwmni hefyd trwy gyfrwng posteri, er nad oedd hyn yn arferiad ymysg yr Eifftwyr. Yn wir, Edward oedd yn gyfrifol am gyflwyno *'bill posting'* i'r wlad. Gan ei bod yn broses mor newydd, roedd yn rhaid iddo fynd o amgylch efo'r bechgyn a gyflogwyd, rhag ofn i rywun ymosod arnynt wrth wneud rhywbeth mor rhyfedd â gosod poster i fyny.[3]

Roedd yn rhaid gofalu am anghenion ariannol Robert hefyd. Aethai i Aberystwyth wedi'r cyfan, heb ysgoloriaeth, a bu yno am bedair blynedd yn astudio ac yn cymryd rhan yn y Gymdeithas Lenyddol yn ogystal â chwarae rhan flaenllaw yn y Gymdeithas Gerdd.[4]

Yn yr Aifft bu Joseph yn ffodus iawn i gael adeilad hardd iawn yn Rue Cherif Pasha. Yn ôl y sôn, perchennog yr adeilad oedd Khedive Abbas Hilmi II – un o brif lywodraethwyr yr Aifft. Adnewyddwyd yr adeilad gyda chymorth y

Hysbyseb Davies Bryan & Co.

pensaer Robert Williams, a awgrymodd y dylid ailaddurno'r tu blaen gyda gwenithfaen o Aberdeen a 'doulting freestone' o Wlad yr Haf.[5]

Daliai'r siop yng Nghairo i ffynnu yn ei safle gwych nid nepell o Shepheard's. Roedd drysau Davies Bryan a'i Gwmni'n agored i ymwelwyr o bob rhan o'r byd efo'u prisiau gosodedig a'u croeso cynnes Cymreig.

Roedd yr Aifft yn lle ffasiynol iawn yn y cyfnod hwn a llwyddodd Thomas Cook a'i Fab i ddenu miloedd yno. Yn ôl rhaglen *The Tourist* [BBC, 14 Ionawr 1996]: "Their brown mahogany offices with their whirring fans and brass teller cages were landmarks of every imperial city." Trowyd y ddelwedd o "paddling up the Nile with Oxford Marmarlde and *The Egyptian Gazette*" yn realiti i'r rhai a allai ei fforddio. Cynorthwywyd busnes Davies Bryan a'i Gwmni, ynghyd â chwmiau eraill, gan ledaeniad cyffredinol yr Ymerodraeth Brydeinig, a chan ddyfodiad y llongau stêm, y rheilffyrdd, megis rheilffordd Cecil Rhodes o Gairo i Cape Town, a chyfathrebu teligraffig. Hefyd gwnaethai gwasanaethau fel yr 'Imperial Parsel Post', a ddechreuwyd yn 1885, gyfathrebu â llefydd fel Awstralia, yn llawer haws. Ni chymerai'r post bellach ond wythnosau i gyrraedd, yn lle misoedd fel y byddai tua hanner can mlynedd ynghynt. Dim ond naw mlynedd ynghynt y dymchwelwyd Alexandria gan Brydain, ond bellach fe'i hystyrid yn borthladd Prydeinig.[6]

Erbyn 1889 roedd Robert yn byw bywyd gweddol gyfforddus ymysg 'Y Pethe' yn Aberystwyth. Roedd yn hollol amlwg bellach na fwriadai chwarae unrhyw ran ym musnes Davies Bryan a'i Gwmni, a'i fod wedi rhoi ei fryd ar dorri ei gŵys ei hun yn nhir diwylliannol Cymru. Ac er y byddai'n hawdd ensynio bod Robert yn byw'n fras ar gefn gwaith caled ei frodyr yn yr Aifft, ni welais ddim byd i awgrymu bod Edward a Joseph yn genfigennus ohono nac yn dal dig yn ei erbyn. Yn wir, roedd y ddau frawd yn ddigon diwylliedig i sylweddoli gwerth cyfraniad Robert i fyd y celfyddydau yng Nghymru a pharhaodd y ddau i ymfalchïo yn ei ymdrechion.

Prysurodd Robert i gyfansoddi cerddoriaeth i *Owain Glyndŵr*, drama gan Beriah Gwynfe Evans, rheolwr *Y Genedl*. Fe'i hysgrifennwyd yn sgil arwisgiad Tywysog Cymru ac fe'i cyhoeddwyd yn ddiweddarach mewn llyfr ynghyd â darluniau gan S. Maurice Jones.[7]

O 1892 ymlaen cyfrannai Robert yn helaeth i'r cylchgrawn *Cymru* a olygid gan ei gyfaill agos, O. M. Edwards.[8] Mae hyd ei gofnod yn y mynegai yn brawf o hynny. Cyfeiriais eisoes at farddoniaeth Robert, ond rhydd ei gyfraniad i *Gymru* gyfle inni ymgyfarwyddo â'i ryddiaith greadigol. Ni ellir

*Adeilad Khedive Abbas
Hilmi II, Rue Cherif
Pasha, Alexandria –
safle siop Davies
Bryan & Co.*

peidio â sylwi ar yr arddull aruchel amleiriog yn y darn isod, er eghraifft, o'r stori 'Yn yr Eira' ac ni ellir peidio â gresynu na chawsai arddull glir, groyw ac uniongyrchol ei gydoeswyr a'i gyfeillion T. Gwynn Jones a John Morris-Jones fwy o ddylanwad arno.

Mae'n ymdrin â'r naratif fel cath yn chwarae â chortyn a phrif fai'r awdur yw bod ei frawddegau mor hir a throfaus nes eu bod yn anodd eu dilyn ar brydiau. Cryfder 'Yn yr Eira', fodd bynnag, yw ei bod yn cynnig portread credadwy a dramatig – a melodramatig, ysywaeth – o fwyngloddiwr nid annhebyg i'w dad, Capten Bryan. Collasai'r cymeriad, Capten Vaughan, ei ffordd mewn storm eira ofnadwy gan ddisgyn i ffos a gorfod llochesu mewn murddun o fwthyn, a fuasai unwaith yn gartref i'w dad. Dyma'i ddisgrifiad cryno a threiddgar o Gapten Vaughan allan ar y moeldir:

> Ar y cyntaf teimla Vaughan yn eiddgar a byw i bopeth o'i gwmpas. Gwêl
> y dyrnaid eira yn troellu yn ysgafn a chwareus am ei draed, yna'n codi yn
> ddylif chwyrn nes ymron â'i ddallu. Gwrendy ar sŵn yr eira caled yn
> crensian dan ei draed, a chlyw ru'r gwynt yn ei glust. Ond buan y cynefina
> â'i allanolion enbyd, o dipyn i beth a yn ddifater ohonynt, gan ymsuddo
> i'w enaid ei hun. Deifia'r rhew-wynt ei gern, a chura'r eira ei wyneb, ond
> anwybyddai'r naill fel y llall. Cam ar ôl cam a ddyry'n gyson ymlaen, fel
> un heb fwynhad na blinder ar y siwrne, ond â'i holl fryd ar ei gorffen ...

Mae'r storm eira yn ei dywys yn ôl at ddyddiau ei febyd. A chofia'n glir
weld mwynwr marw yn cael ei gario ar 'ystyllen lydan' o'r gwaith. Wedi
darllen am nifer o ddamweiniau egr yn ieuenctid Robert, nid yw'n syndod
iddo gynnwys y fath ddisgrifiad yn ei waith. Pe gallai Robert fod wedi
tynhau ei arddull a ffrwyno tipyn ar ei dueddiadau gor-ddramatig a
sentimental, awgrymaf, ar sail 'Yn yr Eira', y byddai wedi gwneud cystal
nofelydd â Daniel Owen. Ond ei farn ei hun am nofela oedd y byddai wedi:

> ... treio gweu rhai o'r hen ffrindiau adwaenwn yn Llanarmon pan yn
> blentyn i fewn iddi. Ond pwy ŵyr. Pe bawn wedi ei dechrau nis gŵyr
> undyn ymha le y dibenwn. Dyna a ddigwydd yn aml iawn imi beth
> bynnag efo'r gwaith.[9]

Y flwyddyn 1892 oedd ei flwyddyn olaf yn Aberystwyth ac aeth yn syth
oddi yno i astudio am radd B.Mus. yng Ngholeg y Frenhines, Rhydychen.[10]
Fe'i derbyniwyd i'r coleg tua 18 Ionawr 1893. Er iddo basio'r arholiad
rhagarweiniol mewn cerddoriaeth yn nhymor Hilary yn 1892, ni lwyddodd
mewn unrhyw arholiad wedi hynny, er i'w enw ymddangos ar restr yr
arholiad B.Mus. Yn yr wythnosau cyn yr arholiadau bu Robert yn wael yn yr
ysbyty, a phan ymddangosodd y canlyniadau i raddedigion, roedd tudalen
Robert Bryan yn wag.

Felly beth ddigwyddodd i'r myfyriwr a astudiodd efo'r organydd Dr
Varley Roberts yng Ngholeg Magdalen, a honnodd na fu ganddo erioed
ddisgybl cerddorol mor addawol ag ef? Gwyddom eisoes fod tueddiad ynddo
i orweithio, ac efallai bod pwysau'r gwaith yn Rhydychen mor fuan ar ôl
graddio yn Aberystwyth wedi bod yn ormod iddo, oblegid torrodd ei iechyd
yn llwyr. Fodd bynnag, yn ôl W. A. Lewis, a adwaenai Robert yn dda iawn o
1894 hyd ddiwedd ei oes, nid pwysau gwaith oedd achos ei salwch, ond

galar a hiraeth. Effeithiodd marwolaeth ei rieni a John arno'n ddwys iawn fel y dengys y cerddi 'Piau'r Beddau' [*OC*, t. 115] ac 'O'r Gofid sy'n y byd' [*OC*, t. 145]. Mae'n anodd dweud a yw hyn yn wir am nad yw'n hawdd dyddio'r cerddi, serch y ffaith bod llawysgrif *Odlau'r Cân* wedi ei chadw. O ganlyniad i hyn ni ddychwelodd Robert i Rydychen, nac, yn wir, i'r byd academaidd. Yn hytrach, aeth i fyw ym Marchwiail gyda Modryb Sarah, a symudasai yno o Gaernarfon. Y gaeaf dilynol aeth i'r Aifft at ei frodyr.[11]

Erbyn 1894 roedd Robert wedi symud yn ôl i Gaernarfon i letya yn 28, Stryd Dinorwig. Ysgrifennai at John Morris-Jones dros gyfnod o nifer o flynyddoedd i drafod pynciau megis cystrawen Hen Eiffteg a dibynnai arno am gyngor ynglŷn â'i gyfrol o gerddi arfaethedig: *Odlau Cân*.

Roedd pobl fel Emrys ap Iwan o Abergele, gweinidog, ieithydd ac awdur *Homiliau* a *Camrau mewn Gramadeg Cymraeg*, yn ei gylch o ffrindiau, a thrafodid yr iaith a'i llenyddiaeth gyfoes yn ogystal â chrefydd. Ceisiai Robert ei annog: "Da chwi, parhewch i ysgrifennu, bydd yn iechyd calon i lenor yn yr oes ariangar hon wrando ar ei hacenion iach a chryf."[12]

Yn sicr, os na allai Robert astudio mewn sefydliad academaidd, roedd yn benderfynol o ddilyn rhyw fath o yrfa lenyddol a deallusol answyddogol trwy gymysgu â phobl o'r un anian ag ef.

Daeth y ganrif newydd â neges gan Robert i'w gyd-wladwyr. Cyhoeddwyd 'Neges Cymru' yn *Cymru* ar 15 Ionawr 1900 yn galw ar y Cymry i warchod eu treftadaeth. Dyfynnodd waith Morgan Llwyd a geisiasai hefyd eu hysgogi: "arnochi yr wyfi yn gweiddi. Mae'r wawr wedi torri, a'r haul wedi codi arnoch ..." Cri oesol a geir yn y 'Neges':

> Mae i bob dyn ei le yn y genedl, ac i bob cenedl ei lle yn y byd. Coll cenedl yw marw gŵr, a choll y byd yw tranc cenedl ... Y mae i bob Cymro ei waith dros Gymru ac i Gymru ei neges i'r byd. Coll i Gymru yw pob Cymro a wado ei wlad a choll i'r byd fyddai i Gymru wadu ei neges.

Tu hwnt i Gymru, cadwai Robert lygaid barcud ar y sefyllfaoedd mewn gwledydd ar draws y byd. Gwelsai debygrwydd rhwng yr hyn a wnaethai Lloegr i Gymru a'r hyn a wnâi gwledydd grymus eraill ledled y byd: yr Almaen yn Tseina; Ffrainc yn yr Affrig; Rwsia yn y Ffindir a gwlad Pwyl; Awstria yn achos yr Eidal ac, wrth gwrs, Prydain ("carn lleidr tir y byd") yn yr Aifft:

> Onid rhaib a thrachwant, trais a gormes, ydyw hyn? Na medd bardd o Sais, 'pwn y dynion gwyn ydyw' ... Ond atolwg, beth sydd a wnelo lliw croen â hyn? ...

Hyd y gwelaf nid oes rith o wahaniaeth rhwng lluoedd du Ethiopia yn dylifo i'r Aifft, Babilon, neu Asyria yn rheibio Gwlad yr Addewid, a lluoedd gwynion Prydain a'r Amerig yn goresgyn y Transvaal neu Cuba... Rhaid addef mai hiraethu, bron yn erbyn gobaith, wna llawer gwlad fach ... Nid mewn gwleidyddiaeth y mae cuddiad cryfder y gwledydd bach, ond yn hytrach yn y meddwl ...

Aeth ymlaen i drafod y cwestiwn oesol o ffyniant yr iaith Gymraeg:

A ddichon cenedl fyw heb ei hiaith? ... A raid i'r Cymry erfyn yn dragywydd am gael Cymraeg i'r ysgolion bob dydd er mwyn hyrwyddo dysgu Saesneg yn unig? ... A ydyw y Gymraeg yn ddigon ei hadnoddau, ac yn ddigon hylaw i wasanaethu'r oes a ddel? ...

Gwneyd ei rhan i ddwyn teyrnas Brenin Hedd ar y ddaear, dyna neges Cymru i'r byd. Trwy fod yn bur iddi hi ei hun yn unig y gall ei chyflawni ...[13]

Beirniadwyd Robert gan Ernest Rhys yn y *Manchester Guardian* am 'Neges Cymru'. Bu hyn yn ormod iddo ac atebodd y "critic ar Gymru a'i phethau" ac yn ôl pob tebyg "newidiasai gŵr Llunden ei dôn a gwnaeth iawn am ei amryfusedd". Llosgodd Robert ei lythyr gwreiddiol ato "gan na fyddai yn deg arnaf adael iddo weled goleu dydd".[14]

Yn y cyfamser bu datblygiad ym mywyd carwriaethol Edward. Nid yw'n glir faint o ferched y bu Edward yn gysylltiedig â nhw dros y blynyddoedd, ond trodd ei gefn arnynt i gyd pan briodwyd ef â Catherine Williams ar 6 Medi 1891 yn Engedi yng Nghaernarfon gan y Parch. R. D. Rowland, Anthropos.

Trydedd ferch Catherine ac Ellis Williams, Meillionydd, Ceserea, ger Caernarfon, oedd gwraig Edward. Buasai ei thad, fel ei brawd William, yn oruchwyliwr yn chwarel y Cilgwyn, am wyth mlynedd ar hugain. Roedd ganddi chwaer ddibriod o'r enw Ellen a fu'n byw gyda Catherine, neu Kate fel y'i gelwid, ac Edward yng Nghairo am y rhan fwyaf o'i hoes. Y chwaer hon a gadwai 'Siop yr Aifft' yn Stryd y Llyn yng Nghaernarfon yn gynnar yn yr ugeinfed ganrif.

Bedair blynedd yn ddiweddarach ganwyd merch, Olwen, i Edward a Kate yn Stryd Dinorwig, Caernarfon. Er ei fod bellach yn dad yn ogystal ag yn ddyn busnes prysur llwyddodd Edward i gasglu ynghyd gyfres o straeon difyr o'r Aifft a gyhoeddwyd gan O. M. Edwards yn *Cymru* yn 1896 dan y teitl: 'Diddanion o'r Aifft' Dyma un ohonynt:

Y *'Steam Roller'*: Y dydd o'r blaen yr oedd y *'steam roller'* yn gweithio o flaen siopau'r hen bethau ... a gwelwn ŵr o'r anial yn dilyn yr engine, ac yn bras graffu odditani, ac yn siarad efo'i hun, ac yna'n cau ei ddwrn fel pe'n bygwth rhywun. Dilynai hi yn ôl ac ymlaen, i fyny ac i lawr, ac o'r diwedd wedi hen flino, troes i ffwrdd, ac meddai wrth y rhai oedd yn ymyl, –

'Pobl wirion ydyw'r Saeson yma, yn dod â pheth mawr fel hwna yma i ddim ar y ddaear ond i gerdded i fyny ac i lawr y stryt [*sic*], ac yn gwneud dim byd.'

Y mae'n debyg ei fod yn disgwyl ei gweled yn aredig y ffordd, neu efallai'n gwneyd llefrith neu hwyrach yn troi'r cerrig yn arian neu'n disgwyl canfod y gelynion yn cael eu berwi ynddi, pwy ŵyr?[15]

A beth am hynt carwriaethol Joseph? Dim ond un ferch y gwyddom amdani mewn cyswllt ag ef, sef y Miss Clayton, y clywsom amdani eisoes. Jane Clayton, merch ieuengaf teulu morwrol parchus iawn o Aberystwyth oedd hi. John Clayton, Master Mariner, wedi ymddeol, oedd ei thad, a thrigent yn 13 Marine Terrace. Roedd Jane yn athrawes Ysgol Sul yn Ysgol Fach Trefechan, ac yn aelod o gapel Methodistaidd y Tabernacl. Priodwyd Joseph â Jane yno ar 17 Medi 1889 gan y Parch. Thomas Charles Edwards.

Yn 1890 ganwyd iddynt fab o'r enw John, ond fel cyntaf-anedig Elinor a Chapten Bryan, bu farw'r baban yn fuan wedyn. Fodd bynnag, rhwng y blynyddoedd 1892 a 1901 ganwyd pum merch iddynt: Gwen Elin, neu Gweno fel y'i gelwid gan ei theulu (1892); Manon (1893); Carys (1894); Bronwen (1897) a Dilys (1901).[16]

Erbyn diwedd y bedwaredd ganrif ar bymtheg roedd y brodyr Davies Bryan yn adnabyddus ymhlith y Cymry am eu croeso cynnes. Byddai eu drysau'n agored i'r cyffredin a'r enwog fel ei gilydd. Un o'u hymwelwyr pwysig oedd y gwleidydd Tom Ellis, Aelod Seneddol a chyn-fyfyriwr yn Aberystwyth. Ymwelodd â'r Aifft yn haf 1889 yng nghwmni ei gyflogwr, John Brunner. Ni ddangosodd fawr o ddiddordeb yn hynafiaethau'r Aifft – roedd ganddo faterion pwysicach ar ei feddwl, megis addysg plant Cymru. Ond wrth gerdded o gwmpas efo Joseph teimlai Ellis y gallai uniaethu â'r Eifftiaid yn fwy na'r Prydeinwyr a'u goresgynnodd. Yn ei lythyr at Ellis Griffith ar 13 Rhagfyr 1889 soniodd mor debyg oedd canu côr o ferched Eifftaidd i gôr o Forfa Rhuddlan yn Nyffryn Clwyd – canu pobl a adwaenai wyneb gormes yn dda yn ei dyb o.

Ar ryw adeg yn ystod ei daith ceisiodd Samuel ei ddifyrru trwy fynd ag ef i anialwch Libya i hela'r gasél, ond ni chymerodd Ellis at y profiad gan nad

*Joseph Davies Bryan (blaen, chwith)
a'i deulu: ei wraig Jane (blaen, dde),
Manon, y nyrs (Ellen Hughes, neu
Rosa) yn dal Bronwen a Gweno. Tu ôl
mae Robert Bryan a Carys. Tua
1898–9.*

oedd yn hyderus ar gefn ceffyl. Nid ystyriai'r antur fechan yn llwyddiant.[17]

Fel John Davies Bryan o'i flaen, dioddefodd Tom Ellis o'r dwymyn fraenol a bu'n sâl iawn dros y Nadolig a Dydd Calan. Daeth ato'i hun yn y gwanwyn. Ar 1 Mawrth ysgrifennodd yr araith enwog a gymhwysodd ei syniadau am "Addysg, Rhyddid ac Undod".

Ysgrifennodd Edward ato deirgwaith ym mis Mawrth 1890. Cynigiodd ran o'i fflat yng Nghairo iddo dros gyfnod ei salwch. Roedd nifer o bobl yng Nghymru, gan gynnwys Thomas Gee, golygydd a chyhoeddwr *Y Faner*, yn holi'n ei gylch ac roedd ei chwaer am wybod a ddylid anfon ffrind o feddyg allan ato. Awgrymai Edward y byddai'n rhatach cadw nyrs. Ceisiodd godi ei ysbryd trwy ddymuno y câi: "yn dâl am hyn oll ... wraig o Gymraes – tywysoges os oes un yng Nghymru – a digon o arian ganddi yn gydmar bywyd ichwi. *Brains, brass* a *beauty* fydd y nôd". Wrth i Tom Ellis drefnu teithio i fyny o Luxor, lle y bu'n aros, gresynodd Edward am i'r Aifft fod mor galed arno.[18]

Ymhen naw mlynedd dychwelodd Tom Ellis i Gymru cyn mynd i Lundain, i fod yn ail chwip yn llywodraeth Gladstone. Parhâi i weithio'n ddiwyd ym myd addysg. Ond rhaid ei fod wedi dychwelyd i'r Aifft yn 1899, rai misoedd cyn ei farwolaeth, oblegid ysgrifennodd ddarn o waith Morgan Llwyd yn llyfr lloffion Edward ar 13 Ionawr yng Ngwesty Palas Gezireh. Erbyn mis Ebrill, fodd bynnag, ysgrifennai Edward at Syr J. Herbert Lewis i alaru am farwolaeth Tom Ellis. Mae'n debyg fod Lewis ar yr un daith ag Ellis i'r Aifft ym mis Ionawr, oblegid cyfranasai yntau i lyfr Edward ddyfyniad o waith y Bardd Cwsg ddeuddydd ar ôl Ellis, ac yn yr un gwesty.

Bu farw sawl ffigwr gwleidyddol amlwg yn niwedd yr 1890au – John Parry'r Degwm yn 1897; Thomas Gee yn 1898 ac yna Tom Ellis yn 1899. Myfyriodd Edward ar y golled i Gymru: "Fe ofala yr holl alluog etto am Wlad y Gân os deil hi yn ffyddlon i egwyddorion cyfiawnder ac i'r Gŵr ag oedd Ellis, John Parry a Mr. Gee yn ei gydnabod ac yn ei ddilyn."[19]

Erbyn 1901 teimlai Robert yn fwy gobeithiol am ei ddyfodol oblegid cyhoeddasid ei gyfrol gyntaf o gerddi: *Odlau Cân*. Yn ôl W. A. Lewis, cafodd y gyfrol "dderbyniad cynnes, a rhydd hawl i'w hawdur gymeryd ei le yn rheng flaenaf telynegwyr Cymru". Serch y sentiment yma, ni oroesodd apêl y gyfrol fel y gwnaethai gwaith ei gyfoeswyr, T. Gwynn Jones a John Morris-Jones.

Mae'r gerdd 'Ymgom: Gofyn ac Ateb' [*OC*, t. 9], a gyhoeddwyd gyntaf yn *Cymru* 1894, flwyddyn wedi i'w iechyd dorri, yn atgyfnerthu ei farn ohono'i hun fel bardd. Cyfeiria at awduron mawr fel Dante a Pantycelyn ac awduron y Salmau, Llyfr Ioan a synna ei fod yn meiddio canu o gwbl gyda'i "lais aflafar/Cras ei wala, cryglyd iawn" pan ddylai wrando ar "y rhai â'u dwyfol dawn". Ond ceir ei gyfiawnhad yn y pennill hwn:

> *Canaf finnau erys egwan*
> *Fel dyferyn yn y lli,*
> *Am fod cân yn fy nghalon*
> *Dyna pam y canaf i.*

Fe wyddai Robert yn ei galon nad oedd yn 'rheng flaenaf' y beirdd, chwedl W. A. Lewis, a mynegodd ei rwystredigaeth fel a ganlyn:

Carwn gael y nerth meddwl a chorff i adael tipyn o waith da ar fy ôl. Ond gwae fi mor anodd ydyw cael dŵad â'm gwaith i oleu dydd a phan ddaw, prin edrych neb arno. Byddaf ymron digalonni ar brydiau a thaflu'r cwbl i fyny; ond pe gwnawn hynny, byddai fy mywyd yn hollol ofer a gwae fi hynny.

Ond nid oedd Robert yn sur am ei le yn y byd barddonol oblegid yn 1902, pan gyhoeddodd T. Gwynn Jones ei gyfrol *Gwlad y Gân*, amgaeodd archeb bost am 3/- mewn llythyr at ei ffrind mynwesol er mwyn cael copi ohoni. Clodforai'r cerddi i'r cymylau gan fynnu eu bod yn finiog o wawdus, yn ddoniol ac yn angerddol. Credai fod "gwawr bardd newydd o allu mawr wedi torri".[20]

NODIADAU

1. W. A. Lewis, op. cit.

2. CDB:XM/8322/50 – ewyllys JDB.

3. Our Portrait Gallery, No. 4: Mr E. Davies Bryan, *The 'Y' Magazine*, Medi 1924.

4. *Calendr Coleg y Brifysgol Aberystwyth 1889–92*, o LLGC. Manylion am gefnogaeth ariannol i RB gan y diweddar Bryan Pugh.

5. Samir Rafaat, *Egyptian Mail*, 27 May 1995, 'Davies Bryan & Co. of Emad El Din Street – Four Welshmen who made good in Egypt'. Cyfres o erthyglau am lefydd o ddiddordeb arbennig yng Nghairo oddi ar: www.egy.com.landmarks.

6. James Morris [Jan Morris], *Pax Britannica, The Climax of an Empire*, Penguin, 1979, tt. 51, 58–60, 64, 209–210.

7. *Y Llenor*, XVII, tt. 145, 210.

8. Nid oes lle i ymhelaethu yma am berthynas OME a RB ond, yn ôl a ddeallaf, y mae swmp o lythyrau yn LLGC a allai fod o ddiddordeb i'r sawl a ddymuna ymchwilio iddi.

9. *Cymru*, Cyf. V, 1893, tt. 252–4; RB@Y Parch. H. Jones Davies, 8 Chwefror 1900, NLW MS7848C, LLGC.

10. Yn ôl W. A. Lewis, "ymgeisiai am B.A. a B. Mus yn yr un flwyddyn". Credaf mai'r hyn a olygir yw i Robert fynd yn syth o Aberystwyth wedi graddio efo B.A. i Goleg y Frenhines yn Rhydychen, lle yr ymgeisiodd am B.Mus. Ac yn ôl staff yr archifdy yng Ngholeg y Frenhines, nid oedd yn bosib astudio am y ddwy radd ar yr un pryd. Hefyd nid oedd B.A. yn angenrheidiol i astudio ar gyfer B.Mus.

11. Diolch i staff Archifdy Rhydychen am eu hymchwil i gyfnod RB yng Ngholeg y Frenhines ac i Trevor Bryan Owen am fenthyg llawysgrif *Odlau Cân*; *Cymru*, Cyf. LIX, Rhif. 352, Tachwedd 1920, t. 140, erthygl W. A. Lewis. Manylion am waeledd RB o WAL yn *Ford Gron*, op. cit.

12. RB@John Morris-Jones (JMJ), 8 Awst 1894; RB@JMJ, 6 Mehefin 1896; RB@JMJ, 5 Hydref 1899, y tri llythyr yn Archifdy Prifysgol Bangor (APCB). Manylion ar Emrys am Iwan yn T. R. Roberts, *Eminent Welshmen*, Educational Publishing Co., Cardiff/Merthyr Tydfil, 1908, t. 272; RB@EapI, 19 Hydref 1896, NLW MS 2352E, LLGC.

13. 'Neges Cymru', R.B., *Cymru*, Cyf. XVIII, Rhif 102, 15 Ionawr 1900.

14. Gweler nodyn 8 uchod, RB@HJD, 8 Chwefror 1900.

15. Priodas EDB a CW (CDB) *North Wales Observer & Express*, 9 Medi 1891, CDB:XM/8322/89. Manylion am deulu CDB ar fedd ei theulu ym mynwent Sant Thomas, Y Groeslon. Am Ellen Williams a genedigaeth Olwen Hilton Jones, sgwrs efo Sidi a'r diweddar Bessie Roberts; Straeon EDB: 'Diddanion o'r Aifft', *Cymru*, Cyf. XI, 1896, tt. heb rif.

16. Gwybodaeth am deulu Clayton: Cyfrifiad 1881, 1891; E.A. Benjamin, *Footprints in the Sand of Time*, Adran Ddiwylliant Cyngor Sir Dyfed, 1986, t. 54. Am Jane Clayton: *Cambrian*

News, 1 Awst 1930. Am y briodas: *Cambrian News*, 19 Medi 1889; manylion am enedigaeth plant Joseph o'r un ffynonellau â phennod 1 a chopi o dystysgrif geni Carys gan MEJ. Ynglŷn â Gweno – dymunai ei thad gael dim ond un 'n' yn ei henw oherwydd mai ei henw llawn oedd Gwen Elin.

17. Am hanes Tom Ellis (TE) 'Marwnad SE' yn y *Daily Post*, 12 Hydref 1935.

18. Neville Masterman, *The Forerunner, The Dilemma of Tom Ellis, 1859–1899*, Chistopher Davies, Llandybïe, 1972, tt. 123–9; EDB@TE, casgliad T. E. Ellis, 140–2, LLGC.

19. CDB:XM/8322/56 – dyfyniadau Syr JHL a TE; EDB@JHL, 24 Ebrill 1899, NLW Papurau J. Herbert Lewis D27/18 LLGC; Am Thomas Gee: Castledine/Owen op. cit., t. 9; Am T. E. Masterman op. cit., manylion ar y clawr; T. R. Roberts op. cit.

20. W. A. Lewis, *Cymru*, op. cit., t. 142. Am OME: t. 143, RB@TGJ, 9 Mehefin 1902, papurau TGJI, G6346 (40), LLGC.

10. Ymweliad y Bardd

Ar droad yr ugeinfed ganrif roedd hyder Edward a Joseph wedi cynyddu ac
enwogrwydd Davies Bryan a'i Gwmni wedi lledaenu. Yn 1900 dychwelodd
Edward i Gaernarfon am y tro cyntaf ers deuddeng mlynedd a chyfarchwyd
ef gan un o bapurau newydd y dref. Roedd hanes y brodyr yn gyfarwydd i'r
gohebydd a soniodd am fenter cynnar John; am ddyfodiad Joseph i'r Aifft;
am sefydlu'r gangen newydd yn Alexandria a chyfeiriodd at y ffaith fod: *"the
very fine new premises in the Grand Continental Hotel block of buildings in
Cairo are Mr Edward Bryan's head quarters"*.

Yn 1898 cymerasai George Nungovich Bey awenau y 'New Hotel' gan
newid yr enw i'r 'Continental Savoy'. Yn 1901 fe'i disgrifiwyd gan
gylchgrawn *The Traveller* fel un o westai mwyaf ecsotig y Dwyrain. Adeilad
hardd tebyg i Harrods ydoedd a safai ar un o safleoedd gorau Cairo ar Stryd

Y rhan o Davies Bryan & Co. oedd yn y 'Continental Savoy'.

Kamel ac Opera Square. Roedd ganddo'r bwyty gorau yn y ddinas, a dim ond y bobl orau a welid yno. Dyma'r adeg yr oedd gwestai'r ddinas yn eu hanterth a chynhelid cyfres ddi-dor a bartïon a ffeiriau ynddynt.

Aeth yr erthygl ymlaen i glodfori llwyddiant Davies Bryan a'i Gwmni. Ganddynt hwy y ceid hysbysebion gorau'r Aifft. Cyflogent nifer o Gymry, yn ogystal ag Arabiaid, Eidalwyr, Groegwyr, Ffrancwyr a Saeson, a siaradai pob gweithiwr ddwy neu dair o ieithoedd. Yn amlwg, Cymraeg y dymunai Edward ei defnyddio fwyaf, ac er iddo fod i ffwrdd o Gymru am dros ddegawd bellach, roedd ei Gymraeg mor bur ag erioed. Gobeithiai'r gohebydd y byddai'r newid o byramidiau'r Aifft i fynyddoedd Eryri'n llesol iddo ef a'i deulu.[1]

Y cam nesaf i Davies Bryan a'i Gwmni oedd ehangu. Nodwyd yng nghyfeirlyfrau busnes Llyfrgell y Guildhall yn Llundain i'r cwmni sefydlu swyddfa yn Nhŷ Noble, Stryd Noble, yng nghanol Llundain, ac iddynt barhau yno hyd ddiwedd oes y busnes. Roedd tua un cwmni ar ddeg arall yn Nhŷ Noble bryd hynny yn ymhél â dillad neu ddefnyddiau a dodrefn. Dengys lluniau a dynnwyd cyn y Rhyfel Byd Cyntaf ddrws ffrynt yr adeilad, ei gymeriad ffurfiol, trwm a thywyll – tebyg i'r math o le a berthynai ym myd Dickens – lle busnes i gyfoethogion Oes Fictoria.

Yn ystod fy ymchwil es i chwilota am Dŷ Noble, ond nid oedd golwg ohono oherwydd bomiwyd yr ardal o'i gwmpas yn sylweddol yn ystod yr Ail Ryfel Byd, a newidiwyd y lle yn gyfan gwbl. Pe byddai Edward a Joseph yn fyw heddiw, efallai y byddent wedi eu diddori gan y ffaith bod eu swyddfeydd dafliad carreg o hen furiau Caer Rufeinig, sydd ar drywydd twristaidd bellach.[2]

Adlewyrchid ffyniant y Cwmni ym mywydau personol y brodyr hefyd oblegid tua 1903 adeiladodd Joseph dŷ mawr crand yn Alexandria o'r enw 'Hafod'. Gyda'i deulu o saith, teulu estynedig, morynion ac ymwelwyr cyson, byddai angen cartref sylweddol arno. Credaf mai cyfeiriad y tŷ oedd 17 Rus El Rasafah, oblegid ceir y cyfeiriad ar gopi o raglen y ddrama Gymreig *Rhys Lewis*, a luniwyd ar gyfer perfformiad a roddwyd gan ferched Joseph a'u nyrs Ellen Hughes yn Hydref 1904.

Roedd Rus El Rasafah yn ardal Moharrambey, ar gyrion yr hen ddinas. Mae'n debyg ei fod yn dŷ prysur iawn, heblaw am y Sul pan na châi'r merched chwarae. Gallai Jane Davies Bryan fod yn fam dyner iawn, yn enwedig gyda babanod a phlant sâl, ond fel arall roedd hi'n eithaf llym. Gallai Joseph yntau fod yn eithaf pendant ei ddull hefyd. Un tro roedd Gweno a Manon yn ymladd dros ddol, ac aeth yn dipyn o ffrwgwd

Hafod, Alexandria.

rhyngddynt. Ymddangosodd Joseph i roi taw arnynt, a thorri'r ddol yn ei hanner!

Gan fod Jane wedi arfer â theithio ar long gyda'i thad i lefydd fel y Baltig yn ei hieuenctid, doedd arni ddim ofn sefydlu cartref dramor. Ond pan ddechreuodd y busnes lwyddo, a phwysau arni i gymysgu â phobl o gylch ehangach, mwy Seisnig, aeth i drafferthion oherwydd diffygion yn ei Saesneg. Cariai eiriadur bach pa le bynnag yr âi fel y gallai chwilio am ystyron geiriau dyrys. Edrychai'r merched Seisnig lleol i lawr eu trwynau'n wawdlyd arni am y fath ymddygiad – ac afraid dweud na wnaeth ffrindiau ohonynt. Yn hytrach, tynnodd gylch dethol ei theulu a'i ffrindiau capel yn dynnach amdani fel mantell gynnes.

Ei chartref oedd ei hafan, a'r gegin brysur oedd ei chanolbwynt. Hoffai goginio a byddai bob amser yn gwneud pwdin Nadolig ym mis Hydref er mwyn ei roi i gadw i aeddfedu. Un flwyddyn gwelodd un o'r morynion hi'n rhoi darnau chwe cheiniog yn y pwdin. Fe'i rhoddodd ar y sil ffenestr am funud, a throi at ryw orchwyl arall. Pan drodd yn ôl roedd y pwdin wedi diflannu ac ni welwyd y forwyn byth wedyn.[3]

Daethai'n arfer i Robert dreulio'r gaeafau yn yr Aifft ac roedd yn anochel y deuai'n rhan o deulu'r Hafod. Ceir un hanesyn difyr am ei amser yno. Un diwrnod cafodd foddion at ei wddf a thywalltodd rywfaint i wydr. Roedd ar fin yfed yr hylif pan glywodd lais ei fam yn dweud, "Paid ag yfed, Robert bach". Ac felly, ni yfodd. Yn hytrach aeth â'r hylif i'w analeiddio a chanfod mai gwenwyn ydoedd.

Mae'n debyg bod ei ffrind agos, T. Gwynn Jones, yn falch o glywed am waredigaeth Robert. Yn wir, roedd mor hoff o Robert fel y cyfansoddodd chwe soned Saesneg iddo, yn diolch am ei gyfeillgarwch. Ysgrifennwyd y cerddi gan y bardd ei hun mewn sgript ganoloesol. Yn ôl Emrys Wynn Jones, ŵyr T. Gwynn Jones, roedd ei daid yn hoff iawn o ymarfer y sgil hon, a barai i'r cerddi edrych yn drawiadol. Dyma dair o'r chwe soned, nas cyhoeddwyd o'r blaen:

Dedicated to my dear friend and true comrade ROBERT BRYAN. In thankfulness for many helpful hours of delightful companionship, and in remembrance of an hour of happiness and light ... Mai 1904 Gwynn Siôn.

I

Firmed of friends, I would that we could be
  Together in this world, fantastic fair
  Of shapes that wildly whirl, like notes in air
And likewise vanish. I have need of thee
Who, in this world of sorry slaves, are free,
  And calmed me, whose portion is despair,
  With thoughts of something marvellously fair,
Beyond this veil that waits for thee and me,
Were we the sport of gods, as sung of yore,
  Thou had a soul unsullied and serene;
And I with thee to the fatal shore
  Where we might curse the crime what we had seen;
Or else, if so, with reverence might adore
  The hand that fashioned us what we had been.

III

Oh! There are sometimes golden hours that steal
  Upon us like the sleep of innocence;
What never known or long forgotten sense
Within is stirred when suddenly we feel
The sundered fetters falling, and we reel
  Half dreading lest we lose such joy intense,
  Or lest it be but some new violence

Of fate's relentless, ever turning wheel;
Oh! how these golden hours' diviner light
  Renews the faded world's forgotten youth,
Streams through the lurid realms of ancient night,
  Makes forms of beauty out of shapes uncouth;
Seems yet above to show the throne of right
  Yet to reveal the reign of living truth!

VI

Alas! my friend, the golden hour is fled,
The darkness gathers in my soul again;
Is all the yearning of the soul but vain –
Are trees and waves alive, the spirit dead?
Methinks there should be laughter overhead
If our best thoughts are figments of the brain;
If others strife, what centuries of pain
Must be ere forth one ray of light is shed?
Are we the dreams of gods that are no more,
Doomed to the same eternal nothingness?
Or is there yet to worship and adore,
A father who will all our wrongs redress,
Will show that all the fancied ills we bore
Were parts of uncompleted blessedness?

Yn y cyfamser roedd Samuel yn ehangu ei orwelion ac yn nechrau'r ganrif newydd digwyddodd dau beth o bwys iddo. Yn gyntaf bu farw ei fam, Modryb Sarah, yn 1902 ym Marchwiail ger Wrecsam. Yn ail, priododd Katherine Manson (Kitty) yn 1903. Roedd ei thad yn olygydd papur newydd y *Statist* yn Johannesburg. Cawsant dri o blant – un mab, Rhys, a dwy ferch, Nesta ac Elwen.

Roedd ei yrfa, yn ogystal â'i fywyd personol, wedi mynd o nerth i nerth. Erbyn 1890 apwyntiasid Samuel yn arolygydd y Banc Otomanaidd yng Nghaergystennin. Yn 1892 trefnodd ran o adran drafnidiaeth y Shah ym Mhersia, ac fe'i gwahoddwyd i reoli busnes tobaco'r wlad. Bu yno am flwyddyn, yn gweithio a thrafaelio. Ond roedd gan Samuel awydd mynd i Dde'r Affrig, ac fe gafodd ei ddymuniad yn 1896 pan benodwyd ef i drefnu materion ariannol ei gyn-bennaeth, Syr Edgar Vincent, yn Johannesburg. Yn

Samuel Evans a merched Joseph, tua 1905; Dilys yn ei freichiau, Gweno a Manon (tu blaen), Carys a Bronwen (tu ôl).

1898 ymunodd â chwmni o fancwyr enwog, H. Eckstein. Yna, yn ystod Rhyfel y Boeriaid, fe'i penodwyd yn bennaeth y cudd-ymchwilwyr, a phan ildiodd y Boeriaid i fyddin gwledydd Prydain, roedd yn un o dri gŵr a yrrwyd i dderbyn yr ymostyngiad ar 31 Mai 1900. Yn 1902 fe'i dyrchafwyd yn bartner yn Eckstein a'i Gwmni ac arhosodd yno tan 1909.[5]

Yn yr Aifft yn ystod y cyfnod 1905–6 derbyniodd Edward a Joseph un o'u hymwelwyr mwyaf enwog, sef T. Gwynn Jones. Wrth gwrs, cyhoeddodd y bardd ei hanes dwyreiniol ei hun yn: *Y Môr Canoldir a'r Aifft*, ond dim ond wrth ymchwilio i hanes y brodyr Davies Bryan y down yn ymwybodol o ba mor ddibynnol yr oedd o ar Robert Bryan ac eraill i drefnu'r daith honno.

　　Soniodd T. Gwynn Jones mewn llythyr at Silyn Roberts, bardd a phregethwr a wnaeth gymaint dros y gweithwyr ar ôl y Rhyfel Mawr, y gobeithiai gael cwmni Robert yn ystod ei ymweliad â'r Aifft. Buasai Robert yn un o ysgrifenyddion y gronfa dysteb a ddechreuwyd yng Nghaernarfon i gasglu arian at y daith. Ar ôl deuddydd yn unig o hel arian at yr achos, roedd y ddau gyfaill ar fwrdd yr SS *Creole Prince* yn hwylio o Fanceinion i Alexandria.[6]

O'r diwedd, ar ôl mordaith hir, safai T. Gwynn Jones o flaen siop Davies Bryan yn Alexandria ar Rue Cherif Pasha:

> Dyma fi o flaen adeilad mawr a golygus iawn ac enw Cymry arno – Davies Bryan a'i Gwmni. Gallech feddwl fod y lle yn adeilad cyhoeddus o ryw fath, gan mor nobl ydyw, gyda'i golofnau gwenithfaen a'r genhinen a'r rhosyn wedi eu cerfio ar y cerrig uwchben y drysau a'r ffenestri. Ond siop ydyw ... I mewn yn y siop dyma ni yn siarad yr hen iaith hapus, ac yn cael llythyrau wedi cyrraedd cartref o'n blaenau. Dyma hefyd ŵr bonheddig byr, mwyn ei wyneb, cyflym ei ysgogiadau, i'r golwg, a chadach y coch sosialist am ei wddf, ac yn siarad Cymraeg y De yn hoew, ac yn llawen. Mr Robert Williams, y pensaer, brodor o Ferthyr Tudful ... a fu un waith yn aelod o Gyngor Sir Llundain ... bellach yn llwyddiannus iawn gyda'i alwedigaeth yn yr Aifft.

Bu raid i Joseph – "dyn tal pryd du, a phibell gref rhwng ei ddannedd" – a Robert Williams ymyrryd i achub Gwynn Jones o grafangau gyrrwr coets barus, ac arbedwyd piastr iddo: "Nid wyf yn hoffi bod yn grintach, ond os oes un peth nad allaf mo'i aros, cael fy ngwneud yw hwnnw," meddai'r bardd yn bendant. Bryd arall, pan gyfarfu Edward yng Nghairo, cafodd ei hun yng nghanol twr o Arabiaid a fynnai mai Sais oedd o. Wedi iddo daeru'n groes a dweud mai Cymro oedd o, mentrodd un o'r llafnau:

> 'Yr un genedl â Dafis Bryan?'
> 'Ie siŵr,' ebe fi.
> 'O wel,' oedd yr ateb, 'Croeso i chwi, dyna genedl o wŷr bonheddig.'

Cyn gadael y ddinas aeth Gwynn Jones yng nghmwni'r brodyr i eglwys Sant Andrew i wylio priodas goptig. Gwnaeth argraff ddofn arno a chynhwysodd ddisgrifiad manwl ohoni yn ei gyfrol.[7]

Parhaodd Gwynn Jones â'i daith o gwmpas yr Aifft, hyd nes iddo gyrraedd Helwân – tref i gleifion yn bennaf rhwng bryniau Mocattam ac afon Nîl – lle yr ysgrifennodd at Silyn Roberts ar 1 Rhagfyr 1905, wedi clywed am farwolaeth ei frawd ieuengaf o lid yr ymennydd:

Er gwneud fy ngorau hyd nes teimlo fy mod yn galed o hunan-gar, mae'r galar wedi lladd fy nyddordeb ym mhopeth. Ni wn i sut i fyw yma am bum mis eto ... Mae Robert Bryan yn dyfod i Cairo yfory, ac yr wyf yn hyderu bod yn well yn ei gwmni tirion ef. Bu dda iawn imi am ei frawd, Edward, a'i briod hynaws, yn fy nhrallod. Bûm gyda phobol y tŷ yma yn gweled y pyramidiau Gizeh.[8]

Erbyn Gaeaf 1906–7 roedd Gwynn Jones a Robert yn ôl yng Nghymru ac wedi ailymaflyd ym mywyd llenyddol Sir Gaernarfon unwaith eto. Yn 1907, tra parhâi Robert i ddifyrru ei hun â hanes lleol a cheisio cyhoeddi ei gerddoriaeth, derbyniodd Edward a Joseph ragor o deithwyr i'r Aifft.

Penderfynodd W. Gwenlyn Evans, newyddiadurwr a chadeirydd Cymdeithas Lenyddol Engedi, ymdeithio i'r Dwyrain Canol drwy ymuno â *'Rev. J. W. Miller's Private Educational Tours'*. Taith o saith niwrnod ar hugain gyda'r bwriad o dreulio'r Pasg yn Jerwsalem. Un o uchafbwyntiau'r arhosiad i Gwenlyn Evans oedd cael tynnu ei lun efo Mr a Mrs Davies Bryan, Samuel

Catherine Davies Bryan a Gwenlyn Evans (tu ôl, chwith ar gamel), Edward Davies Bryan (penlinio, blaen), Samuel Evans (un union tu ôl i Edward i'r chwith) gyda'u cyd-deithwyr, Pasg 1907.

Evans a'u cyd-deithwyr, o flaen y Sphinx a'r pyramidiau. Gwelir yn y llun
bod Gwenlyn Evans a Mrs Davies Bryan ar gamelod a bod Edward yn
penlinio yn y canol, efo sigâr helaeth yn ei geg. Mae ei olwg falch yn arwydd
o statws a llewyrch teulu Davies Bryan. Mewn llun arall mae Gwenlyn Evans
yn dangos ei fwynhad llwyr o'r profiad trwy wisgo gwisg Arabaidd
drwsiadus.[9]

Oherwydd eu llewyrch anhygoel roedd dyddiau mebyd y brodyr yn rhwym
o fod yn dra gwahanol i'w plentyndod eu hunain ym Mwynglawdd ar yr hen
fynydd anghysbell hwnnw. Un o'r gwahaniaethau mwyaf oedd nad oedd yn
rhaid i ferched Joseph nac Edward weithio yn y pyllau mwyn, na cherdded
milltiroedd i'r ysgol ym mhob tywydd. Yn hytrach, mwynhaent blentyndod
moethus a chrisielir ei awyrgylch mewn llythyr a ysgrifennodd Bronwen, yn
un ar ddeg oed, ar 24 Ebrill 1908, at ei chwiorydd i sôn am ei gwyliau Pasg.

Llythyr Saesneg yn llawn digwydd ydyw yn cofnodi'r ymweliad â sŵ a'r
pyramidiau, reidio mulod a theithio ar dram. Ar ddydd Gwener y Groglith
tynnwyd ei thonsiliau, a chafodd balmwydden gan Yncl Robert ar Ddydd Sul
y Blodau. Poerodd y gath, Snowball, arni o genfigen. Ar ddydd Llun aethent
i'r 'grotto' yn Gezireh a drannoeth at Goeden y Forwyn ac i Hen Gairo, at y
tŷ lle gorffwysodd Iesu efo'i fam. Wedi ymweld â Dr Beddoe i gael ymarfer
anadlu'n gywir, aeth i siopa a phrynu pìn i het ei mam a phibell i'w thad, ac
ar ôl hynny aeth i chwarae yn y tywod ger gwesty'r 'Mena House'. Y
diwrnod wedyn daeth y glaw i lawr ac aeth adref at ei rhieni, a chael llwythi
o wyau pasg gan bawb.

Magwraeth gosmopolitan a gafodd merched Joseph ac Edward. Er, ar un
ystyr, cawsant addysg draddodiadol oblegid gyrrwyd merched Joseph – ar
wahân i Dilys – i ysgol yn Aberystwyth ac aeth Olwen i Ysgol Dr Williams
yn Nolgellau yn 1904, lle dywedid ei bod hi'n ddisgybl ardderchog.

Ond pan nad oeddent yn yr ysgol yng Nghymru, clywent Arabeg gan y
gweision ac Eidaleg gan eu nyrs, Rosa. Roedd ganddynt athrawes breifat o
Ffrainc ac athro cerddoriaeth o Hwngari. Byddai eu ffrindiau'n fwy tebygol
o fod o dras Armenaidd, neu Almaenig neu Roegaidd nag o dras Gymreig.
Er hynny, pan oedd y plant yng Nghaernarfon yn y tŷ yn Stryd Faenol, Ellen
Hughes, Cymraes Fictoraidd i'w hofni yng ngolwg y plant, a gadwai'r tŷ i'r
teulu, a chaent fwy o gyfle i gyfathrebu yn y Gymraeg.[10]

Fis Ebrill 1908 trawyd Dilys yn wael efo'r dwymyn fraenol. Gan mai hyn
a laddodd John ugain mlynedd ynghynt, nid oedd yn syndod bod pawb yn
sâl gan ofid amdani. Yn ystod ei salwch rhoddodd ei mam hi i orwedd mewn

pram i gysgu yn yr ardd. Ond pan edrychodd Jane allan yn ddiweddarach, gwelodd belican yn sefyll drosti â phen y ferch fach yn ei big. Yn ffodus, goroesodd hithau'r dwymyn fraenol a'r pelican, a byw i fod yn 97 oed.[11]

Pan glywsant fod Dilys yn sâl, bu ond y dim i Joseph ac Edward ohirio taith i Ganaan, ond wedi clywed ei bod hi'n holliach aethant ymlaen â'u cynlluniau. Cofnododd Joseph hanes y daith yn Saesneg mewn llyfr nodiadau o dan y teitl: 'Round about the Holy City' by A Pilgrim Esq. Alexandria 1908'. Mae'r hanes cyfan yn ei lawysgrifen fân a destlus, a chadwyd rhwng ei gloriau gasgliad da o gardiau post a lluniau a dynnwyd ar y daith. Mae ynddo hefyd rannau o blanhigion a diagramau pensil o lefydd adnabyddus.

Cofnod o'r hyn a welodd mewn llefydd â chysylltiadau Beiblaidd ydyw ynghyd â'i farn bersonol o effaith twristiaeth ar y wlad. Gwnaeth sawl copi ohono, a'r cyfan yn ei law ei hun, i'w ferched ac Olwen, er mwyn iddynt ei drosglwyddo i'w hwyrion a'u hwyresau ryw ddydd. Go brin y disgwyliai iddo ddisgyn i law cofiannydd. Dyma'r math o lyfr a allai'n hawdd fod wedi ymddangos ar dudalennau *Cymru'r Plant* fel y gwnaeth sawl cyfraniad arall yn ei dro. Yr unig ddarn o Gymraeg ynddo yw'r adnod yn nhu blaen y llyfr:

> *At Weno fwyn a Manon fad*
> *A Carys lawn direidi,*
> *At Olwen fach y llygaid llon*
> *Dos, lyfryn, heb ddim oedi;*
> *Ac adrodd wrth y plantos hoff*
> *Sy'n mhell yn Nhref Caernarfon*
> *Ein hanes ni, mewn gair a llun*
> *Ar daith i Fynydd Seion.*

Egyr y llyfr gyda llun ysblennydd o Edward mewn siwt dywyll, yn gwisgo het fawr wen ac yn dal ffon, yn sefyll yn ymyl boncyff o goeden yng ngardd Gethsemane. Yna ceir cardiau post o Alexandria yn 1908, dinas lawer llai ei phoblogaeth nag ydyw heddiw. Cychwynasant eu taith ar brynhawn Iau mewn stemar Rwsiaidd. Galwasant yn Port Said a Jaffa, a daliasant drên oddi yno i Jerwsalem, gan drafaelio ar drac cul trwy winllannoedd mynydd Judea. Roedd Jerwsalem tua 2,400 o droedfeddi uwchben lefel y môr, ac yno roeddent yn falch o gyfarfod Mr a Mrs Hughes o Fetws-y-coed, a fu'n cadw gwesty y tu allan i borth Jaffa ym Mhalesteina ers pymtheng mlynedd.

Ymwelsant â llefydd a enwogwyd gan y Beibl. Aethant i'r ogof lle cadwyd yr Iesu, i Ardd Gethsemane, lle y darllenodd Edward ar goedd hanes Ei

O'r chwith: Catherine Davies Bryan, Edward Davies Bryan, Jane Davies Bryan,
Joseph Davies Bryan a Robert Bryan ar daith yng Nghanaan, 1908.

ddyddiau olaf, i Fynydd Olewydd, ac i Ffordd y Dioddefaint. Ym Methlehem synnwyd Joseph mai mewn ogof, a drowyd yn Eglwys bellach, y maentumid i'r Iesu gael ei eni. Credai y byddai'n fwy tebygol iddo fod wedi cael ei eni mewn tŷ cyffredin ym Mhalesteina, lle y byddai teulu'n byw mewn un ystafell gyda'r anifeiliaid. Awgrymodd Joseph, pan sylweddolasai teulu'r Iesu fod y llety'n llawn, y byddent wedi bod yn fwy tebygol o geisio lloches efo pobl o'r un anian â nhw eu hunain.

Aethant ymlaen i Jericho mewn cerbydau efo'u tywysydd brodorol ar gefn ceffyl, yn yr un dull ag y cymerodd Iesu yn hanes y Samariad Trugarog, nododd Joseph. Ymlaen wedyn at y Môr Marw, oddeutu pwynt isaf y ddaear, 1,292 troedfedd o dan lefel Môr y Canoldir. Gallai Joseph ddychmygu y byddai Olwen a Carys yn holi pam na lifai Môr y Canoldir i'r Môr Marw. Ac felly esboniodd fod tua 50 neu 60 milltir o dir mynyddig iawn yn gwahanu'r ddau fôr, a ataliai hynny rhag digwydd.

Yn nes ymlaen arosasant yng Ngwlad Iorddonen a chasglu rhedyn i'w rhoi yn y llyfryn. Maent yno o hyd. Ar y ffordd yn ôl gwelsant dri gasél

hyfryd a sbonciodd ar draws eu trywydd. Yna aethant i Fethania ac ymweld
â bedd Lasarus, cyn dychwelyd i Jerwsalem ac i Fur yr Wylofain. Yno roedd
twr o bobl yn crio, yn gweddïo neu'n galarnadu ac yn adrodd o'r
ysgrythurau.

O'r diwedd tua 24 Tachwedd daethant yn ôl i Port Said, ond nid mewn
pryd i ddathlu pen-blwydd Bronwen, fel yr oeddynt wedi gobeithio. Oddi
yno, aethant heibio i safle brwydr Tel-El Kebir lle bu'n rhaid i'r Arabiaid gilio
rhag y Prydeinwyr yn 1882. Ar ôl ffarwelio ag Edward a Kate yng Nghairo,
dychwelodd Joseph a Jane i'r Hafod. Dathlwyd eu dychweliad trwy dynnu
llun o Hafod. Hwn yw llun olaf y gyfrol, ac mae'r gair 'HOME' yn fras uwch
ei ben.[12]

Yn eu haelioni cyfrannodd Edward a Joseph at nifer o achosion da yn ystod
eu cyfnod yn yr Aifft, a dim ond un enghraifft o hynny oedd y rhodd o £25
i gronfa adeiladu Eglwys Sant Andrew yn Nhachwedd 1908.

Enghraifft bellach o hyn oedd y cymorth a roddwyd i Edward (Teddy)
Jones, torrwr defnydd a weithiai i Joseph yn Alexandria. Wedi gamblo yn y
Bourse a cholli miloedd o bunnau, aeth at Edward i ofyn am gymorth.
Ymbiliodd arno gan ddweud fel y byddai'n rhaid iddo fynd yn fethdalwr oni
châi ei gymorth. Felly benthycodd Edward £1,500 iddo gan godi llog o 6%
arno. Byddai'r banc wedi codi $7^{1}/2$% ar yr un swm. Serch hynny aeth Jones yn
fethdalwr beth bynnag, i osgoi ei ddyled, a hynny wedi iddo adael Davies
Bryan a'i Gwmni lle yr enillai £600 y flwyddyn. Ceisiodd roi'r bai am ei
drafferthion ar Joseph ac Edward; roedd hyd yn oed ei dwrnai'i hun yn ei
felltithio am ei ymddygiad twyllodrus.

Yn gynharach yn y flwyddyn derbyniasai Gwynn Jones lythyr prin gan
Edward (ychydig iawn o lythyrau a erys yn ei law) gyda logo'r siop arno,
'Davies Bryan & Co. Tailors, Drapers, Outfitters &c. Grand Continental
Hotel Buildings & at Alexandria', efo'r Faner Goch a Jac yr Undeb yn y
gornel. Llythyr yn llongyfarch Gwynn Jones ar ei lwyddiant yn yr Eisteddfod
Genedlaethol oedd prif ddiben y llythyr, ond soniodd hefyd am ffyniant y
cwmni, ac fel yr oeddynt bellach yn un o fusnesau mwyaf llewyrchus yr
Aifft. At hynny gyrrodd Edward nodyn gyda llythyr Robert at Gwynn Jones
ym Medi 1909:

Sbio dros eich colofn bob wythnos ac yn ei gadw'n agos ataf. Mae
ganddoch gadeiriau i eistedd arnynt beth bynnag. Mae Teddy Jones [y
methdalwr uchod] yn fab i Jones y cutter. Anhawdd yw egluro sut y mae

wedi syrthio ond mae hwn wedi ymdrechu fy mardduo a fy hambygio nes o'r bron suro fy enaid, collwn ni tua £1200 gydag ef, a colla ef ei gymeriad ...

O.N. Yr ydym yn brysur yn awr yn buildio lle newydd ini yn Cairo – ar gyfer yr Eastern Telegraph co. rhan ohono yn ein heol ni a rhan yn heol lle roedd Robert Hughes ynddo ond yn uwch i fyny ychydig. Efallai y cofiwch fod yno blas bach a gardd o'i gwmpas ar y darn tir, mesurai yn agos i ³/₄ acer.[13]

NODIADAU

1. Yr erthygl papur newydd: CDB:XM/8322/95. Manylion am y (New Hotel) Continental-Savoy: Trevor Mostyn, op. cit., tt. 156–8.

2. Gwybodaeth gyffredinol a lluniau o ddrws Tŷ Noble ar gael yn Llyfrgell y Guildhall, Llundain.

3. Llyfr lloffion RBD am gyfeiriad yr Hafod; sgyrsiau â BP a TBO am yr Hafod ac am ferched Joseph; gwybodaeth bellach am y teulu: RBD.

4. LLGC, 18446A, chwe soned yn llaw TGJ wedi'u cyflwyno i LLGC yn Ebrill 1963 gan Mrs John Edwards (Gwenno Davies Bryan), Kingston, Surrey.

5. W. A. Lewis, *Cymru*, op. cit., am farwolaeth Modryb Sarah – *Nene* op. cit. a Llywelyn Williams, 'Sam Nesa Wedyn', *Country Quest*, Hydref 1995, am fanylion ynglŷn â SE a'i deulu.

6. D. Jenkins, *Thomas Gwynn Jones*, Gwasg Gee, 1973, t. 155 am fanylion am y daith i Alexandria. 1905–6, Nodyn bywgraffyddol ar Silyn Roberts ar gael yn APCB, llythyr TGJ@RSR 15 Medi 1905, yn cyfeirio at RB – 19464.

7. TGJ, *Y Môr Canoldir a'r Aifft*, Cwmni Cyh. Cymru (Cyf.), Swyddfa Cymru, Caernarfon, 1912: tt. 39–41, am y siop yn Alexandria, Robert Williams y pensaer a gynlluniodd yr Hafod a St David's Buildings yng Nghairo yn 1908–9; t. 60: JosDB yn achub TGJ; t. 63: EDB a chymeriad da y brodyr; tt. 69–73: mynd i'r eglwys a'r briodas goptig.

8. Ibid., t. 80 am ddisgrifiad o Helwân, TGJ@RSR, 1 Rhag 1905, APCB, 19465.

9. Manylion am daith W. Gwenlyn Evans: Archifdy Caernarfon XM/1395/52, a llun y grŵp: XS/1215; llun o WGE:XS/202/12.

10. Llythyr Bronwen: manylion gan BP a TBO; am addysg Olwen: cylchgrawn Ysgol Dr Williams, Dolgellau 1904–7. Treuliodd Olwen ran olaf ei hoes mewn tŷ o'r enw

Hendregaerog yng Nghaernarfon. Gofalwyd amdani gan y ddiweddar Bessie Roberts a'i chwaer, Sidi. Cefais lawer o wybodaeth amdani ganddynt. Bu farw Olwen yn 1973 ac fe'i claddwyd ym mynwent Llanbeblig, Caernarfon.

11. Am y dwymyn fraenol: RB@TGJ, 18 Tachwedd 1908, papurau TGJ G263, LLGC; hanesyn y pelican gan RBD.

12. Diolch i TBO am gael benthyg copi o gyfrol JosDB.

13. RB@TGJ, 12 Mawrth 1909, papurau TGJ G265 LLGC; EDB@TGJ, 24 Mehefin 1909, TGJ G252 LLGC; RB/EDB@TGJ, 9 Medi 1909, TGJ G267A LLGC.

11. 'St David's Buildings'

Y darn o dir y cyfeiriodd Edward ato oedd y 'Charles Beyerlé property' a'r cyfeiriad swyddogol yr adeg honno oedd: 165 Sharia Emad El Dine i 16 Sharia Adly Pasha i 42 Sharia Malika Farida. Yr adeilad a godwyd ar y safle oedd yr adeilad mwyaf yn yr Aifft ar y pryd. Ei enw oedd 'St. David's Buildings', ac uwchben un o'r cynteddoedd roedd y geiriau 'Y Gwir yn Erbyn y Byd'. O gwmpas yr adeilad ceid y ddraig goch a symbolau cenedlaethol Prydain, a hefyd symbolau gorsedd y beirdd – arwydd clir mai Cymry oedd piau'r lle.

Wrth adeiladu'r lle rhoesant gofnod o hanes y teulu a phapurau newydd cyfoes o dan y garreg sylfaen rhag ofn i rywun, rhyw dro, ddigwydd ei chodi. Yn ôl adroddiad papur newydd, gwnaethpwyd yr un peth wrth adnewyddu'r adeilad yn Rue Cherif Pasha yn Alexandria. Yn ogystal â chodi adeilad newydd, cadwent ran o'r busnes yn yr hen Continental Savoy.[1]

Roedd St. David's Buildings, a gynlluniwyd gan y pensaer Robert Williams o Ferthyr Tudful, i fod i ymgorffori'r syniadau mwyaf blaenllaw mewn pensaernïaeth fodern. Yn ôl adroddiadau papur newydd ar y pryd, cychwynnwyd y gwaith adeiladu yn 1910. Roedd tua ugain o siopau ar y llawr gwaelod a rhannwyd gweddill yr adeilad yn fflatiau, ynghyd ag ystafelloedd i weision a morynion, a stordai gyda golchfa ar y to. Yn ôl W. A. Lewis, ceid ystafelloedd yno i Undeb Cristnogol y Gwŷr Ieuanc a sefydliadau eraill gan gynnwys Llysgenhadaeth America am gyfnod.

Defnyddiwyd coed tîc i lunio'r dodrefn a'r silffoedd yn saith o'r siopau ac os ymwelir â Fferyllfa Stephenson, sydd drws nesaf i siop Mr Halawa, fel y mae o heddiw, gellir gweld y dodrefn a'r silffoedd gwreiddiol. Gydag ychydig o ddychymyg, nid yw'n anodd gweld mor smart y buasai'r lle ar ei newydd wedd yn 1910. Talwyd sylw manwl i du mewn y fflatiau, gan sicrhau bod dŵr poeth ac oer ar gael ynddynt. Roedd gan bob fflat falconi a dwy ffenestr ymhob ystafell. Roedd pedair set o risiau yn yr adeilad, un o bren tîc a'r lleill o farmor, a lifft ar gyfer teulu Davies Bryan eu hunain. Yn ogystal â

St David's Buildings, Cairo. Yr adeilad mwyaf yn yr Aifft ar y pryd.

hynny roedd sawl rhes o risiau haearn crwn yn rhedeg o'r llawr isaf i'r to yng nghefn yr adeilad.

Fe'i hadeiladwyd mewn dull neo-gothig, i fod yn ddiogel a chryf. Defnyddiwyd 900 tunell o ddur a 2,800 o dunelli o sment, tua hanner miliwn o friciau a sawl milltir o bibelli. Roedd lloriau'r ceginau wedi'u gorchuddio â theiliau terrazzo, a'r cynteddau a'r landins â marmor. Y tu allan roedd chwe cholofn o wenithfaen o Aberdeen a seiliwyd yr addurniadau ar flodau Prydeinig a brynwyd ym marchnad Covent Garden.

Yn 1909 croniclwyd hanes nifer fawr o fusnesau Cairo yn *Twentieth Century Impressions of Egypt*. Clywsom eisoes am y cyfeiriad ynddo at drafferthion John i sefydlu ei fusnes. At hyn, ceir cofnod helaeth am Davies Bryan a'i Gwmni gyda lluniau o'r brodyr a'u siop yn y Continental Savoy, a chynllun artist o'r adeilad newydd. Yn ogystal soniodd Wright am siop yn Khartoum, prifddinas y Swdan, a sefydlwyd ar ôl i Brydain ailgipio'r wlad.[2] Fodd bynnag, nid oes sôn am y siop hon mewn hysbyseb a ymddangosodd yn y 1910au, ond sonia am siopau yng Nghairo, Alexandria, Port Said (yn y Shaftesbury Building) a Llundain (35/37 Noble Street). Datganodd yn hyderus: *"Replete your outfits from Davies Bryan & Co ... Largest British Establishment in Egypt ... Reliable Goods only kept in stock ... ALL GARMENTS CUT BY FIRST CLASS ENGLISH CUTTERS."* Nodwyd hefyd yr ystod eang o nwyddau a werthent: Dillad i wahanol bwrpasau, fel gwisg filwrol neu ddillad ar gyfer y tywydd poeth; gwahanol ddeunyddiau; nwyddau tŷ i'r ystafelloedd gwely a'r ystafell molchi; cesys trafaelio a *"Cholera Belts..."*[3]

Yn ôl y *North Wales Observer & Express* dechreuasai'r teulu ddod ag eitemau ecsotig iawn yn ôl i Gymru o'r Aifft. Cynhwyswyd llawer ohonynt mewn arddangosfa bedwar diwrnod mewn basâr yn y Pafiliwn yng Nghaernarfon a gynhaliwyd gan Eglwys Fethodistaidd Seilo. Lloyd George, Canghellor y Trysorlys, a draddododd yr anerchiad agoriadol. Awgrymodd y dylai'r Trysorlys ddilyn esiampl Seilo a chynnal basâr er mwyn codi arian at ei achos. Llongyfarchodd yr eglwys am ei gwaith da yn y cymunedau tlotaf a chloi trwy ddweud bod crefydd yn un o anghenion sylfaenol bywyd.

Roedd gan nifer o'r stondinau yn y basâr themâu gwahanol fel St. Germain, Agincourt, Limoges a L'Orient. Roedd Elen, chwaer Kate Davies, Olwen, Gweno, Manon a Carys Davies Bryan yn ysgrifenyddion i'r achos. Parhaodd y cysylltiad efo Lloyd George am sawl blwyddyn gan fod Joseph ac yntau'n gyfeillion, ac arferai Gweno ganfasio yng nghwmni Megan Lloyd George.[4]

*Tu mewn i'r siop yn
St David's Buildings,
tua 1910.*

Ysgrifennodd Joseph at T. Gwynn Jones yn Hydref 1909 ynglŷn â swydd y dymunai Gwynn Jones ymgeisio amdani yn llyfrgell Coleg y Brifysgol Aberystwyth. Mae'n amlwg i Gwynn Jones ofyn i Joseph gael gair efo J. H. Davies, Cofrestrydd Coleg Prifysgol Aberystwyth rhwng 1905 a 1919, ar ei ran. Esboniodd Joseph nad oedd wedi cael cyfle i wneud hyn eto, ond gwelsai Mr Williams Jones yn Nhŷ'r Cyffredin, a dywedodd y gwnâi ei orau i ddylanwadu ar unrhyw ffrindiau oedd ganddo ar y Cyngor. Ar ôl cael gair efo J. H. Davies, ysgrifennodd yn gadarnhaol at Gwynn Jones: "He told me frankly that you were his choice, and also in strict confidence that Ballinger was in your favour but … owing to his position as Librarian could not take an agressive part in the selection." Er bod dau aelod o'r cyngor o blaid Gwynn Jones, ni roddodd 'J.H.' unrhyw arwydd pendant o'r canlyniad, ac felly bu'n rhaid i'r bardd ddisgwyl am y newydd. Ond yn y diwedd penodwyd Gwynn Jones i'r swydd. Wrth ysgrifennu ato i'w longyfarch mynegodd Robert ei ddymuniad i fod yn gwmni iddo yn y llyfrgell cymaint oedd ei gariad tuag at lyfrau. Cyfeiriodd at lyfrgell John Parry'r Degwm a gynhwysai:

> … lawer o hen lyfrau teulu fy mam. I'w ran ef y syrthiasant pan fu farw brodyr fy nain o'r Fanbadlen, Llanarmon-yn-Iâl … Llawer o lyfrau yn dwgu yr enwau Peter Parri a Simon Parri – brodyr fy nain. Dau gymeriad rhyfedd oeddynt. Bum lawer tro flys ysgriblo dipyn o'i hanes.[6]

Gwyddom am ddiddordeb Robert mewn gwleidyddiaeth ers cyhoeddi Neges Cymru yn 1900, ond ym Mai 1910 trodd ei olygon at wleidyddiaeth yr Aifft, gan ei fod wedi treulio nifer o aeafau yno bellach. Soniodd am Roosevelt – "gwr corffol hoew a llawn ynni, iachus o feddwl a chorff ac yn eon fel llew" – a fu'n ymweld â'r wlad ac roedd ganddo farn bendant am dwf cenedlaetholdeb:

> Nid oes rhithyn o gydymdeimlad gennyf at yr Uchelwyr hyn a alwant eu hunain yn 'Nationalists' yn yr wlad hon. Gêr fel arglwyddi Prydain ydynt yn cwyno'n enbyd am gwtogi eu hawliau anghyfiawn i ormesu ar y ffelahîn, fel yr arferent wneud. Eto ceir Sosialiaid ym Mhrydain yn eu cefnogi wedi eu twyllo gan yr enw. Brad-lofruddiwyd prif weinidog yr Aifft ddeufis yn ôl – unig Eifftwr pur a fu'n weinidog y goron yma ers can mlynedd – ac mae'r Mohametaniaid yn ceisio symud nef a daear … i gael y llofrudd yn rhydd canys Copt a Christion oedd y Prif Weinidog.

Yn ôl yng Nghaernarfon gweithiodd Robert yn daer ar gasgliadau o ganeuon, caniadau a chyfieithiadau am weddill y flwyddyn, a rhoddodd

Robert Bryan, bardd a cherddor.

ddarlith ar "Swyn y Dwyrain" yn Seilo. Ni phallodd ei egni gydol 1911 ac ym mis Rhagfyr atebodd ofyniad O. M. Edwards am ei ail gyfrol o farddoniaeth, *Tua'r Wawr*. At hynny gyrrodd ato soned ac erthygl gan Joseph ar y testun 'Islam a'i Phroffwyd' gan ofyn iddo'u dychwelyd os nad oeddynt yn addas. Bwriadai weithio ar y testun *Difyrion o'r Dwyrain* ei hun yn y man.[7]

Er nad oes fawr sôn amdano heddiw, roedd Robert Bryan yn weddol enwog mewn rhai cylchoedd yn ei ddydd. Soniodd gweddw Syr Thomas Parry amdano mewn cyfweliad efo Gwyn Erfyl ar BBC Radio Cymru. Roedd hi'n dal i gofio'i rhieni'n ei drafod pan oedd hi'n blentyn yn 1911. Byddai ei mam yn canu 'Suo Gân' iddi wrth noswylio a hoffai'r dôn yn fawr.

Huna blentyn yn fy mynwes,
Clyd a chynnes ydyw hon;
Breichiau mam sy'n dŵn am danat,
Cariad mam sy dan fy mron;
Ni cha dim amharu'r gyntun,
Ni wna undyn â thi gam;
Huna'n dawel, annwyl blentyn,
Huna'n fwyn ar fron dy fam.[8]

'Suo Gân' oedd un o ganeuon mwyaf poblogaidd Robert a pharha'n boblogaidd heddiw gyda chorau ac unawdwyr. Ac fe'i defnyddiwyd hi hefyd ar ddechrau'r ffilm *Empire of the Sun* rai blynyddoedd yn ôl.

Cyfeiriodd y Fonesig Enid Parry ato fel "dyn arbennig iawn". Cadwodd ddau gerdyn post ganddo ac fe'u cynhwyswyd mewn erthygl yn y *Casglwr*. Gyrrwyd y cyntaf ac arno lun pyramid Sakkarah o Alexandria yn 1911 i gyfarch "y fechan a phawb sydd yn ei charu".

Daeth y cerdyn arall ac arno lun o deml Philae yn 1913. Dywedodd ei bod hi'n trysori'r ddau gerdyn ac yn gresynu ei bod hi'n rhy ifanc i gofio'r gŵr dawnus a'u gyrrodd ati, ac a ddaeth â photelaid o ddŵr o'r Iorddonen i Gaernarfon i'w bedyddio.[9]

Yn Ebrill 1913 ysgrifennodd Robert at Gwynn Jones i drafod ei gofiant i Emrys ap Iwan, gan sôn am y problemau a gafwyd ynglŷn â'r "Inglis Cos". Nid oes dim yn newydd dan yr haul fe ymddengys, oherwydd yr un oedd problemau Emrys ap Iwan â rhai Capten Bryan yng Nghapel Bethel erstalwm. A daeth Robert yntau dan yr un lach pan ddysgai yn Sir Benfro. Dywedai'r blaenor yno y byddai'n rhaid iddo ymneilltuo o'r Methodistiaid oni fyddai'n ufuddhau i'r 'Gyffes Ffydd'. Bygythiodd Robert i droi ei gefn arnynt ac ymuno efo'r Bedyddwyr neu'r Annibynwyr. Caeodd hynny eu cegau, ond ni fu pethau'r un fath wedyn iddo yno. "Onid oedd rhyw hunllef ar ein gwlad y dyddiau yna? Ac eto yr oedd pleidwyr achosion gwrth Gymreig hyn yn honni bod yn gystal a gwyr fel Emrys ap Iwan!"[10]

Doedd 1913 ddim yn flwyddyn arbennig o hapus i Dilys, merch ieuengaf Joseph, oblegid fe'i gyrrwyd i Goleg Penrhos ym Mae Colwyn am gyfnod o chwe blynedd. Yn

Manon (yn sefyll) a Carys Davies Bryan, tua 1913.

ôl y teulu wnaeth hi ddim ymgartrefu yno a dywedir iddi roi'r gorau i breswylio'n llawn amser a mynd yn ddisgybl dydd, gan aros efo Ellen Hughes yng Nghaernarfon.

Yn y cyfamser roedd ei chwiorydd hŷn Gweno a Manon yn gweithio'n galed yng Ngholeg y Brifysgol Aberystwyth, fel eu tad gynt. Credai Joseph mewn addysg dda i'w ferched ac mewn ffeministiaeth ond nid oedd o blaid merched ym myd busnes. Roedd agwedd Edward ar y mater hwn yn hollol wrthgyferbyniol i Joseph. Dymunai Olwen astudio i fod yn feddyg ond ni chaniatawyd hyn gan ei thad. Yn ei henaint clywyd hi'n dweud: *"Oh I wish Daddy had let me."*[11]

Beth bynnag oedd breuddwydion y merched am eu dyfodol byddai'n rhaid iddynt eu rhoi o'r neilltu yn wyneb yr erchylltra ar y gorwel.

NODIADAU

1. Am fanylion am St. David's Buildings: W. A. Lewis. *Y Ford Gron*, op. cit. Newidiwyd enwau'r strydoedd yng Nghairo yn y 1950au ac mae hen gyfeiriad yr adeilad, sef Sharia El Manakh, Sharia El Maghraby a Sharia Emad El Dine, heddiw yn Sharia Adly, Sharia Mohammed Farid a Sharia Abdel Khalek Sarwat; fideo o ymweliad Gwyn Llywelyn â'r safle yn y 1990au gan W&MEJ; Rafaat, op. cit.; sgwrs â'r diweddar BP. Am hen hanner yr adeilad: Ivor Wynne Jones yn dilyn ei sgwrs gyda Mrs Fred Purslow a gymerodd gyfrifoldeb am y rhan honno o'r busnes yn 1934. Am y garreg sylfaen: RBD.

2. A. Wright (gol.), op. cit.

3. CDB:XM/8322/66.

4. CDB:XM/8322/92; sgwrs efo RBD ynglŷn â chysylltiadau efo Lloyd George a Megan Lloyd George.

5. JosDB@TGJ, 12 Hydref 1909, papurau TGJ, G253, LLGC. Manylion am J. H. Davies o E. L. Ellis, *The University College of Wales, Aberystwyth 1872–1972*, Caerdydd, 1972, t. 335; RB@TGJ, 18 Rhagfyr 1909, papurau TGJ, G269, LLGC.

6. RB@TGJ, 7 Mai 1910, papurau TGJ, G270, LLGC

7. RB@TGJ, 14 Tachwedd 1910, papurau TGJ, G271,LLGC; RB@OME, 9 Rhagfyr 1911, NLW MS 8438D, 104 2a, LLGC.

8. *Tua'r Wawr*, t. 47.

9. Erthygl *Y Casglwr* gan MEJ; copi o'r cyfweliad a'r Fonesig Enid Parry o'r BBC gan GBJ.

10. RB@TGJ, 5 Ebrill 1913, Papurau TGJ G272, LLGC.

11. Am addysg y merched, sgyrsiau â'r diweddar BP, TBO; am addysg Olwen: sgwrs â Sidi a'r ddiweddar Bessie Roberts.

12. Dyddiau Duon

Mewn gwersi hanes cenedlaethau o blant ysgol mae un digwyddiad yn y 1910au yn tra-arglwyddiaethu dros y gweddill: Rhyfel Mawr 1914–18. Fel pyped y llywodraeth Brydeinig doedd gan yr Aifft fawr o ddewis ond derbyn ei rhan yn y rhyfel a gweddïo am gael dod trwy'r ddrycin. Er bod Prydain yn chwarae rhan ganolog yn rhedeg y wlad bellach, parhâi'r Aifft i dalu swm blynyddol i Swltan Twrci.[1] Yn anffodus, daethai'r wlad honno o dan ddylanwad yr Almaen, ac felly nid oedd gan Brydain ddewis ond dangos ei grym yn y Dwyrain Canol.

Cyn belled ag yr oedd yr Eifftiwr cyffredin yn y cwestiwn roedd effaith y rhyfel yn ddeublyg. Yn gyntaf, defnyddiwyd y ffelahin – y werin – yn natblygiad cenedlaetholdeb yr Aifft, fel y nododd Robert yn graff yn ei lythyrau. Ceisiodd y cenedlaetholwyr ennill pleidiau'r werin i'w hachos. Roedd y werin wedi magu hyder o dan arweiniad Saad Zaghlul yn ystod y rhyfel. Bu hwnnw'n rym blaenllaw yng ngwleidyddiaeth yr Aifft hyd ei farwolaeth yn 1927. Yn eironig, er i Arglwydd Cromer ei benodi'n Weinidog Addysg, am ei fod wedi'i swyno gan ei gysylltiadau ag *élite* yr Aifft, erbyn 1914 roedd Zaghlul yn Ddirprwy Arlywydd y Cynulliad ac, o fewn dim, yn Arweinydd yr Wrthblaid – yn erbyn Prydain!

Yn ail, fel rhan o'r ymerodraeth cynyddodd ffyniant economaidd yr Aifft, ond yn aml yr arweinwyr a wnâi'r elw ar gefn y gweithwyr tlotaf, a magai hynny ddrwgdeimlad yn eu mysg. Serch hyn roedd mwy o waith ar gael oherwydd fod y cwmnïau a ddibynnai ar fewnforio gynt, yn ddibynnol bellach ar nwyddau a chnydau lleol – fel tecstiliau, y *fez*, siwgwr a thybaco. Yn 1914 cynyddodd pris cotwm a llewyrchodd y cwmnïau a ddarparai nwyddau ar gyfer y fyddin.[2]

Fel y gwelsom o'r ffordd y sefydlodd John y busnes, rhoddai Davies Bryan a'i Gwmni lawer o stôr ar fewnforio nwyddau Ewropeaidd o'r ansawdd gorau i'r Aifft, felly oni fyddai'r busnes yn rhwym o fethu yn sgil y Rhyfel Mawr?

Pe baech yn deithiwr yn 1914 ac wedi cyfeirio at eich copi hanfodol o *Baedeker*, byddech wedi sylwi ar y nodyn canlynol o dan yr adran ar Alexandria ar dudalen 11: *"All kinds of European articles are to be found in the Rue Cherif Pacha (Davies Bryan & Co.)"*. Ceir nodyn tebyg am y siopau yng Nghairo ar dudalen 40. Roedd y nodiadau hyn yn enghraifft glir bod y busnes yn ffynnu felly. Ond byddai'r llyfr yn siŵr o fod wedi ei brintio cyn y rhyfel ac efallai nad oedd y nodyn yn rhoi darlun cywir o'r sefyllfa. Beth oedd hanes Davies Bryan a'i Gwmni yn ystod y rhyfel felly?

Barn y diweddar Bryan Pugh, un o wyrion Joseph, oedd bod y cwmni wedi ffynnu a'i fod yn un o'r cwmnïau a allai ddibynnu ar ddeunydd crai brodorol. Rhaid eu bod nhw wedi elwa o gyflenwi nwyddau i'r fyddin. Prynai milwyr fel T. E. Lawrence – *Lawrence of Arabia* – ei grysau o'r siop yng Nghairo, yn ôl gwybodaeth gan deulu Robert Hughes a weithiai i Davies Bryan a'i Gwmni rhwng 1915 a 1920. Roedd y Continental Savoy yn bencadlys y Fyddin Unedig yn ystod y rhyfel ac arhosai Lawrence yno er mwyn osgoi cyhoeddusrwydd.[3]

Serch dryswch y rhyfel, yn 1915 teithiodd Gweno, merch hynaf Joseph, i'r Aifft gan aros tan ddiwedd y rhyfel. Ond cadwyd Dilys yn bell oddi wrth ei rhieni gan y terfysg. Am mai hi oedd yr ieuengaf, tybid y byddai'n fwy diogel mewn ysgol breswyl yn yr henwlad. Gorfodwyd Robert i aros yn yr Aifft hefyd o 1914 ymlaen, wedi iddo dreulio'r gaeaf yno.

O gwmpas yr adeg y cyrhaeddodd Gweno yr Aifft, daeth y llenor enwog E. M. Forster i Alexandria, a bu yno am bedair blynedd yn gweithio i'r Groes Goch. Cofnododd fywyd yr Aifft fel y colofnydd 'Pharos' yn yr *Egyptian Mail*. Sylwai ar ddigwyddiadau beunyddiol fel: *"The numerous convalescent officers at present to be seen perambulating Cherif Pacha St. in blue bands ..."* Dyma'r olygfa y byddai Joseph wedi gweld o'i swyddfa ar lawr cyntaf ei adeilad. Soniodd Eifftes, ffrind i ferch Edward Athanassian, un o weithwyr Joseph yn Alexandria, am swyddfa'r heddlu yn Sharia Fouad, heb fod ymhell o'r siop, a oedd yn hynod o lân. Roedd cadwyn fawr aur o'i hamgylch a gwisgai'r heddlu fyclau aur a befriai yn yr haul.[4]

Byddai Joseph yn teithio'n feunyddiol o'r Hafod ym Moharambey, gyda'i ginio o frechdanau blasus a baratoid ar ei gyfer gan Jane. Gwnâi hithau sgons bob diwrnod hefyd gan wahodd ffrindiau Cymreig a milwyr draw i de. Ar ôl gêm o dennis, galwai Joseph nhw i fewn, dan ganu: *'Come for tea my people'*

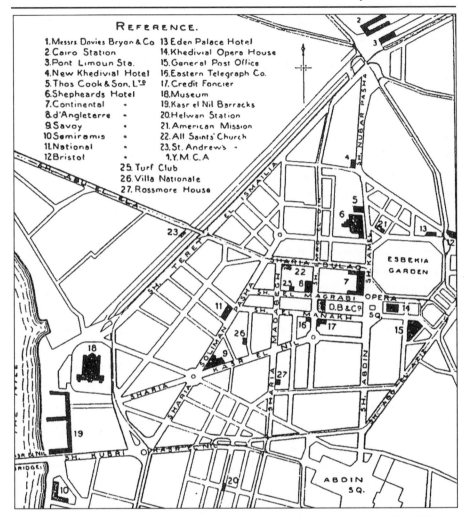

REFERENCE.

1. Messrs. Davies Bryan & Co
2. Cairo Station
3. Pont Limoun Sta.
4. New Khedivial Hotel
5. Thos Cook & Son, L.^t.o
6. Shepheards Hotel
7. Continental   •
8. d'Angleterre   •
9. Savoy   •
10. Semiramis   •
11. National   •
12. Bristol   •
13. Eden Palace Hotel
14. Khedivial Opera House
15. General Post Office
16. Eastern Telegraph Co.
17. Credit Foncier
18. Museum
19. Kasr el Nil Barracks
20. Helwan Station
21. American Mission
22. All Saints' Church
23. St. Andrew's •
1. Y.M.C.A
25. Turf Club
26. Villa Nationale
27. Rossmore House

Map yn dangos safle'r Continental Savoy (Rhif 9) lle yr
adeiladwyd St David's Buildings, Cairo.

ar y dôn 'Comfort ye my people' allan o'r *Meseia* gan Handel. Achlysuron
cartrefol fel hyn a gynhaliai ysbryd y teulu mewn cyfnod anodd.[5]

Yn ystod y rhyfel daeth y croeso brwd Cymreig yn falm i'r milwyr. Trodd
yr Hafod yn Alexandria a St David's Buildings yng Nghairo yn llochesau ac
yn fannau cyfarfod poblogaidd iawn. Gan fod tua naw deg o flynyddoedd ers
cychwyn y rhyfel bellach, roedd yn dipyn o gamp dod o hyd i dystiolaeth
gan filwyr unigol am unrhyw brofiad uniongyrchol yn gysylltiedig efo teulu
Davies Bryan. Fodd bynnag, deuthum ar draws un milwr a fu mewn

cysylltiad â nhw, sef Octavius C. Moore Haines a cheir cyfeiriadau atynt yn ei lythyrau.

Roedd Ott Haines, fel y down i'w adnabod, yn hyfforddi i fod yn ddeintydd yn 1915 pan ymunodd â'r Royal Army Medical Corps. Gweithiodd yn yr ysbyty milwrol yn y Citadel, hen gaer y Swltan Saladin, yng Nghairo rhwng 1916 ac 1918. Disgrifiodd y ddinas fel fersiwn *'oriental'* o Fanceinion yn y pedwar ugain o lythyrau a gadwyd gan ei deulu. Aeth yn ddeintydd llawn amser ar ôl y rhyfel, gan sefydlu practis ym Mhont-y-pŵl. Bu farw yno yn 1934. Yn ei lythyrau cawn gip ar weithgareddau teulu Davies Bryan yn ystod y Rhyfel Mawr:

> *Sunday. 26/3/16*
> *... I was down to Mr Bryan's Welsh Garden Party last Tuesday; all the old Welsh Fogies were there too, such sketches. The Oriental life doesn't seem to suit their dials somehow. Anyway we had a decent tea, & all home made tarts etc. First time I have tasted apple tart since I left home. There were about a hundred there ...*

> *3/4/16*
> *I am going down to Davies Bryan's Garden Party to-morrow. It has become a weekly affair ...*[6]

Safbwynt Ewropeaidd ar fywyd yr Aifft sydd yn y llythyrau hyn wrth gwrs, ac afraid dweud bod gan frodorion y wlad olwg tra gwahanol ar y sefyllfa. Ysgrifennodd Mahmoud Helmy, llenor o Alexandria a anwyd yn 1916 yn Anfushi, yn ardal Bahari ger y porthladd, am y rhwyg cymdeithasol yn y ddinas:

> *Once after a visit to the shops of Mansheya where I saw all these unveiled foreign women, I returned home and said to my mother, 'I went to Europe today!' It is this sense of ethnicity and, with it, culture which was and is the most abiding feature of Bahari. To Europeans it was the 'Turkish Town' or more patronizingly the Indigenous Quarter, an area of local colour and not necessarily to be ventured into ...*[7]

Ysgrifennai Robert yn gyson at Gwynn Jones trwy'r cyfnod cythryblus ac yn 1916 disgrifiodd y tyndra yn Alexandria yn ystod y Rhyfel. Trigent yn "Sŵn y frwydr megis", a roedd "sôn am ymosodiad buan ar y canal gan y Tyrciaid, a sôn am amryw sgarmesoedd rhyngom â'r Senoussi yn y

Gorllewin … yma'n ddyddiol." Gobeithiai y caent eu hamddiffyn rhag mynd yn brae "i raib y gelyn fel y gwnaed mewn modd anfaddeuadwy i Serbia a Montenegro er misoedd o rybudd." Glaniai milwyr "iach a hoew" bob dydd, ac edrychent yn well na'r rhai a ddaethai yna gyntaf o Fanceinion i gymryd lle'r rheiny a aeth i'r ffosydd yn Ffrainc. Braf oedd clywed y Gymraeg yn cael ei siarad ar y tramiau, ac roedd y milwyr yn falch o gael eu cyfarch gan Robert yn eu hiaith eu hunain.

Gan fod y fyddin wedi ymadael â Gallipoli bellach, roedd yr ysbytai'n wacach ac nid oedd "y galon mor glwyfus … wrth weled llongau'n nesu at y tir …" efo mwy o gleifion arnynt. "Anfad y tu hwnt i eiriau fu'r ymgyrch i Gallipoli," meddai Robert, "y bwnglerwch anfaddeuadwy ydoedd ar ran Cadfridogion y fyddin."

Roedd Robert yn ddig iawn wrth glywed straeon y milwyr am yr arweinyddiaeth. Clywodd hanes un grŵp o filwyr Seisnig a gafodd eu gyrru o Ffrainc i'r Aifft yn Rhagfyr 1915. Fe'u cadwyd nhw ym Marseilles am bron i bythefnos cyn dod i Alexandria. Wedi cyrraedd yno "hyrddiwyd hwynt ar drên am" Gamlas Suez. Buont yno am bythefnos cyn cael eu symud yn ôl i Ffrainc a'u symud yn ddiweddarach yn ôl i Alexandria am yr eildro mewn deufis. "Colled ymhob ystyr ydyw peth fel hyn, ond y golled fwyaf o'r cwbwl ydyw colli ymddiried yn yr awdurdodau."

Poenai Robert, fel eraill, am effaith fyd-eang y rhyfel, a theimlai ei fod wedi chwalu pob argoel o ramant a fu yn y byd. Amheuai fod y Cymry'n rhy agos at bethau i weld "trem eang y Rhyfel a wthiwyd ar Ewrob gan yr Almaen i'w hamcanion ei hun …" Ofnai rym y Kaiser. Fe'i hargyhoeddwyd fod yr Almaen â'i bryd ar ryfel yn 1914 wrth i filoedd o filwyr Almaenig ddychwelyd o China, Java, Japan ac India ym Mehefin a Gorffennaf y flwyddyn honno. Ategwyd ei ofnau pan adroddodd ffrind iddo yr hyn a welodd un nos yn nechrau Gorffennaf. Ym mherfedd nos cludwyd bocsys piano i westy Almaenig ar Fynydd yr Olewydd a digwyddodd un syrthio i'r llawr gan dorri a pheri i'r bocs agor ac ynddo roedd cyflenwad o ddryllau Maxim.

Fe allai Robert drafod effeithiau'r rhyfel yn ddi-ben-draw. Soniai am sefyllfa'r Gwyddelod a'r Armeniaid. Os trechai'r Almaen Ewrop ni fyddai rhyddid yn Iwerddon am mai "hyhi yw allwedd yr Atlantig". Soniodd hefyd am fygythiad yr Almaen yn erbyn cyflenwad dŵr Alexandria ac am y cynllun i ddifa argae Aswan.

Erys ateb Gwynn Jones i lythyr Robert y tro hwn, peth prin yn yr ohebiaeth hon, mewn ysgrifen fân a thwt. Dyma bwt ohono:

Am y rhyfel ofer imi ychwanegu dim ac ni ddywedaf ond hyn. Os ydym yn rhy agos ato i'w gondemnio, yr ydym yn sicr yn rhy agos ato i'w ganmol. Y mae popeth a ddigwyddodd yma hyd yr awr hon, a phob llythyr a gefais oddi wrth gyfeillion o Ffrainc a'r Aifft, yn fy nghadarnhau yn fy ngolygiadau. Ac mae barn y wlad hon eisoes yn dechrau troi. Dengys amser pwy sydd agosaf i'r iawn. Ac yr wyf yn berffaith fodlon i dewi ac aros ...[8]

Fis Medi 1916 ysgrifennodd Edward at y *Cambrian News* gan apelio am raglenni cymanfa i'r milwyr Cymreig. Roedd o eisiau copïau o *Tunes & Hymns* a ganwyd ar ddiwrnod olaf yr Eisteddfod Genedlaethol yn Aberystwyth. Byddai angen tua phedair mil ohonynt er mwyn cynnal gwasanaethau ar gyfer y Ffiwsilwyr Brenhinol Cymreig ac Iwmyn Sir Forgannwg a Phenfro. Sefydlwyd côr meibion yn Alexandria ac erys llun ohono yn Archifdy Gwynedd. Milwyr ifanc yn eu gwisgoedd yn barod am ryfel ac am gân.[9]

Yng nghanol berw'r rhyfel ym mis Hydref 1916 dathlodd Edward a Kate Davies Bryan eu priodas arian, ac ar gynffon y dathliad hwnnw, daeth dyweddïad Olwen, eu merch, i Richard Orthin Hilton Jones, mab ieuengaf Dr R. T. Jones, Y.H., Harlech, Gwynedd. Priodwyd y ddau yn Nhachwedd 1917 yn Engedi, Caernarfon. Ni allai Edward na Kate fod yno oherwydd y rhyfel. Ddeunaw mis yn ddiweddarach clwyfwyd Orthin yn y rhyfel ar ôl gwasanaethu yn y fyddin am chwe blynedd a hanner. Brwydrasai yn Ffrainc, yr Aifft a Salonika. Clwyfwyd ef ddwywaith yn Ffrainc. Cafodd ei anrhydeddu â'r M.C. gan y Brenin yn Awst 1917. Yna bu'n gweithio am gyfnod mewn ysbyty yn Lerpwl cyn symud i'r Weinyddiaeth Bensiynau.[10]

Cymwynas arall a wnaeth y brodyr â'r milwyr oedd ysgrifennu adref ar eu rhan. Buont yn gohebu â pherthnasau Emyr Williams: "cyfreithiwr ac Eisteddfodwr o Lanffestiniog ... Ffiwsiliwr Brenhinol Cymreig ac yn Is-Gapten ym myddin Allenby ym Mhalestine". Roedd yn un o gannoedd o filwyr a groesodd riniog yr Hafod. Un arall oedd yr Athro David Williams, ar ei ffordd i Gaza, a phregethodd yn Eglwys Sant Andrew yn Alexandria. Llosgwyd yr eglwys hon yn ystod yr Ail Ryfel Byd. Rhai eraill oedd mab i

Tud 150: Te parti efo rhai o filwyr y Rhyfel Byd Cyntaf yng ngardd Hafod. Mae Joseph a'i wraig yn y cefn a merched Joseph (Gweno, Bronwen, Manon a Carys) mewn hetiau ac Olwen mewn blows wên ac mae ei gŵr, Orthin Hilton Jones, tu ôl iddi ar y chwith.

Yr Uwchgapten Tom Parry (chwith), Joseph Davies Bryan (canol) ac Emyr Williams (de) yn Wadi Nimr, Palesteina, 1918.

Ann Jones, Llangawsai; Johnny Rae, mab Cyrnol Rae ac Edmund Joseph o Union Street. "Felly ymron pob dydd rhywun o'r hen wlad," meddai Joseph wrth ysgrifennu at fam Emyr Williams yn Awst 1917.

Cawsai lythyr arall bum mis yn ddiweddarach i ddweud bod Emyr yn holliach ar ôl brwydr fawr yn Gaza a Beersheba. Ceisiodd leddfu ei phoenau am symudiadau'r milwyr wrth ddynesu at Jerwsalem. *"Mothers pay a heavy toll …"* meddai Joseph, *" [and] the only source of happiness to you – the faith in your own heart."* Ymwelodd Joseph ag Emyr Williams ym Mhalesteina ar y ffrynt yn Wady Nimr 1918. Tynnwyd ei lun yno efo Emyr a'r Uwchgapten Tom Parry.

*

Yn ôl ac ymlaen yr âi'r llythyrau rhwng Robert a Gwynn Jones. Ysgrifennodd un yn Ffrangeg rhag ofn i'r un Cymraeg beidio â'i gyrraedd. Teimlai'n rhyfedd ysgrifennu ato yn Saesneg. Dywedodd Robert eu bod yn ddiogel yn yr Aifft ond na fyddai pethau byth yr un fath yno. Soniodd am rai o'i ffrindiau a aeth i'r rhyfel a'r sawl a wnaed yn wallgof gan ei brofiadau.

Ar ôl y rhyfel cododd Edward gofeb fynor yn Eglwys Beulah, Caernarfon, er cof am y milwyr a gollodd eu bywydau:

> *Er cof Annwyl am aelodau*
> *O'r Eglwys hon a syrthiodd*
> *Yn yr Rhyfel Mawr 1914–18*
>
> *R. J. Hughes, 16 New St.*
> *Willie Jones, 3 Beulah Sq.*
> *William Jones, 13 Hendre St.*
> *William J. Jones, 53 Pool St.*

John Owen Jones, Peblig Factory
John O. Jones, Ty'n Drain
W. H. Parry, 7 Assheton Terr.
William J. Roberts, 34 St Helen's St.

Cariad mwy na hwn nid oes gan neb
sef bod i un roi ei einioes dros ei gyfeillion.[11]

Er bod y rhyfel drosodd erbyn 1919 fe deimlid yr effeithiau am hydoedd, fel tonnau ar ôl daeargryn, mewn nifer o wledydd gan gynnwys yr Aifft. Fel y dywed Trevor Mostyn: *"In March 1919 life in Egypt came to an abrupt halt. Nobody went to work, and trains and trams ceased to function. On 18th March eight British soldiers were murdered on their way to Cairo"*. Rhoes Thomas Russell (Russell Pasha), Pennaeth Heddlu Prydeinig Cairo, adroddiad am y lladrata a fu yng Nghairo, am farwolaethau Prydeinwyr ac am lofruddiaeth un o'i dditectifs ei hun. Bu'n rhaid iddo rwystro milwyr Awstralaidd rhag taro'n ôl. Roedd y ddinas tu ôl i wrthgloddiau a gwnaeth myfyrwyr Prifysgol Al-Azhar ffosydd ar gyfer Russell a'r milwyr. Y cyngor pennaf a gafodd Pennaeth yr Heddlu oedd i beidio â defnyddio milwyr Eifftaidd wrth frwydro yn erbyn y terfysgwyr, gan y byddent yn debygol o newid ochr ac ymuno â'r gelyn.

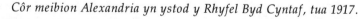

Côr meibion Alexandria yn ystod y Rhyfel Byd Cyntaf, tua 1917.

Defnyddiwyd pob math o arfau yn y sgarmesoedd a disgrifiwyd yr olygfa fel cymysgfa o *Inferno* Dante, y Chwyldro Ffrengig a *'Oriental Fanaticism'*. Tyngodd Allenby, pe ceid ymosodiad arall, y byddai'n gyrru'r fyddin yn erbyn y dorf a byddai'n un o'r golygfeydd mwyaf gwaedlyd mewn hanes. Adroddodd Wilson Pasha o Fyddin Hijaz iddo weld y terfysgoedd o ffenestr gwesty'r Continental a bod ei galon yn ei wddf.

Serch y ffaith bod Prydain wedi rhoi'r gorau i'w sofraniaeth yn yr Aifft yn 1912, a bod Khedive Fouad bellach yn frenin, ni leihaodd Prydain ei gafael ar yr Aifft. Bu môr o broblemau yng ngweinyddiaeth y wlad. Magodd y cenedlaetholwyr hyder o dan Saad Zaghlul gan arwain at helynt 1919. Fel y dywedodd Vatikiotis, roedd pob dosbarth cymdeithasol yn ymhlyg yn y terfysgoedd rywsut, a'r teimlad cyffredinol yno oedd bod yr Aifft wedi bwrw'i phrentisiaeth o dan Brydain a'i bod bellach yn barod am ei hannibyniaeth.[12]

Trwy ryw ryfedd wyrth, serch y ffaith bod gweddill y wlad yn dangos teimladau gwrth-Brydeinig, a llawer wedi dioddef oherwydd hynny, llwyddodd y brodyr Davies Bryan i osgoi'r un condemniad. Erys un stori amdanynt a adroddwyd yn Alexandria a Chairo sy'n cadarnhau hynny. Dyma grynodeb ohoni:

> Bu cyfarfod o'r brodorion yn Alexandria lle y penderfynwyd y câi pob Prydeiniwr, yn ddyn, ddynes neu blentyn, eu lladd yn mis Mawrth. Ar ôl trafodaeth hir penderfynwyd achub un Prydeiniwr am ei fod yn garedig i'r brodorion. Y gŵr hwnnw oedd Davies Bryan! Ond roedd peth anghytundeb ynglŷn â hyn. Felly, cynhaliwyd ail gyfarfod, ac yn hwnnw penderfynwyd y câi Davies Bryan ei ladd, fel y lleill, neu byddai'n ymddwyn fel brenin y wlad o fewn mis, a chyn waethed ag unrhyw Swltan a fu'n ben arnynt.

Ni wyddai unrhyw un, nid lleiaf Joseph ac Edward, sut y dechreuodd y stori, ond credai Joseph ei bod yn ddoniol iawn.[13] Ac felly, parhâi safle Davies Bryan yn weddol ddiogel, ond fel y cyfleai llythyrau Robert at Gwynn Jones roedd naws dywyllach yn y wlad bellach.

Wrth longyfarch Gwynn Jones ar ei benodiad i Gadair Gregynog mewn Llenyddiaeth Gymraeg yn Mhrifysgol Aberystwyth, dywedodd Robert y buasai'n gynnil yn ei ddisgrifiadau o'r Aifft yn ei lythyr diweddaraf at O. M. Edwards: "Gallaswn roddi manylion a ferwinasai ei glustiau ef a phob darllenydd am ymddygiadau'r terfysgwyr at y byw a'r marw ond waeth tewi

..." Parodd yr holl brofiad iddo fyfyrio ar y byd yn gyffredinol a'r "ynfydrwydd erchyll" a arweiniodd wledydd i ymddwyn fel y gwnaethant. Ni allai Robert ymdopi â'r newidiadau yn nhymer y boblogaeth leol: "Bûm trwy'r blynyddoedd yn bleidiol iawn i'r bobl hyn, yn arbennig felly tuag at y Coptiaid, ond mae'n anodd cadw'r hen deimladau'n fyw ynghanol gwaeddiadau gorffwyll am ein gwaed a bygythion dinistr llwyr ini ac i'n gwlad."

Taerai mai'r llywodraeth Brydeinig a fuasai'r llywodraeth orau a welwyd yn yr Aifft er mil o flynyddoedd; beth bynnag y colledion, ni allent fod yn waeth na'r hyn a wnaethpwyd dan y Tyrciaid, y Mameliwciaid a'r Arabiaid, "y rhai sydd yr awron mor uchel eu cri am ddwyn yn ôl yr hen amseroedd hyfryd pan oeddynt hwy yn teyrnasu ... yn ôl eu hewyllus eu hunain ac nid yn ôl na deddf na rheol uniawn".[14]

Serch yr holl erchylltra oedd o'u hamgylch yn ystod y cyfnod hwnnw, codwyd ysbryd teulu Joseph gan briodasau Carys a Manon. Priododd Carys â Thomas Morris Davies yng Ngorffennaf 1919 yn St. Martin's, Llundain. Meddyg o Acton oedd Thomas, ac ar un adeg bu'n feddyg i ffatri Walls Ice Cream, a wnaeth eu neiaint yn hapus dros ben, yn ôl Trevor Bryan Owen! Cawsant ddau o blant, Peter David Bryan a Margaret Ruth. Yn anffodus, ni pharhaodd y briodas a diweddodd mewn ysgariad.

Priodwyd Manon â William John Pugh yn Islington, fis ar ôl i Carys a Thomas briodi. Roedd William yn gyd-fyfyriwr â Manon yn Aberystwyth pan gyfarfu'r ddau. Roedd yn llwyddiannus iawn yn ei yrfa fel Pennaeth yr Adran Ddaeareg yn Aberystwyth ac wedyn ym Manceinion. Yn ddiweddarach penodwyd ef yn gyfarwyddwr Arolwg Daearegol Prydain, ac fe'i hurddwyd yn farchog yn 1956. Cawsant bedwar o blant, y diweddar Bryan Butler – a fu farw ar 19 Ebrill 2002, ac a fu'n gymaint o gymorth imi yn ystod fy ngwaith ymchwil – John Clayton, David Robert a Colin Marc.[15]

NODIADAU

1. Ivor Wynne Jones, *Wales & Israel*, Pegasus, Penrhyn Bay, Gwynedd, 1988, t. 8.

2. P. J. Vatikiotis, op. cit., tt. 247, 253–4, 255–7.

3. Llyfrau teithio *Baedeker* o 1914 ymlaen: Llyfrgell y Brifysgol Americanaidd, Cairo. Sgwrs gyda BP ynglŷn â DB & Co. yn ystod y Rhyfel Byd. Am Lawrence of Arabia – manylion gan Glenys Roberts, merch Robert Hughes. Am bencadlys y fyddin: Trevor Mostyn, op. cit., t. 158.

4. Am swyddfa'r heddlu, ffrind Naomi Athanassian.

5. Jane Lagoudis Pinchin, *Alexandria Still – Forster, Durrell & Cavafy*, Princeton University Press, Princeton, New Jersey, 1977, tt. 111, 117. Manylion am yr Hafod etc. gan RBD.

6. Barbara Beck, *My Dearest Mama & Papa, 1914–18 War Letters Written by Octavius C. Moore Haines*, D. Brown & Sons Ltd., Cowbridge, 1994, tt. 82, 144–5, 149; manylion am gefndir Haines o glawr y llyfr.

7. 'Turkish Delight', Colin Clement, *Cairo Today*, Gorffennaf 1992, tt. 64–5.

8. Am y rhyfel: RB@TGJ, 2 Chwefror 1916, papurau TGJ, G275, LLGC; RB@TGJ 24 Mehefin 1916, papurau TGJ, G276 (i, ii, iii, iv) LLGC; TGJ@RB, 31 Rhagfyr 1916, papurau TGJ, G277, LLGC.

9. CDB:XM/8322/74 am filwyr Cymreig; CDB:XM/8322/229: y llun o gôr meibion Alexandria.

10. Am ddathliad priodas arian EDB a CDB – CDB:XM/8322/41. Am briodas Olwen a hanes Orthin: CDB:XM/8322/91; CDB:XM/8322/38; CDB:XM/8322/62 (yn ôl Sidi a Bessie Roberts yn 21 oed yn 1916 yn Engedi, ond nid yw'r dyddiadau eraill o gatalog DB yn cyfateb i hyn).

11. Dau lythyr JosDB@ fam Emyr Williams: papurau Emyr Willams LLGC. Bywgraffiad arno: *Bywgraffiadur* t. 242; llun y tri gŵr yn Wady Nimr 1918: Llyfr Lloffion Dafydd Bryan Edwards; llythyr Ffrangeg RB@TGJ, papurau TGJ: dd (1918–19?). Rwy'n ddiolchgar i Ceridwen Lloyd Morgan, aelod o staff LLGC am gyfieithu'r llythyr; cofeb EDB i'r milwyr: CDB:XM/8322/98.

12. Trevor Mostyn, op. cit., tt. 161–6; P. J.Vatikiotis op. cit., tt. 176–7.

13. CDB:XM/8322/49.

14. RB@TGJ, 30 Awst 1919, papurau TGJ G279, LLGC; RB@TGJ, 18 Rhagfyr 1919, papurau TGJ G280 (i ii), LLGC.

15. Manylion am achau'r teulu gan BP a TBO.

13. "Swynion Newydd"

Erbyn Ebrill 1920 roedd yr Aifft yn dawelach, ond tawelwch digon arwynebol oedd o. Roedd lladrata a llofruddio'n rhemp o hyd, fel y dywedodd Robert mewn llythyr at O. M. Edwards: "A'r Saeson gaiff y bai *am na wnânt i'r Swyddogion Eifftaidd gwneud eu gwaith*". Roedd y sefyllfa economaidd yn anodd am fod prisiau cotwm mor uchel a chyn lleied o ŷd ar gael oherwydd fod ffermwyr yn tynnu'r gwenith i fyny o'i wraidd, er mwyn plannu cotwm yn ei le. Datblygodd problemau eraill yn sgil twf cenedlaetholdeb: "… y gŵyn gyffredinol ydyw fod yr Aifft eisoes wedi ei handwyo am flynyddoedd, ac fod byw yma bellach ymron yn amhosibl."[1]

A dyna'r llythyr olaf a yrrodd Robert at unrhyw un oblegid bu farw o'r diciâu ar Ddydd Iau Dyrchafael, 13 Mai 1920, ddeuddydd cyn marwolaeth O. M. Edwards ei hun.

Disgrifid Robert gan E. Morgan Humphreys fel: "gŵr ysgafn a byr o gorff, ei wallt trwchus yn britho, mwstás anferth yn cuddio ei enau a rhan isaf ei wyneb, a dau lygad byw, direidus, yn pefrio arnom dan aeliau trymion." Aeth ymlaen i'w ddarlunio fel gŵr yn "cloffi rhwng deufyd", a freuddwydiodd am y pethau mawr a wnâi ryw ddydd.

Er bod bwriadau Robert o ran ei gerddoriaeth a'i farddoniaeth yn fawr, roedd ei ewyllys yn rhy wan i'w gwireddu'n llwyr. Byddai Morgan Humphreys yn ei gofio fel "gŵr bonheddig cwrtais diwylliedig, diddan, digrif ei stori, pur a difeth ei chwaeth, sydyn ei gripiad weithiau a thenau ei groen, ond parod iawn i faddau ac hyd yn oed i chwerthin am ei ben ei hun ar adegau".

Roedd llyfrgell Robert yn drysorfa o lyfrau Cymraeg, Saesneg, Sbaeneg, Eidaleg a Ffrangeg, a llwythi o lawysgrifau a darnau o gerddoriaeth. Cefnogai lenorion ac artistiaid lleol a gobeithiai y byddai Cymru'n rhoi sylw teg iddynt. Cymro oedd Robert Bryan i'r carn ac nid oedd yn fodlon gweld ei wlad yn moesymgrymu i Loegr. Roedd yn bryd iddi godi ei phen a chymryd ei lle ymysg gwledydd y byd.[2]

Ffrind mynwesol arall i Robert oedd W. A. Lewis, a arferai dreulio dwy neu dair noson yr wythnos a phob prynhawn Sadwrn yn ei gwmni. Cyfeiriodd Lewis at amlochredd creadigol Robert gan ddweud ei fod yn anodd gosod label twt arno'n iawn. Clodforodd ei gyfansoddiadau cerddorol a gadawodd gannoedd o weithiau ar sawl testun ar ei ôl, gan gynnwys rhai oedd eisoes yn hysbys i'r genedl: 'Ar Lan Iorddonen Ddofn', 'Y Teithiwr Blin', 'Alawon y Celt', 'Suo Gân', a'i emynau 'Hapus Dyrfa', 'Oleuni Mwyn a Mawr yw'r Iôr' ymhlith eraill. Roedd ei unawd i denor, 'Ymadael', a'i 'Dad y Gwroniaid' i gorau meibion, ymysg testunau Eisteddfod Genedlaethol Caernarfon, 1921.[3]

Prin y soniais am Robert yn y llyfr hwn heb sôn am T. Gwynn Jones yn eisgil ac ni fyddai'n briodol peidio â sôn am deyrnged y bardd a'r llenor mawr iddo. Cyfeiriodd ato fel brawd y cafodd y fraint o'i gwmni yng Nghymru ac yn yr Aifft. Anogodd ef i gyfansoddi "un gwaith oedd yn ei feddwl, ac y sydd eto, o ran cynllun, yn aros yn fy nghof innau. Dychmygasom glywed tonnau i'r miwsig hwnnw yn ymchwyddo yn y gwyll oddi amgylch dirgelwch tragywydd y sphinx a'r pyramidiau", ond cafodd ei iechyd y gorau ohono cynifer o weithiau. Teimlai Gwynn Jones mai cerddor oedd ef yn y bôn a gwelid hyn hyd yn oed yn ei farddoniaeth. Roedd y dyddiau a dreuliodd yng nghwmni Robert yn yr Aifft yn fyw yn ei gof:

Unwaith wrth grwydro ar Fryniau El Mocatam, dangosodd i mi ogof yn y graig, un o lawer, lle buasai Cristnogion cynnar yn ymroddi rhag erledigaeth. Ni allwn i fynd yn agos i'r dibyn gan bendro, ond âi ef. Crefais arno beidio. Wedi i mi ymadael, fel y dywedodd wrthyf wedyn, aeth i lawr hyd wyneb y graig, ac i mewn i'r ogof. Un noswaith ar ôl hynny, breuddwydiodd ei fod yn sefyll yn yr un fan. Llithrodd, a thros y dibyn ag ef. Y funud nesaf gwelai ei gorff marw ar lawr wrth odre'r graig, ac yntau megis yn sefyll gerllaw ac yn edrych arno, ac yn dywedyd wrtho mai trist oedd ganddo ymadael â'r corff a fuasai'n gartref iddo cyhyd! Bellach, huna'r corff hwnnw ymhell o'i wlad, a heulwen loew dragywydd yn tywynnu fyth o'i gwmpas, a goleuni coch y sêr pan ddêl nos, yn porffori'r fan. A'r miwsig wedi tewi.[4]

Ni fu'n bosib i Robert gyhoeddi ei ail gyfrol o farddoniaeth, *Tua'r Wawr*, yn ystod ei fywyd oherwydd y rhyfel a'i iechyd bregus, ond gyda chymorth ei frodyr, fe'i cyhoeddwyd o'r diwedd yn 1921 gan W. A. Lewis yn Lerpwl. Cyflwynwyd y gyfrol i O. M. Edwards, "ei hoff gyfaill", ac fe adlewyrchai'r newidiadau a gaed yn rhan olaf ei fywyd. Cynhwyswyd llawer o gerddi am yr Aifft a gwledydd fel Awstria a Macedonia, ac atseinid hyn yn naws ei lythyrau at Gwynn Jones, ynghyd â cherddi i ffrindiau a'r gerdd 'Ymson Mympwy Cyson' a drafodai y gwahaniaethau rhwng tueddiadau llenyddol oes Fictoria a'r oes ramantaidd. Yn ei arddull bersonol cloffai Robert rhwng y ddwy oes.[5]

Yn 1922 sefydlwyd ysgoloriaeth gerdd yng Ngholeg Prifysgol Aberystwyth gyda rhodd flynyddol o £50, ac fe barhawyd wedi marwolaethau Edward a Joseph gyda'r ddau'n cyfrannu £500 yr un ati. Roedd y brodyr am roi siawns i fyfyrwyr addawol tlawd, yn enwedig y glasfyfyrwyr, i dderbyn cymorth lle na fodolai dim. Er 1982 defnyddir yr arian, fel yn achos ysgoloriaethau eraill, ar gyfer ysgoloriaethau mynediad cyffredinol.[6]

Yn Nhachwedd 1921, ychydig dros flwyddyn wedi marwolaeth Robert, bu farw Kate Davies Bryan. Bu'n ymweld â Chaernarfon am ychydig o wythnosau, pan darwyd hi'n wael ar y fordaith adref. Gorfodwyd hi i aros yn yr Hafod ar y ffordd i Gairo, ond ni adawodd y tŷ byth wedyn. Claddwyd hi yn y fynwent Brotestannaidd yn Chatby, Alexandria.

Canmolwyd hi yn *Y Goleuad*. Byddai miloedd o filwyr yn cofio ei "charedigrwydd di-ben-draw" tuag atynt am byth. Soniodd cylchgrawn Eglwys Sant Andrew amdani fel un o'r aelodau cynnar a berthynai i'r 'Women's Guild' a weithiai'n gyson dros achosion da *"Quietly and unostentatiously she did good to others"*.[7]

Ymwelais â bedd y teulu yn Chatby yn 1992 ac ni allai dim fod wedi fy mharatoi ar gyfer stad y lle bellach. Teuluoedd y meirw sy'n gyfrifol am dalu'r costau i gadw'r fynwent yn dwt. Ond yn 1956, yn sgil argyfwg Suez, gadawodd y rhan fwyaf o'r Prydeinwyr a dalai'n rheolaidd. Pan welais i'r fynwent roedd y lle'n deilchion, gyda beddau dienw a di-rif yn amhosibl i'w darganfod. Un o'r rhesymau am y cyflwr truenus oedd bod lladron yn cymryd mantais o'r ffaith na cheid gwarchodlu nos i ofalu am y lle, ac yn dwyn y marmor oddi ar y beddau. Fe'i cludid ganddynt i ffatri a fyddai'n ei ddefnyddio i lorio eglwysi. Dywedid hefyd i'r lladron ddwyn o eirch a difrodwyd y fynwent Iddewig yn waeth na'r un Brydeinig.

Yn ôl y gofrestr rhif bedd teulu Davies Bryan oedd 525, ond fe'i hadwaenir gan y gofalwr fel y bedd nesaf at fedd y saer. Gorwedda yng nghysgod coeden bupur ddi-flodau. Bedd gweddol foethus am y cyfnod, gyda chroes Geltaidd arno, wedi'i wneud o wenithfaen gan J. & H. Patterson, Manceinion.

Er y claddwyd Kate Davies Bryan yno, nid yw ei henw ar y bedd. Rhaid dychwelyd i Gymru, ac ymweld â mynwent Eglwys Sant Thomas, yng nghysgod cwlwm o goed uwchben y Groeslon, i ddarganfod unrhyw arlliw o'i bodolaeth. Mae'r cofnod isod ar y gofeb i'w theulu:

Catherine, annwyl briod Edward Davies Bryan, Cairo a thrydedd ferch E & C Williams, Meillionydd. Yr hon a fu farw yn Hafod, Alexandria, Tachwedd 25 1921 ac a gladdwyd yn mynwent Brydeinig Chatby, Alexandria.

Nes delo'r dydd y cwyd y meirw'n fyw
O gorphwys di yn naear sanctaidd Duw

R. Bryan[8]

Bu'r flwyddyn 1922 yn un dymhestlog yn hanes yr Aifft. Yn gyntaf darganfuwyd bedd Tutenkhamun ac ailddeffrowyd gorffennol mythologol ac arwrol yr Aifft. Yn ail cydnabu Prydain y wlad fel talaith frenhinol a phenodwyd Abdel Khaliq Sarwat Pasha'n brif weinidog.

Roedd problemau o fewn y blaid genedlaethol, y WAFD, hyd yn oed ar ôl gyrru Zaghlul i'r Seychelles, am ei fod yn mynnu gormod o bŵer iddo'i hun. Felly cytunodd Prydain yn amodol i gais yr Aifft am ryddid. Roedd yr amodau'n ymwneud â chyfathrebu, amddiffyn y wlad, buddiannau tramor a

Bedd teulu Davies Bryan o dan goeden bupur ddi-flodau ym mynwent Brydeinig Chatby, 1992.

diogelwch lleiafrifoedd yno. Ond nid aeth pethau'n rhwydd yn dilyn y cytundeb. Tua 1924 lladdwyd 17 Swyddog Prydeinig. Rhwng 1923 a 1928 bu saith etholiad cyffredinol. Ni fu unrhyw blaid mewn grym am fwy na phedair blynedd.[9]

Ni fu'r holl ffwdan llywodraethol yn rhwystr i'r Prydeinwyr rhag creu nyth iddyn nhw eu hunain yn yr Aifft, yn enwedig Prydeinwyr cefnog a fwynhâi fywyd bras yno. Perthynai Joseph ac Edward a'u teuluoedd i'r grŵp hwnnw bellach. Roedd yr Hafod a St. David's Buildings fwy neu lai'n gaerau sefydliedig, yn gymdeithasol ac yn fasnachol, a gadwai'r teulu ar reng flaena'r gymdeithas Ewropeaidd. Bywyd braf a moethus oedd hi i'r ariannog.

Yn ôl Trevor Mostyn roedd nifer o sefydliadau nodedig a gynhaliai'r bywyd Prydeinig hwn, sef y Turf Club, gwesty Shepheard's a chlwb chwaraeon y Khedive. Ac roedd pleserau bywyd yn rhad yno. Roedd modd cael cacennau a choffi yn Groppi's, neu wylio'r ffilmiau Americanaidd diweddara yn sinemâu'r Metro neu'r Miami erbyn 1919. Ac yn y 1920au nododd yr Arglwydd Edward Cecil ei bod yn bosib trefnu'r Prydeinwyr yn setiau taclus:

> *There is the swagger military set; there is the smug military set; there is the Egyptian army set; there is the smart official set; there is the smug official set. There is the smart professional set, there is the smug professional set, & so on. You may move in two or even several of those sets, but you belong to one.*[10]

Yn sgil eu llwyddiant yn yr Aifft, prynodd y teulu dŷ mawr o'r enw Gorselands yn North Road yn Aberystwyth, rhywbryd tua diwedd y 1920au neu gychwyn y 1930au. Prynwyd y tŷ yn enw Bronwen am resymau trethol. Mewn achosion o brynu eiddo roedd yn rhaid nodi'n ofalus lle roedd eich cartref parhaol, ac fel y nododd Joseph yn ei lyfr taith i Ganaan yn 1908, yr Hafod, Alexandria, oedd ei gartref bellach.

I'r tŷ hwn y gobeithiai Samuel ddod, meddid, er mwyn cael ad-daliad o'r pres a fenthyciodd i'w gefndryd i ymestyn y busnes. Gan ei fod yntau wedi gwneud ei ffortiwn, a chanddo fywyd moethus yn Ne Affrica erbyn hynny, dymunai ddod mewn awyren. Roedd wedi cymryd at y dull newydd o drafaelio gydag archwaeth. Dylanwadodd ei frwdfrydedd ar ei ferched cymaint fel y cawsant eu hyfforddi fel peilotiaid.[11] Ni chrybwyllodd ym mhle yn union y gobeithiai lanio; yn sicr nid ar y lawnt gefn. Ond beth bynnag am ei syniadau gwyllt, roedd chwaeth Joseph ac Edward yn fwy cynnil a diymhongar – a châi Samuel ddim glanio awyren y tu allan i Gorselands nag yn unman arall yn Aberystwyth. Felly, bu'n rhaid iddo ddod yno mewn dull mwy confensiynol a di-sôn-amdano.

Gyda threigl y blynyddoedd cryfhaodd cysylltiadau teulu Joseph ag Aberystwyth, tra bod teulu Edward yn fwy cartefol yng Nghaernarfon. Yn Stryd Faenol roedd y cartref teuluol. Bu Robert yno am gyfnodau helaeth ac yno yr ymgartrefodd Olwen ac Orthin ar ôl priodi. Ond rhywdro yn ystod y 1920au, ac yn sicr erbyn 1928, symudasai'r pâr ifanc gyda'u hunig fab, Bryan, a anwyd yn 1918, i dŷ mawr o'r enw Crug yn Griffiths Crossing ger Caernarfon.

Rhentwyd y lle am 21–30 o flynyddoedd yn unig ac nid adnewyddwyd y cytundeb wedi iddo ddod i ben. Yn ôl y teulu, gobeithiai Bryan Hilton Jones ymddeol yno, ond ni fyddai hynny'n bosib. Ni bu Olwen mor ddarbodus â'i thad, a'i dad yntau o'i flaen. Ond buont yno am o leiaf 24 o flynyddoedd.[12] Yn hwyrach ymlaen gwahanodd Olwen ac Orthin, a dychwelodd Orthin i Harlech at ei deulu lle y bu farw'n weddol ifanc.

Cafodd Bryan Hilton Jones yrfa ddisglair fel milwr ac fe'i dyrchafwyd yn Uwchgapten. Priododd Edwina Hughes o Langefni a chawsant bedwar o blant. Buont yn byw yng Nghaernarfon wedi hynny. Yn anffodus lladdwyd Bryan a dau o'u plant mewn damwain car yn Sbaen ar 30 Rhagfyr 1969. Yr

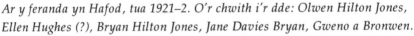

Ar y feranda yn Hafod, tua 1921–2. O'r chwith i'r dde: Olwen Hilton Jones, Ellen Hughes (?), Bryan Hilton Jones, Jane Davies Bryan, Gweno a Bronwen.

adeg honno roedd Olwen yn byw yn Hendregaerog, Caernarfon, efo Sidi a Bessie Roberts a ofalai amdani.[13]

Arwydd o gyfoeth yn hanner cyntaf yr ugeinfed ganrif oedd bod yn berchen ar gar moethus ac erys sawl stori am Edward a'i deulu'n mynd o gwmpas mewn car 'Rover' chwaethus mawr agored o ryw liw llwyd neu wyrdd golau. Roedd lledr o gwmpas ochrau'r car ar y tu mewn er mwyn i'r teithwyr gael ymlacio'n llwyr. Roedd dwy sgrîn wynt iddo, un yn y tu blaen ac un rhwng y sedd ôl a'r sedd flaen lle'r oedd tri phanel o wydr mewn ffrâm nicel. Gellid agor a chau dau banel ar bob ochr. Roedd handlenni'r car yn gylchoedd pres a droid i un ochr i agor y drysau. Ceid lampau mawr ar ben giardiau'r olwynion yn debyg i hen goets fawr erstalwm.

Galwent yn nhŷ teulu Griffiths, perchnogion siop Griffiths ym Mhen-y-groes, Caernarfon, yn aml. Perthynai'r teulu hwn i deulu Davies Bryan trwy'r ddiweddar Kate Davies Bryan. Gwerthwyd y car yn ddiweddarach i Mr Griffiths. Y car nesaf a gawson nhw oedd salŵn, tebyg i 'Hansom cab' du, ac roedd *chauffeur* ganddynt i'w yrru o gwmpas mewn steil. Weithiau, ymwelai T. Elwyn Griffiths â'r tŷ yn Stryd Faenol, lle y chwaraeai efo Bryan Hilton Jones.

Cofiai fynd yno'n dair oed i fynychu gwasanaeth coffa yn y tŷ – un Kate mae'n debyg – efo'i fam. Dywedasai ei fam wrtho y câi chwarae efo Bryan. "Lle mae Bryan? Lle mae Bryan?" meddai drosodd a throsodd. Roedd pawb yn dawel a'r merched i gyd yn eu crêp du. Am fod y teulu wedi dod â nifer o drugareddau efo nhw o'r Aifft roedd amryw bethau anarferol o gwmpas yr ystafell. Y funud nesaf dyma'r crwt yn pwyntio at gerflun o'r Frenhines Neffertiti dan weiddi: "Hwn'na 'di Bryan?" A daeth chwerthin i ganol syberwyd y diwrnod hwnnw.

Mae gan T. E. Griffiths a Mrs P. S. Roberts, perthynas arall trwy deulu Kate, rai atgofion am Ellen Hughes, nyrs Olwen a gofalwraig tŷ Stryd Faenol. "Dynes fechan, dillad duon, efo tocyn o wallt ar ei phen a wyneb crwn," meddai Mrs Roberts amdani. Roedd y plant yn ei hofni am ei bod yn ymgorfforiad o ddisgyblaeth Oes Edward. Roedd ganddi "wasg cul, ac roedd hi mewn du i gyd i fyny at ei gwddw efo necklace hir, hir. Rêl tyrant". Dengys llun ohoni yn aelod o gôr Beulah gydag Anthropos nad oedd mor frawychus â hynny, ond i blant bychain mae'n rhaid ei bod hi'n gryn bresenoldeb yn nhŷ Stryd Faenol.[14]

Tra bod Olwen yn ymgartrefu yng Nghaernarfon roedd merched Joseph wrthi'n creu eu bywydau eu hunain hefyd. Clywsom am Carys a Manon

Car y teulu Davies Bryan yn y 1920au gyda Manon, Carys a'u gwŷr yn newid olwyn.

eisoes. Parhâi Gweno a Bronwen i fyw yn Alexandria efo'u rhieni. Cynigiwyd lle i Dilys yng Ngholeg Somerville, Rhydychen, ond dywedwyd wrthi am ddychwelyd flwyddyn yn ddiweddarach. Erbyn hynny, fodd bynnag, cawsai le yn yr Academi Frenhinol yn Llundain, fel Bronwen o'i blaen. Roedd gan Dilys lais da ac roedd Bronwen yn bianydd ac yn chwaraewr ffidil da iawn. Chwaraeai gerddoriaeth ran fawr ym mywyd y teulu a chariai Joseph fforc diwnio fach o gwmpas efo fo yn ei boced ble bynnag yr âi.

Roedd Joseph yn byw mewn gobaith y byddai ei ferched eraill yn priodi ryw ddydd. Yn ôl mab Dilys, arferai Joseph fynd i aros yn y Metropole yn Llandrindod efo'i ferched gan obeithio cael hyd i wŷr iddynt. Trwy gyd-ddigwyddiad byddai gŵr o'r enw Leonard Owen, mab i gyfreithiwr o Fangor, yn aros yno'n achlysurol hefyd ac yn 1923 fe'i swynwyd gan Bronwen. Nid yw'n glir a fu unrhyw fath o berthynas rhyngddynt, ond yn y diwedd priododd Dilys ef ym mis Hydref 1923 yn Bombay, India.

Penodwyd Leonard yn swyddog yn y gwasanaeth sifil yn India a bu'n llwyddiannus iawn yno. Roedd ganddo ddiddordeb yn achau'r teulu a threuliodd lawer o oriau mewn archifdai yn olrhain ei hanes. Diolch iddo ef y cadwyd cymaint o wybodaeth amdanynt. Cafodd Leonard a Dilys ddau o blant – Carys Mary a Trevor Bryan.

Aeth naw mlynedd heibio cyn i Gweno briodi. Mab i weinidog o Gastell-nedd oedd John Edwards, ei gŵr, oedd yn byw yn Brentford ar y pryd. Yn y

Rhyfel Byd Cyntaf perthynai i'r Ffiwsilwyr Brenhinol Cymreig ac ar un adeg bu'n Aelod Seneddol Aberfan. Roedd wedi ymgymhwyso fel bargyfreithiwr ond ni weithiodd fel un. Cawsant dri o blant, sef Alun James Bryan, Dafydd Bryan a Rachel Davies.[15]

NODIADAU

1. RB@OME, 25 Ebrill 1920, *Cymru*, LIX, Rhif 352, Tachwedd 1920, tt. 144–5.

2. E. Morgan Humphreys, *Gwŷr Enwog Gynt*, Y Clwb Llyfrau Cymraeg, 1950, tt. 124, 130–1.

3. W. A. Lewis, *Cymru*, op. cit., t. 141; *Y Cerddor*, Medi 1921, tt. 117–8.

4. TGJ, *Y Genedl Gymreig*, 25 Mai 1920.

5. *Tua'r Wawr*, W. A. Lewis, Sheil Road, Lerpwl, 1921. Manylion am gefndir y gyfrol yn y rhagymadrodd.

6. Gwybodaeth am yr ysgoloriaethau gan y Swyddfa Academaidd, CPCA.

7. CDB:XM/8322/73; CDB:XM/8322/77.

8. Diolch i Dr Mohamed Abdel Aziz am gymorth i ddarganfod y bedd yn 1992 ym mynwent Brydeinig Brotestannaidd Chatby, Alexandria. Hefyd i Magda, brodor o Alexandria, am hanes y fynwent. Diolch i T. Elwyn Griffiths am wybodaeth ynglŷn â beddargraff CDB.

9. P. J. Vatikiotis, op. cit., tt. 268–9, 295, 310–1; Trevor Mostyn, op. cit., t. 162; Wrth gwrs profwyd erbyn hyn fod darganfyddiad 1922 yn ffug. Darganfu Howard Carter fedd Tutenkhamun yn 1913 a chelu'r ffaith trwy ddichell. Dangoswyd hyn yn y rhaglen ddogfen: *The Tutenkhamun Conspiracy*, Channel 5, 16 Hydref 2001.

10. Trevor Mostyn, op. cit., t. 133.

11. Marwnad SE, *Daily Post*, 12 Hydref 1935.

12. Canfûm gerdyn wedi ei yrru o Grug yn Nadolig 1952 efo llun o Edwina a'r plant arno.

13. Manylion am y tai a SE a'r awyren: BP. Am Olwen a'i theulu, erthyglau papur newydd gan IWJ a sgyrsiau gyda Sidi a Bessie Roberts. Rhestrir cyfeiriad Olwen fel Crug yn hanes Capel Beulah, 1928.

14. Sgyrsiau gyda T. E. Griffiths – yr oedd ei daid, William Ellis, yn frawd i CDB a Mrs P. S. Roberts, chwaer Mrs Glenys Roberts a grybwyllwyd eisoes. Roedd ei nain, Ruth, yn chwaer-yng-nghyfraith i CDB, gan fod brawd Ruth, William Jones, wedi priodi Alice, ail chwaer CDB. Trigai Alice a William yn agos i Stryd Faenol. Roedd y drydedd chwaer, Ellen, yn ddibriod ac fe aeth hi i'r Aifft efo CDB. Bu farw Ellen yn 1928 yn 68 oed.

15. Gwybodaeth am hanes Dilys ac am briodas Gweno gan TBO.

14. Hel Breuddwydion

Fel y sefydlai merched Joseph eu hunain yn y byd, cynyddodd ei statws yntau pan benodwyd ef yn bennaeth Siambr Fasnach Alexandria yn 1923 am gyfnod o ddwy flynedd. Erys llun ohono'n cael te parti awyr agored, i ddathlu ei benodiad efallai, ac un o'r gwesteion wrth y bwrdd oedd neb llai na'r Cadfridog Allenby. Roedd Joseph hefyd yn bennaeth y gymuned Brydeinig yn Alexandria dros yr un cyfnod.[1]

Os oedd Joseph yn gwneud enw iddo'i hun doedd ei frawd ddim ymhell y tu ôl iddo, oblegid yn 1924 roedd Edward yn rhif 4 yn *Our Portrait Gallery* yn *The 'Y' Magazine*, sef cylchgrawn Cymdeithas Gristnogol y Dynion Ifanc. Cofnodir ei holl hanes o'i ddyddiau cynnar yn yr Aifft, hyd at y cyfnod wedi marwolaeth John, pryd y'i gwelwyd yn aml yn mynd i'r pyramidiau ar gefn asyn, gyda'i weithiwr, Aly, yn cerdded y tu ôl iddo trwy'r tywod. Roedd Aly bellach yn rheolwr lifft canolog St. David's Buildings ac yn gasglwr rhenti.

Cyfeirir ato'n gynnes fel *"our Mr. Bryan"* yn yr erthygl, a hynny mae'n debyg am fod Edward wedi rhoi cartref parhaol i'r gymdeithas trwy addasu pumed llawr ei adeilad ar eu cyfer. Bu hefyd yn drysorydd anrhydeddus, yn llyfrgellydd iddynt ac yn aelod o'r pwyllgor rheoli. At hynny rhestrwyd ei holl gyfrifoldebau eraill. Bu ar bwyllgor yr Ysgol Seisnig dan arweiniddiaeth Mr E. M. Dowson, mewn cyfnod pan ofnid y byddai'n rhaid ei chau. Bu'n gaffaeliad wrth adeiladu Eglwys Sant Andrew a pharhaodd yn aelod o'i phwyllgor rheoli; yn ogystal fe fu ar bwyllgor yr Ysbyty Eingl-Americanaidd.

Soniwyd am ei waith yn ystod y rhyfel ac am ei weithgarwch di-ben-draw dros y ddwy uned Gymreig ar hugain oedd yn gwasanaethu yn yr Aifft am gyfnodau amrywiol yn ystod y rhyfel. Cymerodd ran ym mhwyllgor gwaith Cymdeithas Gristnogol y Dynion Ifanc yn ystod y rhyfel a nodwyd un o'i gyfraniadau mwyaf gwerthfawr:

Possibly his most practical work during the War years was while serving on the Assessment Committee convened in connection with the fire caused by the troops in Ezbekia gardens in 1916, when he saved the Government a considerable sum of money. For this service he was mentioned in despatches.

Fel y gwyddom, John Davies Bryan oedd un o'r bobl gyntaf i werthu pethau am bris gosod yn y wlad. Roedd pennaeth Samuel, Syr Edgar Vincent, yn ddiolchgar iawn iddo yntau ac i Edward am barhau'r arferiad gan nodi prisiau popeth mewn piastrau Eifftaidd, yn hytrach nag mewn arian nifer mawr o wledydd gwahanol, fel y digwyddai gynt.

Roedd Edward yn edmygwr mawr o Arglwydd Cromer ac ysgrifennodd ato ar ei ymddeoliad i ddiolch iddo am gefnogi'r busnesau Prydeinig a rhoi cadernid iddynt mewn amser terfysglyd ac ansicr iawn. Dyfynnir ateb Cromer a yrrwyd yn 1907 yn y portread:

> *Dear Mr Davies Bryan*
>
> *I am deeply touched by your letter. I can assure you in all sincerity that nothing has afforded me greater encouragement here than the feeling that I have been fortunate enough to enjoy the confidence of the very important class of which you are so worthy a representative.*
>
> *Very sincerely yours,*
> *CROMER.*

Gadawodd marwolaeth ei wraig wagle ym mywyd Edward a gwelai eisiau ei chydymdeimlad a'i chyfeillgarwch yn ei flynyddoedd olaf. Cydymdeimlwyd ag ef gan gylch eang iawn o ffrindiau yn yr Aifft ac yng Nghymru, gan brofi ei boblogrwydd fel un o brif ffigurau cymuned Brydeinig yr Aifft.[2]

Ychydig dros flwyddyn wedi i'r *'Y' Magazine* ganu clodydd Edward cafodd lawdriniaeth a bu yn yr ysbyty Eingl-Americanaidd am tua mis. Wedi hynny gwellodd yn raddol, ond y flwyddyn ganlynol fe'i trawyd yn wael eto. Dilynwyd hanes ei salwch gan yr *Egyptian Gazette* trwy'r cyfnod.[3] Trwy gydol ei salwch gorweddai ci Edward y tu allan i ddrws ei ystafell wely bob nos. Yn y bore, pan agorid y drws, byddai'r ci'n rhuthro i mewn i'r ystafell, yn neidio ar y gwely ac yn aros yno trwy'r dydd. Ond maes o law daeth Edward ato'i hun eto, ac erbyn mis Mawrth roedd yn ddigon da i fynychu cinio Dydd Gŵyl Dewi, 1927. Fe'i cynhaliwyd yn y Semiramis ac ef a roddodd un o'r llwncdestunau ym mhresenoldeb y Prif Gomisiynydd a nifer o Gymry eraill y ddinas.[4]

Erbyn haf 1927 cawsai Edward adferiad llwyr wrth ddod yn ôl i Gymru i weld ei hen ffrindiau a pherthnasau. Aeth i Lanarmon: "Da oedd genyf weled yr hen Rhiw Iâl, a chapel glan, mae llawer iawn yn ddiarth imi yn awr, a hen deulu Creigiog wedi myned am byth." Cyfleodd hyn mewn llythyr at y Parch. H. Jones Davies yn Nhachwedd 1928. Roedd Edward wedi'i wanhau gan ei salwch, a'i ysgrifen yn wannach, y geiriau'n llai nag arfer ac yn gwyro tuag i lawr. Yn y llythyr soniai fod Samuel wedi gyrru nodyn ato'n gofyn pwy oedd wrthi'n gweithio ar hanes Llanarmon, a byddai'n falch o hysbysu Samuel bod Jones Davies yn cael hwyl efo'r gwaith: "Rhaid gweithio'n galed iawn i guro Sir Ddinbych." Byddai'n falch iawn o gael dau gopi o'i lyfr pan gyhoeddid ef.[5]

Dychwelodd i'r Aifft yn ôl ei arfer am y gaeaf a dathlu'r Nadolig yng nghwmni ei deulu. Yna daeth y gwanwyn a dechreuodd Cairo boethi a gwynt y Khamseen yn codi o'r anialwch unwaith eto. Âi Edward o gwmpas ei waith fel arfer gan dreulio oriau hir yn y swyddfa a bob dydd deuai adref i yrru ei gi oddi ar ei wely er mwyn iddo yntau gael gorffwys. Y bore wedyn byddai'r ci'n neidio i fyny eto i adennill ei le cyfforddus.

Ond roedd sgil-effeithiau ei salwch yn fwy amlwg erbyn hyn ac âi Edward yn fwyfwy dryslyd. Gwelwyd hyn mewn llythyr a ysgrifennodd Fred Purslow, un o'i weithwyr, ar 17 Mawrth 1929, at ei fam yng Nghoed-poeth, i gyhoeddi ei fod wedi cael cynnig cytundeb newydd a chodiad cyflog o £100. Ar dudalen olaf y llythyr soniodd am ryw gymysgwch ynglŷn â pharsel a aeth i Dde Cymru yn hytrach nag i'r Swyddfa yn Llundain: "*Our Mr Bryan does muddle things up – it's because of his illness. He will be going home early next month [,] they want to get him away before any hot weather comes along.*"

Ond ni bu'r daith i Gymru'n bosib, oblegid lai na phythefnos yn ddiweddarach, agorwyd drws ei ystafell a safodd y ci'n stond. Galwyd y creadur i mewn ond gwrthododd symud yr un fodfedd. Rai oriau'n ddiweddarach bu Edward farw.[6]

Daeth y cyhoedd i wybod am ei farwolaeth wrth ddarllen *The Sphinx* ar 30 Mawrth 1929. Ymhlith yr hysbysebion am gwrw '*Pilsner*', gwasanaeth wythnosol Thomas Cook i'r Eidal, '*Tea Dances*' y Continental Savoy, ymysg y sôn bod mewnforio o Brydain i lawr o filiwn o bunnoedd am fod pethau'n ddrwg yn y melinau cotwm yn Sir Gaerhirfryn, a sôn ymhlith menywod Islamaidd am dynnu'r *veil*, clywn fod Edward Davies Bryan wedi marw ar 28 Mawrth yn 68 oed. Gweithiasai tan y diwedd yn hwyr yn ei swyddfa.

Y tro diwethaf y'i gwelwyd yn gyhoeddus oedd yng nghinio Dydd Gŵyl Dewi. Dywedwyd amdano: "*The late Mr Davies Bryan was a genial and attractive personality. Never seeking the lime-light, he was always accessible to his friends and ever ready to support a good cause ...*" Fel ei frodyr roedd

"Our Mr Bryan" – Edward Davies
Bryan, Awst 1924.

Edward yn Gymro i'r carn a phoenai
am bopeth a chanddynt unrhyw
gysylltiad â'r henwlad.

Digwyddai Joseph fod yn teithio
ym Mhalesteina pan fu farw Edward
a methodd â dychwelyd mewn pryd
i'r angladd. Mynychodd lawer iawn
o Brydeinwyr ac Eifftwyr yr angladd
yn Chatby, Alexandria, a phe bai
wedi'i gladdu yng Nghairo byddai
llawer iawn mwy wedi dod. Fe'i
claddwyd efo'i wraig o dan y goeden
bupur a chynhaliwyd gwasanaeth
coffa iddo yn Eglwys Sant Andrew,
Cairo.[7]

Dywedwyd mewn cyfieithad o
bapur Arabeg ei fod yn arfer pregethu ar y Suliau yn yr ysgol Americanaidd.
Yn yr erthygl hon y ceir yr unig gyfeiriad at y ffaith fod gan Davies Bryan a'i
Gwmni siop yn Assiut, tref ar lannau afon Nîl rhwng Cairo a Luxor, yn
ogystal â'r rhai y gwyddom amdanynt eisoes.[8]

Un darn o dystiolaeth i gymeriad da Edward oedd yr hyn a ddywedodd
Joseph amdano wrth lunio'i ewyllys yn 1926:

> I desire to place on record my deep gratitude to my said brother for his life-
> long affection and my appreciation of the fellowship which has enabled us
> during an exceptionally long partnership in business to face difficult tasks
> and trying times and to undertake weighty responsibilities in mutual
> confidence and loyalty.

Gweithiasant gyda'i gilydd yn y busnes am ymron i ddeugain o
flynyddoedd heb unrhyw amheuon na thynnu'n groes i'w gilydd. Gan
gadw'r ysbryd hwn mewn cof, esboniodd Joseph na fyddai'n gadael unrhyw
beth i Edward, Olwen na Bryan yn ei ewyllys am fod adnoddau ei frawd yn
fwy na'i rai o, ac roedd ganddo yntau lawer iawn mwy o bobl a ddibynnai
arno.

Roedd ewyllys Edward ei hun yn ategu hyn oblegid gadawodd £100,000 i Olwen; £15,000 i Bryan; ystad bersonol ym Mhrydain o £4,523; £1,200 i achosion crefyddol y Methodistiaid Calfinaidd a'r 'British and Foreign Bible Society'; £52 y flwyddyn i Ellen Hughes, gofalwraig y tŷ yn Stryd Faenol, Caernarfon, yn ogystal â'r £500 y soniais amdano eisoes i gynnal ysgoloriaeth Robert yn Aberystwyth.[9]

Ysgrifennodd gwraig Samuel, Kitty Evans, at Olwen i fynegi ei thristwch am farwolaeth Edward. Diolchodd am y ffaith na chafodd gystudd hir a phoenus. Yn yr un llythyr soniodd fod Samuel wedi bod yn wael ei hun y flwyddyn cynt.[10]

Fel y gwyddom, roedd gan Joseph gysylltiadau cryf iawn efo Aberystwyth ac mae'n debyg, gan fod teulu ei febyd wedi diflannu bellach, ei fod o'n cael rhywfaint o swcr yn y cysylltiadau a fagodd yn ei ieuenctid. Gwerthfawrogai'r addysg a gafodd yn Aberystwyth, ac er iddo fwynhau ei anturiaethau yn y Dwyrain Canol, yn ôl ei wyrion, difarai na chawsai gyfle i orffen ei radd, wedi'r cyfan. Ond serch hynny ymfalchïai yn y ffaith y gallai roi addysg dda i'w bum merch. Unwaith, pan ddanfonodd Gweno i'r ysgol breswyl yn y dref, cerddodd gyda hi ar draws Bryn Penglais gan grybwyll ei freuddwyd o brynu'r tir y cerddent arno, a'i roi i'r coleg yn ad-daliad am garedigrwydd y Prifathro Thomas Charles Edwards, a noddodd ei ddwy flynedd yn y coleg.

Gwireddwyd y freuddwyd honno yn mis Hydref 1929. Fel ei frodyr, roedd yn ddiymhongar, ond ni ellid gobeithio dianc rhag penawdau'r papurau Cymreig y mis hwnnw, fel y rhai canlynol a ymddangosodd yn y *Western Mail* ar 24 Hydref:

COLLEGE SITE GIFT.
ABERYSTWYTH BUILDING PROBLEM SOLVED.
OLD STUDENT'S MUNIFICENCE.
FRIEND OF WELSH SOLDIERS IN EGYPT ...

Cyhoeddodd y Prifathro Stuart Jones fod y broblem o sicrhau tir ar gyfer adeiladau newydd y coleg wedi'i datrys. Gwnaed hyn yn bosib gan garedigrwydd cyn-fyfyriwr *"who had purchased and vested in five trustees, a portion of the Penglaise Estate, 85 acres or more in extent, for the development of the college"*. Gwariwyd tua £14,000 ac roedd yr ymddiriedolwyr i fod i drefnu bod estyniad i'r llyfrgell yn cael ei adeiladu, a bod gweddill y tir yn cael ei ddefnyddio er budd y coleg. Y pum ymddiriedolwr oedd: Llywydd Coleg Prifysgol Aberystwyth, David Davies o Landinam; Mr John Burrell, y trysorydd; Syr Evan D. Jones; William Pugh, gŵr Manon, a Joseph ei hun. Mynegodd Stuart Jones y byddai'r rhodd yn eu galluogi i greu: *"An Athens fair in Ceredigion's pleasant land"*. Ni allent obeithio y byddai'r adeiladau yn ddim o'u cymharu â thrysorau Groeg, ond gobeithient y byddai'n enghraifft o goncwest dysg yn erbyn anwybodaeth. Pwysleisiodd fod rhodd Joseph wedi darparu cyfle i gael adeiladau gwerthfawr a chyfle i ehangu gan y teimlai fod Aberystwyth wedi syrthio tu ôl i Fangor, Caerdydd, Bryste a Rhydychen o ran adeiladaeth. Arwydd o ddiolchgarwch am y rhodd, mae'n

Joseph Davies Bryan tua 1930.

debyg, oedd enwi un o'r neuaddau preswyl yn Neuadd Davies Bryan.[11]

Ni all neb ddadlau na fu i Davies Bryan a'i Gwmni gyrraedd y brig yn yr Aifft ac mewn rhannau eraill o'r byd. Mae'r ffaith fod Joseph wedi gallu prynu tir i'r coleg, na allai fforddio astudio ynddo ddeugain mlynedd ynghynt, yn brawf o hynny. Fe'i canmolwyd yn y *Times* yn ddiweddarach:

> The firm's name has been known throughout its existence for upright dealing and the high quality of its merchandise. None know this better than the people of Egypt who, when banks were looked upon with more suspicion by Egyptians than they are today, would bring large – occasionally embarrassingly large – sums of gold to one of the partners with the request that it should be kept until required. No receipt would be required, or taken if offered.

Ond doedd pethau ddim fel y buon nhw. Wedi marwolaeth Edward aeth Joseph ymlaen efo'r busnes yng Nghairo am gyfnod byr cyn penderfynu ei werthu. Buasai'r busnes yn dirywio a thua'r diwedd roedd llawer o'r lle yn St. David's Buildings yn cael ei rentu. Singer, y cwmni gwnïo, oedd un o'r tenantiaid mwyaf. Gwerthwyd rhan o'r busnes i Fred Purslow o Goed-poeth.[12]

Fel cyflogwr dysgodd Joseph gan John y dylid talu a thrin y staff yn dda, a phenodi pobl gyfrifol yn rheolwyr. Un o'r enghreifftiau gorau o hynny oedd Edward Athanassian, Armeniad a weithiodd i Davies Bryan a'i Gwmni am flynyddoedd, a thystiai na fyddai'n gweithio i unrhyw un arall, gan na allai neb ddal cannwyll iddynt.

Gweithiai Athanassian gyda Joseph yn Alexandria. Fo oedd y rheolwr a'r cyfarwyddwr ar ôl i Robert Hughes adael i agor ei siop ei hun yn Stryd Sesostris. Fo, hefyd, a gafodd y cyfrifoldeb o sefydlu'r siop yn Khartoum. Dyn tal, llawn o gorff, pryd golau a chanddo lygaid glas oedd o. Ganwyd ei ferch Naomi yn 1921 ac mae ganddi gof am y siop yn Alexandria, yn y cyfnod y bu ei thad yn gweithio yno, ac am ferched Joseph hefyd. Credai iddo weithio efo nhw yng Nghairo hefyd ar un adeg. Cofiai weithwyr eraill y siop, sef Gozzo, Iddew tew; Lester, y teiliwr o Gymru a gweithwyr Groegaidd, Eidalaidd ac Eifftaidd hefyd. Dysgodd ei thad lawer iawn gan Joseph am effeithiolrwydd, prydlondeb a sut i ddelio efo pobl yn y ffordd iawn.

Disgrifiai'r siop yn Alexandria fel lle mawr glân gyda chownteri tywyll yn sgleinio ar y ddwy ochr, a grisiau yn y cefn yn arwain at y swyddfeydd ar y llawr cyntaf. Yno y byddai Joseph yn gweithio'n dawel gyda sŵn y ddinas islaw. Lle tywyll, urddasol o Oes Fictoria oedd y siop, ac nid yn lle delfrydol i ferch fach. Ond hon oedd siop orau'r ddinas, heb os nac oni bai. Byddai'r defnyddiau ar gael ar y silffoedd yn barod i'w gwneud yn siwtiau neu ffrogiau. Roedd ganddynt eu teilwriaid eu hunain a byddai siwt yn cymryd rhwng deng niwrnod a phythefnos i'w gwneud.

O dro i dro byddai merched "crwn a thlws" Joseph, ac Olwen, mae'n siŵr, yn ymddangos yn y siop. Roedd ganddynt gaban ym Mae Stanley o dan Westy San Giovanni, lle hoffent dreulio amser yn y gwyliau. Yn yr amser hwnnw, lle i'r cefnog a'r *élite* oedd Bae Stanley, a byddai'r brodorion yn edrych arnynt o bell yn nofio yn eu môr hwy.

Fel y nodais mewn pennod arall, roedd Alexandria a Chairo wedi ymrannu'n ddeufyd rhwng y brodorion a'r mewnfudwyr. Pwysleisiai'r brodorion y bûm yn sgwrsio â nhw eu bod yn ddinasyddion eilradd yn eu dinasoedd eu hunain. Ond rhywsut neu'i gilydd, yn eu ffordd ddihafal eu hunain, llwyddodd y brodyr Davies Bryan i gau'r bwlch rywfaint, ond nid yn gyfan gwbl. Ni a nhw oedd hi, ac mae golwg bresennol y fynwent

*St David's Buildings, Sharia Emad El Din, yn y 1930au, ar ôl i'r cwmni
ddechrau rhentu rhan o'r adeilad i gwmni Singer.*

Brotestannaidd yn Chatby'n ategu hynny. Ond perthynas gymhleth yw'r un
rhwng y meddiannwr a'r rheiny a feddiannwyd, a dylid cofio bod rhai
Eifftwyr yn ddigon bodlon i fod yn rhan o barti mawr Prydain yn yr Aifft, os
oedd yn fuddiol iddyn nhw.[13]

Ar y cyfan ni fyddai Joseph ac Edward yn cymysgu rhyw lawer efo'i
gweithwyr, ond derbyniai Naomi a'i chwaer anrhegion Nadolig ganddynt.
"Dewiswch rywbeth i'r plant," meddai Joseph wrth ei thad. Byddai'n
rhywbeth defnyddiol bob amser, fel sliperi neu frwsh gwallt. Byddai'r ddwy
chwaer bob amser yn gorfod ysgrifennu pwt o lythyr at Joseph i ddiolch iddo
am eu hanrhegion: *"Dear Mr Davies Bryan ..."* byddent yn cychwyn, ond
wedyn deuai'r cwestiwn arferol i'w mam: "But what can I say, mother?"

Roedd caredigrwydd Joseph at ei weithwyr yn dipyn o ddihareb, a chofiai
Naomi yr haelioni tuag at wraig gŵr a laddwyd pan lithrodd ar y creigiau un
bore. Roedd y dyn yn weithiwr yn y siop a chanddo ddau o blant ac un arall

O'r chwith i'r dde: Joseph Davies Bryan, Edward Athanassian, Edward Davies Bryan ac un o'r staff.

ar y ffordd. Rhoddodd arian iddi, ac weithiau byddai'r wraig yn mynd i dŷ Naomi i lanhau, coginio a gwnïo.

Ar ôl i deulu Davies Bryan adael yr Hafod ym Moharrembey rhoddwyd peth o'r dodrefn i deulu Naomi. Dangosodd hwy imi: dwy wardrob fawr fahogani urddasol, o gynllun syml iawn, a chwpwrdd esgidiau byr a hir yn yr un dull. Cofiai fod y gwelyau'n "four poster", rhai wedi'u gwneud o bren neu o ddur. Roedd pennau marmor ar rai o'r byrddau a gosodwyd hen fasnau golchi a jygiau arnynt. Rhoddwyd hen ddesg i nai Naomi a oedd yng Nghanada erbyn hyn. Mewnforiwyd y dodrefn i gyd o Brydain.

Serch cryfder y busnes roedd Joseph ar ei ben ei hun bellach, wedi claddu ei dri brawd a Samuel bellach wedi creu bywyd iddo'i hun yn Ne Affrica. Perthynai'r ysbryd clòs, cymdeithasgar a fu rhwng y brodyr i fyd arall bellach. Oedd, roedd ganddo'i deulu, ei dai, ei lyfrau a'i ddiddordebau, ond ni ellid rhoi pris ar gwmni cynnes brodyr a oedd wedi bod trwy'r fath newid byd efo'i gilydd. Felly, er bod yr adeg hon ym mywyd Joseph yn un o roi, roedd hefyd yn un o golli. Colli Edward, ac yna, yn 1930, colli ei wraig.

Roedd Jane Davies Bryan yn ymweld ag Olwen yng Nghaernarfon pan fu farw'n sydyn. Gostyngwyd baneri yng Ngholeg y Brifysgol Aberystwyth, y Llyfrgell Genedlaethol, harbwr y dref a'r Bad Achub oherwydd cysylltiadau'r teulu â'r môr ers cenedlaethau. Fe'i claddwyd yn Aberystwyth a mynychodd llawer o uwch-swyddogion y Brifysgol a'r Llyfrgell yr angladd.[14] Yn y fynwent Brotestannaidd yn Alexandria crybwyllir hi ar fedd y teulu: *Also of JANE ... who died on 25th July 1930 and was buried in Wales aged 69*.

NODIADAU

1. Dyddiadau JosDB yn bennaeth Siambr Fasnach Alexandria: *The Times*, 2 Mawrth 1935. Y Llun yn llyfr lloffion Dafydd Bryan Edwards.

2. Our Portrait Gallery, No. 4. Mr Edward Davies Bryan, *The "Y" Magazine*, Medi 1924.

3. CDB:XM/8322/78.

4. CDB:XM/8322/64.

5. EDB@Parch. H. Jones Davies, 9 Tachwedd 1928, NLW MS7848C LLGC.

6. Llythyr Fred Purslow, 17 Mawrth 1929, gan Pamela Gough Roberts. Am hanes y ci ar ddiwrnod olaf Edward: RBD.

7. Am Joseph yn teithio ym Mhalesteina: CDB:XM/8322/80. Am fanylion eraill: CDB:XM/8322/80. Am oed EDB yn marw: cofrestr y fynwent yn Chatby.

8. CDB:XM/8322/81.

9. Ewyllys JosDB, Mawrth 1926. Am ewyllys EDB: erthygl a roddwyd imi gan IWJ o'r *Daily Post*, 1929.

10. CDB:XM/8322/33.

11. Gwybodaeth am freuddwyd JosDB gan RBD; *Western Mail*, 24 Hydref 1929, am rodd JosDB i LLGC a CPCA.

12. Dyfyniad o'r *Times*, 2 Mawrth 1935. Gwybodaeth arall gan IWJ, y cafodd trwy wraig Fred Purslow – Cairo, 1970; sgwrs efo BP am denantiaid St. David's Buildings.

13. Manylion am Alexandria yn y 1920–30au: Naomi Athanassian a'i ffrind; Mohamed Awad a'i dad; Radamès Lackany; Josephine Wissa; Messiha Tewfik o Eglwys Sant Marc, Mansheya; Hassan Mohamed, peiriannydd yn gweithio yn El Hamaam; Madame Titi Sid Ahmed, athrawes ddawnsio a chanu.

14. *Cambrian News*, 1 Awst 1930.

15. "Bri a Golud Broydd Hyd"

Ar ôl claddu ei wraig dychwelodd Joseph i Alexandria. Tynnodd y cynfasau llwch oddi ar y dodrefn a chroesawodd ei gi, Chummy, ef yn ôl yn llawen. Byddai'r ci yn cuddio ac yn dioddef o iselder ofnadwy pan fyddai'r teulu i ffwrdd. Ceisiodd Joseph ailgydio yn ei ddiddordebau. Mae'n debyg fod Bronwen yn gefn iddo am iddi aros, yn ddi-briod, efo'i thad. Erys ambell lun ohono a dynnwyd yn yr Hafod, fel yr un ohono'n eistedd yn ei gadair yn bwydo iâr fach, ac mae'n siŵr bod hynny'n dwyn atgofion iddo o'r iâr fach oedd ganddo yn Park Mine erstalwm.

Daliai i ymwneud â'r busnes yn Alexandria, wrth gwrs, ac yn ei amser hamdden ymhyfrydai mewn llenwi llyfrau nodiadau â dyfyniadau ar bynciau fel diwinyddiaeth. Teitl un llyfr yw: *Life in Bible Lands: An Anthology. Vol I*, sef casgliad o ddyfyniadau o lyfrau ar wahanol agweddau o fywyd gwlad y Beibl ydyw. Dyfynnodd o lyfrau fel:

> *The Immovable East – Balsensberger; With the Arabs in Tent and Town – Forder; Village Life in Palestine – Robinson Lees; The Education of Christ – Sir Wm. Ramsay; Oriental Social Life – Trumbull ...*

I unrhyw un a deithiai'n aml yn yr ardal, a chanddynt ddiddordeb yn y byd Arabaidd yn ei holl agweddau, byddai'n gyfrol fendithiol. Dyna faes diddordeb Joseph, ac mae'n siŵr ei fod ef a Samuel wedi cael sgyrsiau diddorol iawn am fod gan Samuel hefyd ddiddordeb yn y maes ac yntau wedi teithio'n helaeth yn y Dwyrain Canol, Asia Leiaf a Phersia.

Ni ellid cloi'r llyfr hwn heb grybwyll Samuel eto oblegid hebddo ef, hanes gwahanol iawn fuasai hwn. Yn sgil ei lafur caled yn Ne Affrica daethai'n bennaeth un o byllau mwyaf y byd erbyn 1909: Pyllau Aur Crown a ddatblygodd yn ddiweddarach yn gwmni Eingl-Americanaidd De-Beer. Oherwydd ei fagwraeth mewn ardal fwyngloddio, a'i ymwybyddiaeth o'r anawsterau a wynebai'r gweithlu, ymroes i geisio dileu malaria o'r ardal am

Dr Samuel Evans.

fod y salwch yn gyfrifol am farwolaeth miloedd o bobl. Ymhen amser sefydlodd gymdeithas i ymchwilio i'r salwch, un o'r mentrau cyntaf o'r fath yn y byd.

Yn 1919 sefydlodd Fathdy Arian De Affrica, ac yn 1931–2 bu'n gadeirydd Cymdeithas Economaidd y wlad. Cafodd lawer o glod pan etholwyd ef yn aelod o Urdd y Mejideh ac o Urdd Dyrcaidd Osmanieh a phan dderbyniodd fedal filwrol De Affrica â thri bar. Sefydlodd hefyd Brifysgol Witwatersrand gan wneud yn siŵr bod ganddi brifathro ifanc o safon uchel, J. F. Hofmeyer, ac yn ei thro anrhydeddodd y brifysgol Samuel efo LL.D. am ei gymwynas â'r sefydliad. Derbyniodd radd LL.D. *honoris causa* gan Brifysgol Cymru yn 1930 hefyd.

Fel ei gefndryd, ymwelai Samuel â Chymru yn yr haf, a byddai'n mynd â'i fam allan mewn trap â dau geffyl o gwmpas yr ardal cyn iddi farw yn 1902. Cymeriad digon anodd oedd ganddo ar un wedd, yn ôl disgrifiad E. Morgan Humprheys ohono: "… wyneb main, y llygaid treiddgar, llym, y dull cwta, pendant o siarad … yn un penderfynol galluog, chwyrn ac yn methu goddef ffyliaid yn llawen". Beth bynnag am hynny, os bernir ef yn ôl ei weithredoedd roedd yn ddyn aruthrol, ac fel y dywedodd Humphreys amdano: "Efallai mai gyrfa Samuel Evans oedd y rhyfeddaf y clywais amdani o ran amrywiaeth antur a llwyddiant."

Daeth i Gymru am y tro olaf yn haf 1935, a bu farw ar 10 Hydref yr un flwyddyn yn 76 oed. Fe'i claddwyd yn Johannesburg, byd i ffwrdd o Bant y Garn ar fynydd Cyrn y Brain.[1]

Parhaodd Joseph i lenwi ei lyfrau nodiadau, fel yr un o dan y teitl, 'Odds and Ends' sy'n gyfres o argraffiadau personol, tebyg i'r un a greodd yn 1908. Fe wnaeth y Beibl argraff ddofn iawn ar Joseph yn blentyn, a chyfoethogwyd ei deithiau i wledydd y Beibl oherwydd hynny. Lluniwyd y llyfrau mewn llawysgrifen dwt a mân, ac mae'n rhaid ei fod wedi cymryd oriau i'w cwblhau. Dychmygaf ef wrth ddesg ei swyddfa yn Rue Cherif Pasha, neu yn ei stydi yn yr Hafod, yn ysgrifennu'n amyneddgar. Yn sicr, rhoddai'r broses bleser iddo, a phe bai wedi manteisio ar y cyfle i orffen ei astudiaethau, pa lwybr fyddai wedi'i ddewis? Pregethwr? Athro? Llenor hyd yn oed? Ystyriwch yr enghraifft isod dan y teitl *Building on the sand* sy'n trafod y Bregeth ar y Mynydd:

> ... *Matthew speaks of the foolish man building on the sand, Luke of his building on the earth. Were the writers translating, from an earlier document or from memory, the words of the Teacher, spoken in the vulgar tongue? Taken together these terms accurately describe the loose, granular soil on the hills of Palestine.*
>
> *Christ always took his illustrations from scenes which were familiar, often actually visible, to His audience. Doubtless as He spake this parable, He could point to a cluster of houses perched in the high ledge of a hill at no great distance away.*
>
> *There are no homesteads dotted about the country-side of the Holy Land. The houses, always in groups, are built, wherever possible on high ground. In the mountainous districts the towns are situated either on, or near the summits, like cities set on the heights, which can not be hid, they are never found at the bottom of the narrow valleys. The hills are steep, and the slopes are often cut up into shelves, to terraces, the lower sides of which have to be walled up to keep the soil from being washed away by the winter rains. It is on these ledges, high up on the brows of the hills, that the villages are commonly to be seen, withdrawn as much as possible, from the reach of the marauding bands which in olden days, and indeed not so long ago, scoured the land in search of easy booty: 'for the sword of the enemy and fear is on every side', (Jer. VI:25) when the nomad tribes are out on their raids.*[2]

Roedd diddordebau Joseph yn goferu i feysydd fel Groeg, Arabeg ac archeoloeg hefyd, a golygai hynny fod ei gylch o ffrindiau'n eang iawn. Cynhwysai'r ysgolheigion Syr William Ramsay, yr Athro Sayce, yr Asyriolegwr o Rydychen, a'r Athro Jack Garstang. Ymddiddorai Joseph yn astudiaethau archeoloegol Garstang o gwmpas Jericho, a thua 1931 cyfrannodd yn helaeth at yr archwiliadau yno. Cadwyd llun ohono efo'r Athro Sayce yn Jericho, ynghyd â darnau o grochenwaith efo'r labeli '1500 B.C.', i gofio ei ymweliad. Yn 1932 cyflwynwyd casgliad o tua chant o ddarnau o'r fath yn dyddio o 2,000–1,400 CC i Amgueddfa'r Coleg.[3]

*

*Joseph Davies Bryan yng nghwmni'r Athro Sayce (ar y chwith)
ar safle archeolegol yn Jericho, 1931.*

Ychydig iawn a welodd Joseph o rai o'i wyrion. Yr oedd Trevor Bryan Owen yn bedair oed pan gyfarfu ag ef yn Alexandria. Roedd y bachgen dan orchymyn i fynd i dorri ei wallt ac oedd y barbwr dan orchymyn i beidio â defnyddio'r clipars arno. Yn anffodus, ni chymerodd y barbwr unrhyw sylw o hyn a daeth Trevor, druan, yn ôl at ei daid gan ddisgwyl iddo ddweud y drefn – a hynny fu.

Meddylid amdano fel dyn gonest, *"most upright, had absolute integrity"*. Ond roedd rhywfaint o barchedig ofn tuag ato hefyd. Un o'r pethau a fynnai oedd mai'r Beibl yn unig a ddarllenid ar y Sul. Hyd nes ei farwolaeth, pe byddai Bronwen wedi bod yn darllen rhyw lyfr heblaw'r Beibl ar y Sul, a bod rhywun yn digwydd cerdded i mewn i'r ystafell lle'r oedd hi, byddai'n cuddio'r llyfr. Fel Edward, roedd Joseph yn aelod o'r British & Foreign Bible Society a mynnai fod Beibl Cymraeg ym mhob ystafell ym mhob gwesty yn yr Aifft. Ond serch ei ochr lem roedd yn gymeriad cariadus ar y cyfan, a charai ei blant a'i wyrion ef yn fawr.[4]

Yn 1933 rhoddwyd gradd LL.D. er anrhydedd i Joseph gan y brifysgol a chofiai Bryan Pugh i'r wyrion i gyd dyrru i Gorselands i arwyddo llun ohono. Cafodd gynnig cael ei urddo'n farchog hefyd ond gwrthododd y fraint, gan fod anrhydedd ei Alma Mater yn llawer pwysicach iddo.

Tŷ hapus iawn oedd Gorselands lle y câi'r wyrion wyliau hir gyda'i gilydd. Wrth gwrs, nid oedd y profiad heb ddisgyblaeth. Byddai'n nofio bob bore am un ar ddeg o'r gloch ar draeth Aberystwyth ger Gwesty'r Queens, beth bynnag y tywydd. Ond ar y Sul ni chaniatâi Joseph nofio yn y fath le, ac felly dihengid i'r Borth i gael picnic. Chwaraent dennis ar y cyrtiau yn North Road, ac ar ôl cinio, a chyntun bach, gwrandawent ar Fritz Chrysler a Harry Lauder yn y llyfrgell a greodd Joseph wrth ddymchwel y wal rhwng dwy stydi.

Pan ymwelai Joseph â Gorselands, yno y treuliai'r rhan fwyaf o'i amser. O bryd i'w gilydd byddai'n ymlwybro i siop Jack Edwards yn Great Dark-gate Street, er mwyn trafod ag ef un o'i hoff bynciau, Diwinyddiaeth Gymharol – ymhlith pethau ysgafnach. Pan na phorai yn ei lyfrau, âi i ffwrdd i gyfarfod â'i ferched mewn llefydd fel yr Eidal a Norwy.[5]

O tua 1932 ymlaen gallasai Joseph fod wedi cilio i Gorselands ac aros yno am weddill ei ddyddiau. Ond nid felly y bu, a gwelwn ef y flwyddyn ganlynol yn trafaelio'n ôl i Alexandria am y gaeaf yn ôl ei arfer. Wedi cyrraedd byddai'n gohebu efo hwn a'r llall. Ysgrifennodd at Jack Edwards i ofyn a oedd calendr Prifysgol Cymru wedi'i gyhoeddi eto. Nododd fod cyfrol ynglŷn â Lloyd George wedi dod o Lundain. Fel yn ei blentyndod cwynai Joseph am ei lygaid unwaith eto. Ofnai orchymyn gan yr arbenigwr i ymddeol i ystafell dywyll – am byth.[6]

Ar 1 Mawrth 1934, bron fel petai'n rhagfynegi'r gorchymyn a ofnai, penderfynodd Joseph gilio o fyd busnes, a chaewyd drysau ei siop am y tro olaf. Fel y crybwyllais, prynwyd rhan ohono gan Fred Purslow o Goedpoeth a fu'n gweithio i'r cwmni – a'r rhan honno oedd safle siop wreiddiol John yn y Continental Savoy. Dim ond cysgod oedd maint busnes Purslow o'i gymharu â'r cawr a fu yn nyddiau Davies Bryan a'i Gwmni. Ond yr un oedd y croeso cynnes Cymreig i'r milwyr yn ystod yr Ail Ryfel Byd yng nghartref y Purslows yn Sharia Bustan, Cairo, ag y bu yn yr Hafod a St. David's Buildings gynt.

Ond y mae amser yn feistr caled, ac erbyn dyddiau Nasser yn y 1950au ceid atsain fyddarol o derfysg 1919 yn y wlad. Yn 1956 llosgwyd y Llysgenhadaeth Brydeinig yn Alexandria. Pe dymunai tramorwyr fyw trwy'r newidiadau tymhestlog hyn byddai'n rhaid ceisio symud eu henillion o'r wlad, ond fel y darganfu William Pugh, tad Bryan Pugh, profodd hynny'n orchwyl anodd iawn dan y gyfundrefn newydd. Adroddodd aelod o deulu enwog Peel yng Nghairo iddynt weld Fred Purslow yn cerdded o gwmpas efo dim ond siwtces i'w enw ar ôl i Nasser ddod i rym.[7] Yn ddiweddarach pan aeth rhai o wyrion Joseph i chwilio am yr Hafod, canfuont ei fod wedi'i ddymchwel er mwyn gwneud lle i ysgol.

Yn sicr, gwelsai partneriaid Davies Bryan a'i Gwmni y gorau o'r Aifft, a hynny yn y dyddiau cyn y Rhyfel Byd Cyntaf. Y cyfan y gallai Joseph ei wneud bellach oedd trosglwyddo'i etifeddiaeth i'w blant ac i'w wyrion, yn aur a phrofiad fel ei gilydd. Ysgrifennodd at un o'i wyrion, Alun, a oedd yn flwydd oed yn Hydref 1934; llythyr bach ysgafn gan hen ŵr llawn hiwmor a doethineb:

> ... I wonder what you think of us all. Perhaps your standard of judging – as it often is with other people – is the use you can make of us. I wonder if you philosophise about the ego.
>
> I hear you can go upstairs by yourself but that you have not ventured yet to come down alone. That is the difference between you and me. I don't like climbing up, but I can come down splendidly! More power to your knees!
>
> I send you a baksheesh – £1 Note. This is an opportunity for your father to give you your first lesson in Economics. When you have quite grasped the meaning of currency, tell them what you would invest that money in, and chose something that will make you happy. After all, that is what a taid is good for – to help to give you joy.[8]

A beth arall a wnâi dyn fel Joseph ar ddiwedd ei daith ond rhoi cyngor a derbyn clod? Ddiwedd Tachwedd gwelwn ei enw'n cael ei roi o flaen Llys Coleg y Brifysgol Aberystwyth gan Brif Lywydd y coleg i lenwi'r lle gwag ar y Llys a'r Cyngor. Mewn llythyr rhestrwyd ei holl lwyddiannau diweddar, a nodwyd ei bod yn anrhydedd arbennig i gael enwebiad gan y Prif Lywydd.[9]

Ond ni chafodd lawer o amser i fwynhau'r anrhydedd, oblegid ar 1 Mawrth 1935, flwyddyn yn union ar ôl cau'r busnes, a 48 o flynyddoedd i'r diwrnod y cyrhaeddodd yr Aifft, bu farw Joseph Davies Bryan, a chydag o, y cysylltiad â byd gwahanol iawn i'r un y byddai ei wyrion yn cael eu magu ynddo.[10] Fe'i claddwyd ym medd y teulu yn Chatby.

Yn ôl blwyddlyfr cyn-fyfyrwyr Aberystwyth roedd Joseph yn: *"One of the few to whom it is given to become a legend whilst still living ..."* Ymddangosodd ysgrifau coffa mewn sawl papur iddo fel y *Times*, a ddywedodd: *"Joseph Davies Bryan's career in Egypt was one of the romances of the British business overseas ..."*[11]

St David's Buildings, Cairo, yn 1992.

Peth peryglus iawn yw cysylltu'r hanes hwn â'r gair 'rhamantus', am y rheswm syml nad oedd rhan helaeth o fywydau'r brodyr yn rhamantus o gwbl. O'u mebyd ar fynydd Cyrn y Brain yn golchi'r plwm, hyd ddyddiau eu llwyddiant ysgubol yn y Dwyrain Canol, nerth, amynedd, darbodaeth a chwaeth coeth oedd wrth wraidd y llwyddiant.

Ond rhywsut neu'i gilydd does ond rhaid crybwyll yr Aifft ac ni fydd yr ansoddair dan sylw ymhell i ffwrdd. Ychwanegwch at hynny'r ffaith bod y pedwar brawd, a'u cefnder, wedi marw oddi cartref, ac nid yw geiriau Ceiriog, a ddyfynnwyd gan Robert Bryan ei hun yn llawysgrif *Odlau Cân*, ymhell i ffwrdd chwaith:

> *Mab y mynydd ydwyf innau*
> *Oddi cartref yn gwneud cân*
> *Ond mae nghalon yn y mynydd*
> *Efo'r grug a'r adar mân.*[12]

Yn ei hanfod dyna oedd hanes y brodyr Davies Bryan – meibion y mynydd yn alltud dros y môr. Ond ar wahân i Robert, nid 'gwneud cân' a wnaethant, ond arian – a llond côl ohono. Eu camp fodd bynnag, oedd iddynt wneud hynny heb anghofio delfrydau eu bore oes ac arhosent yn driw iddynt hyd y diwedd.

Ac yn yr ysbryd hynny ni ddylid anghofio yr hyn a wnaethant i bobl eraill, ar sawl lefel mewn cymdeithas. Buont yn gefn i rai cannoedd o blant yn ysgolion Sul Caernarfon, i filoedd o filwyr a groesodd riniog eu tai, yn swcr i nifer o achosion da, a gellid dibynnu arnynt i gymryd cyfrifoldeb am ystod eang o ddyletswyddau cyhoeddus ac ariannol. Cymerent ofal mawr o'u teuluoedd, eu ffrindiau, eu gweision a'u gweithwyr ym Mhrydain a'r Aifft.

Yn bendifaddau, cawsant foethau na wyddai eu rhieni ond ychydig iawn amdanynt. Roedd cloc newydd ac ambell addurn ar y silff ben tân yn gyfarwydd iddynt, ond roedd eu meibion wedi ymestyn eu golygon y tu hwnt i hynny, ers y diwrnod y cafodd John ei swydd gyntaf yn Lerpwl yn y 1870au. Epil yr Ymerodraeth oeddynt yn ogystal ag yn feibion i fwyngloddiwr o Gymru. Roedd mwy nag ychydig o wirionedd yng ngeiriau Robert:

> *Esgyn pen y bryn i syllu,*
> *Draw i syllu ar y byd;*
> *Brys ddyheu am swynion newydd,*
> *Bri a golud bröydd hud,*[13]

Gan fod rhamant yn gysylltiedig â marw oddi cartref – yn enwedig yn yr Aifft – dwyseir apêl eu hanes, yn arbennig felly yn achos John, a gipiwyd yn 33 oed ar ganol antur fwyaf ei fywyd.

Yn y pen draw, yr Aifft a enwogodd y brodyr Davies Bryan. Hogiau craff a darbodus o fynydd Cyrn y Brain a gawsai eu denu gan Ysgrifennydd Cyfrinachol Syr Edgar Vincent – a gwerthwr camelod rhan amser – o Rosllannerchrugog i balasau ysblennydd Pashas y Dwyrain! Oblegid ni ellir hepgor enw Samuel Evans – 'Evans yr Aur' – o'r daith anhygoel o dyddyn gwyngalchog yn Sir Ddinbych i'r Continental Savoy yng Nghairo.

NODIADAU

1. *Nene*, op. cit.; 'Sam Nesa Wedyn', Llywelyn Williams, *Country Quest*, Hydref 1995; E. M. Humphreys, op. cit., t. 97.

2. Llyfrau nodiadau JosDB wedi'u benthyca gan TBO.

3. Manylion o un o'r marwnadau ar JosDB allan o lyfr lloffion DBE a chan RBD.

4. Manylion gan TBO a BP.

5. Manylion gan BP a RBD.

6. JosDB@Jack Edwards, 11 Tachwedd 1933, NLW MS 14790B, LLGC.

7. Manylion am Purslow gan BP a IWJ a T. Elwyn Griffith, *Seren y Dwyrain*, Gwasg y Bala, 1955, t. 26.

8. Llythyr Alun gan RBD.

9. Dr Thomas Jones@Leadbitter, 30 Tachwedd 1934, Thomas Jones CH Collection, Class J, vol. ix., f102.

10. Dyddiadau o erthygl o lyfr lloffion Dafydd Bryan Edwards, dd.

11. *The Times*, 2 Mawrth 1935.

12. *Blodeugerdd Rhydychen o Farddoniaeth Gymraeg*, Thomas Parry (Gol.), OUP, Oxford, 1962, t. 382.

13. Gweler pennod 2 – nodyn 3.

Llyfryddiaeth

Bebb, W. A., *Canrif o Hanes Tŵr Gwyn 1854–1954*, Llyfrau'r Methodistiaid Calfinaidd, Caernarfon.

Beck, Barbara, *My Dearest Mamma & Papa, 1914–18 War letters written by Octavius C. Moore Haines*, D. Brown & Sons Ltd, Y Bontfaen, 1994.

Bennett, John (gol.), *Minera Lead Mines and Quarries*, Wrexham Borough Council, Wrexham, 1995.

Black, A.&C., Corwen: *North Wales. Black's Guide Book*, A&C Black, London. 1907.

Bryan, John Davies, *O'r Aifft*, Swyddfa Cymru'r Plant, Gwrecsam, 1908.

Bryan, Robert, *Odlau Cân*, W. A. Lewis, 87, Sheil Road, Lerpwl, 1901.

                           Tua'r Wawr, W. A. Lewis, 87 Sheil Road Lerpwl, 1921.

Castledine, D.C. ac R.M. Owen, *Dinbych Hanesyddol*, Archifdy Sir Ddinbych, Rhuthun, 1983.

Cook, Dr Chris (gol.), *Pears Cyclopaedia, Centenary Edition*, Penguin Books Ltd, Llundain, 1997.

Coleg Normal, *Llyfr canmlwyddiant y coleg 1858–1958*.

Davies, Glyn, *Minera*, Bridge Books, Wrecsam, cyhoeddiad gwreiddiol – 1960au.

Davies, J. Clifford, *Pubs and Inquests in Coedpoeth, Minera and Bwlchgwyn*, Star Press, Coedpoeth 1995.

Davies, Parch. John, Nercwys, *Cofiant am Miss Mary Davies Camddwr, Llanarmon-yn-Iâl, Sir Ddinbych*, argrff. Hugh Jones, Yr Wyddgrug, 1858.

Davis, William, *The Handbook for The Vale of Clwyd*, Cedric Chivers, Caer Faddon, 1988, ar ran gwasanaeth Llyfrgell/Amgueddfa Cyngor Sir Clwyd.

Dodd, A. H. (gol.), *The History of Wrexham, Denbighshire*, Hughes a'i fab, Wrexham, 1957.

Ellis, E. L., *The University College of Wales, Aberystwyth 1872–1972*, Caerdydd, 1972.

Graham, Gerald S., *A Concise History of the British Empire*, Book Club Associates, 1971, trwy drefniant efo Thames & Hudson Ltd.

Gruffydd, W.J., *Cofiant Owen M. Edwards*, cyf. I, 1858–1883, Ab Owen, Aberystwyth, 1937.

Hughes, Y Parch. T., Lerpwl, *Hanes Methodistiaeth Cymru*, Hughes a'i Fab, Wrecsam 1856, cyf I, III.

Humphreys, E. Morgan, *Gwŷr Enwog Gynt*, Y Clwb Llyfrau Cymraeg, 1950.

Jenkins, David, *Thomas Gwynn Jones*, Gwasg Gee, 1973.

Jenkins, R.T., *Bywgraffiadur Cymraeg Hyd 1940*, paratowyd dan nawdd Anrh. Gymd. y Cymmrodorion, 20 Bedford Square, Llundain, 1953.

Jones, Anthony Lewis, *Mostyn in Old Photgraphs*, Countryside Publications, Chorley, Lancashire, 1984.

Jones, George, Sychtyn, *Cofiant y Parch. John Davies, Nercwys*, Hughes a'i Fab, Wrecsam, 1907.

Jones, Ivor Wynne, *Wales & Israel*, Pegasus, Penrhyn Bay, Gwynedd, 1988.

Jones, K. Idwal, *Syr Herbert Lewis 1858–1933*, Llyfrgell Genedlaethol Cymru/Gwasg Prifysgol Cymru, 1958.

Jones T. Gwynn, *Y Môr Canoldir a'r Aifft*, Cwmni Cyhoeddi Cymru (Cyf.), Swyddfa *Cymru*, Caernarfon, 1912.

Knowles/Parkin, *Just One Parish – The History of Llanarmon-yn-Iâl*, Gwasg y Berllan, Sychdyn.

Lewis, W. J., *Lead Mining in Wales*, University Wales Press, Cardiff, 1967.

Masterman, Neville, *The Forerunner, The Dilemma of Tom Ellis, 1859–1899*, Christopher Davies, Llandybïe, 1972.

Mitchell, Timothy, *Colonising Egypt*, American University Press in Cairo/Cambridge University Press, Cairo, 1989.

Morris, James [Jan Morris], *Pax Britannica, The Climax of An Empire*, Penguin, 1979.

Morgan, Kenneth O., *Wales in British Politics, 1868–1922*, Gwasg Prifysgol Cymru, Caerdydd, 1963.

Mostyn, Trevor, *Egypt's Belle Epoque*, Quartet Books, Llundain, 1989.

Owen, E., *Ymweliadau â'r Dwyrain a'r Gorllewin, Gwibdeithiau Isaac Foulkes*, Stryd Brunswick, Lerpwl. 1888.

Owen, Y Diweddar Barch. Griffith, *Hanes Methodistiaeth Sir Fflint*, E. W. Evans, Dolgellau, 1914.

Owain, O. Llew, *Anthropos*, Llyfrau Methodistiaid Calfinaidd, Caernarfon, 1951.

Picton, J.A., *Memorials of Liverpool*, Cyf 2, Longmans, Greer and Co., 1875.

Pinchin, Jane Lagoudis, *Alexandria Still – Forster, Durrell and Cavafy*, Princeton University Press, Princeton, New Jersey, 1977.

Powell, John, *Holt and Its Records Through the Centuries*, Cyh. gan yr awdur, Wrexham Road, Holt, Flintshire, 1982.

Rhys, Yr Athro John, *Cyfieithiad o 'Tours in Wales'*, Thomas Pennant Ysw., 1883.

Said, Edward W., *Orientalism*, Penguin, Llundain, 1995.

Smith, Gillian, *The Mines of Minera: A Study of a Lead Mining Community c. 1845–1914*, M. Phil. Thesis, Arts Faculty, Manchester University, 1990.

Thomas, Y Parch R.D., *Hanes Cymry America*, T. J. Griffiths, Exchange Buildings, Utica, N.Y., 1872.

F.C. Thornley, *Past and Present Steamers of North Wales*, T. Stephenson & Sons Ltd., Prescot of Lancashire, cyh. cynt. 1952, ail argr. 1962.

Vatikiotis, P. J., *The History of Egypt from Muhammad Ali to Sadat*, Weidenfeld & Nicolson, Llundain, 2nd ed., 1980.

Wells, H. G., *Experiments in Autobiography*, Cyf. 1, Victor Gollancz Ltd/The Cresset Press Ltd., 1934.

Williams, C. J., *Metal Mines of North Wales*, Charter Publications, Rhuddlan, Clwyd, 1980.

Wynne, Ernest E., *Eglwys M.C. Bethel Coedpoeth, Canmlwyddiant yr achos, 1859–1959*, Gorffennaf 31, 1959.

Wright, A. (gol.), *Twentieth Century Impressions of Egypt*, Cairo, 1909.

Zetland, The Marquess of, *Lord Cromer, being the authorized Life of Evelyn Baring, First Earl of Cromer GBC, OM, GCMG, KCSI*, Hodder & Stoughton, 1932.